Dear Osh,

Thank you so much for all your support, for teaching and guiding me and for giving me opportunities to prove myself over many years behind us.

It's sad to see you leaving The Ship after so many successful years. I was always coming back there as I was coming home which will change from now on.

I know your future will bring you many more successful years in life and I wish you the best of luck.

Lots of love, Eva

Szívünk

hungarikumai

Szalay Könyvek

ÍRTA:
Balogh Zsolt
Kerékgyártó Éva
Tárnoki Judit
Técsi Zoltán

FORDÍTOTTA:
Dr. Borbély Mária (német)
Steven Bratina (angol)

ANYANYELVI LEKTOR:
Sue Tolson (angol)
Deák Heidrun (német)

FOTÓK:
© 100 Tagú Cigányzenekar
© Agárdi Pálinkafőzde
© Dreamstime
© Gere Pincészet
© Gundel Étterem
© Istock International Inc.
© MTI Fotóbank
© Red Dot / Corbis International
© Herendi Porcelánmanufaktúra Zrt.
© Zsolnay Porcelánmanufaktúra Zrt.
Kapás Tamás
Csabai István
Pécsi Kulturális Egyesület

A KIADÓ KÖSZÖNETET MOND A KÖVETKEZŐKNEK:
100 Tagú Cigányzenekar
Agárdi Pálinkafőzde
Gere Pincészet
Gundel étterem
Herendi Porcelánmanufaktúra Zrt.
Néprajzi Kiállítóterem, Kisújszállás
Pécsi Kulturális Egyesület
Sebestyén Márta
Zsolnay Porcelánmanufaktúra Zrt.

BORÍTÓTERV, TÖRDELÉS:
Tyihák Katalin

KIADÓI FELELŐS:
Géczi Zoltán

KÖZREMŰKÖDÖTT:
Kelemen József, Szabó Zsolt

© Pannon-Literatúra Kft. • Kiadja a Pannon-Literatúra Kft.
5310 Kisújszállás, Pf. 108 • Tel.: 59/322-555 • Fax: 59/321-444
www.pannon-literatura.hu

A kiadásért felel a Pannon-Literatúra Kft. ügyvezető igazgatója

Kiadás éve: 2009

MÁSODIK, JAVÍTOTT KIADÁS

ISBN 978 963 251 145 0

Nyomta és kötötte: Neografia Martin, Szlovákia

Szívünk

hungarikumai

Szalay Könyvek

Trikolor és címer

A ma használatos nemzeti jelképek évszázadok során alakultak ki, formájukat, színeiket, díszítőelemeiket rendkívül szigorú elvek, a heraldika szabályai határozzák meg. A címer és zászló története szorosan összefügg egymással, mivel mindkettőn hasonló szimbólumokat jelenítettek meg. Használatuk a középkor legkorábbi évszázadaira nyúlik vissza, amikor még praktikus célokat szolgáltak: a magasan lengetett zászló és a ruházatra varrt címer alapján ismerték fel egymást a háborúkban csatározók, a lovagi tornák résztvevői.

A magyar szimbólumok alapjai már az Árpád-házi királyok uralkodása alatt kialakulnak. A kettőskereszt-ábrázolás bizánci előképekre vezethető vissza, a második, rövidebb keresztszár a megfeszített Jézus feje fölé kiszegezett INRI feliratos tábla stilizálása. A vágásokkal – változóan hét vagy kilenc, vörös és fehér (később ezüst) sávval – díszített pajzsmező egyenesen az Árpádok ősi, honfoglalás kori hagyatéka. A hármashalom is már a XIII. századtól a kereszt alapzatát képezi.

E szimbólumok egyesítése a XIV. század folyamán rögzül egy jelképrendszerré, legvégül Mátyás király korában megjelenik a címerpajzs fölé helyezett Szent Korona-ábrázolás is.

A címer középkori fejlődésének fontos momentuma az ún. közép- és nagycímer kialakulása. Ezek a bonyolult ábrázolások az eredeti motívumok mellett tartalmazták a Magyar Királyság által birtokolt területek jelképeit is, melyet művészi módon, több címerpajzs egymásra helyezésével jelenítettek meg.

Természetesen a címernek politikai jelentése is volt: a mindenkori király igyekezett alkalmazni a saját jelképeit is, így kerül időről időre a magyar címerbe az Anjouk lilioma, vagy a Habsburgok kétfejű sasa.

Az 1848–49-es forradalom törekvései egy időre elsöprik a királyság gyűlölt jelképeit, a címerről lekerül a korona, pajzsának alakja is íveltté válik. Ez az ún. Kossuth-címer nemcsak azért kötődik a nagy magyar nevéhez, mert kormányzósága alatt lett állami jelkép, azt Kossuth már 1823-ból származó ügyvédi oklevelén is használta.

A trikolor, a háromszínű nemzeti zászló 1848-ban nyerte el végső formáját, bár kezdetei egészen a XV. századig nyúlnak vissza.

Ma az alkotmány rögzíti nemzeti jelképeinket. Hasonlóan az 1848-as forradalom elveihez, ma is kötelező a nemzeti zászló kitűzése középületeinkre. Címerünk pedig letisztult formában a legkorábbi, Árpád-házi hagyományokat éleszti újjá.

National symbols

The national emblems in use today took shape over the course of centuries with their form, colours, and decorative elements being defined by the strict principles and rules of heraldry. The story of the coat of arms and the national standard are closely related to each other, since they both utilise similar imagery. Their usage dates back to the early medieval period, when they served a practical use: they allowed the participants of battles and knight tournaments to recognise each other based upon their standard held high and the coat of arms emblazoned on their outfits.

The basic elements of the Hungarian symbols took their shape during the rule of the Árpád dynasty monarchs. The image of the double cross can be traced back to a Byzantine model, with the second, shorter arm of the cross serving as a stylised form of the INRI inscription nailed over the crucified Jesus. The stripes – an alternating number of seven or nine, red and white (later silver) stripes – on the coat of arms are an ancient legacy of the Árpád tribes. The three hills of the emblem served as the basis of the cross since the 13th century.

These emblems were unified into a single system of symbols in the course of the 14th century, with the Holy Crown fixed to the top of the coat of arms during the reign of King Matthias Corvinus.

The development of the so-called "medium and large coat of arms" constituted an important part of the medieval development of the Hungarian coat of arms. Apart from the original motifs, these intricate representations also contained the emblems of the regions belonging to the Kingdom of Hungary, which were artistically portrayed by the layering of a number of different coats of arms.

Of course, the coat of arms also had a political significance: the monarchs endeavoured to use their own emblems, which thus occasionally appeared in the Hungarian coat of arms from time to time as the lily of the Angevin dynasty or the two-headed eagle of the Habsburgs.

The 1848-49 revolution abolished the hated imagery of the kingdom for a while, removing the crown from the coat of arms and giving the shield an arced shape. The so-called Kossuth coat of arms isn't merely attributed to the great Hungarian statesman because it became a national emblem under his government, since Kossuth had already used this symbol on his solicitor's charter dating from 1823.

The Hungarian national tricolor – a flag with three separate colours – assumed its final shape in 1848, even though it originates from the 15th century.

The Hungarian constitution officially records the national emblems of the country. Just like the principles of the 1848 revolution, it is still compulsory to fly the national flag on all public institutions. The country's national coat of arms revives the traditions of the Árpád dynasty traditions in a clarified, distilled form.

Die nationalen Symbole

Die heute gebräuchlichen nationalen Symbole gestalteten sich im Laufe der Jahrhunderte, ihre Form, ihre Farben und Ornamente sind durch strenge Prinzipien, durch die Regeln der Heraldik bestimmt. Die Geschichte des Wappens und der Fahne hängen miteinander eng zusammen, auf beiden sind ähnliche Symbole verewigt. Ihr Gebrauch geht auf die frühesten Jahrhunderte des Mittelalters zurück, als sie noch praktischen Zwecken dienten: in den Schlachten und in den Ritterturnieren erkannten einander die Kämpfenden anhand der hoch herumgeschwenkten Fahne und des Wappens auf der Kleidung.

Die Grundlagen der ungarischen Symbole entstanden bereits zur Zeit der Árpáden-Könige. Die Darstellung des Doppelkreuzes geht auf byzantinische Vorbilder zurück, der zweite, kürzere Kreuzbalken ist eine Stilisierung des über das Haupt des gekreuzigten Jesu angenagelten Schildes mit der Aufschrift INRI. Der gespaltene und abwechselnd mit sieben oder neun, roten und weißen (später silbernen) Teilen geschmückte Schild ist ein Erbe der Árpáden aus der Zeit der Landnahme. Der Dreierhügel bildet seit dem 13. Jahrhundert das Fundament des Kreuzes.

Die Vereinigung dieser Symbole zu einem einheitlichen Wahrzeichensystem festigt sich schon im Laufe des 14. Jahrhunderts, und schließlich erscheint zur Zeit von König Matthias auch die Darstellung der Heiligen Ungarischen Krone über dem Wappenschild. Ein wichtiges Moment der mittelalterlichen Entwicklung des Wappens war die Herausbildung der sog. mittelgroßen und großen Wappen. Diese komplizierten Abbildungen enthielten neben den ursprünglichen Motiven auch Symbole der Gebiete, über die das Ungarische Königreich herrschte, auf künstlerische Weise, durch Übereinanderlegen mehrerer Wappenschilder.

Natürlich besaß das Wappen auch eine politische Bedeutung: der jeweilige König war bestrebt, auch seine eigenen Wahrzeichen anzuwenden, so kam ins ungarische Wappen mal die Lilie der Anjous, mal der Doppeladler der Habsburger.

Die Bestrebungen der 1848-49er Revolution fegten für eine Weile die verhassten Symbole des Königtums weg, die Krone wird vom Wappen entfernt und die Form des Schildes wird geschwungen. Dieses sog. Kossuth-Wappen ist nicht nur deshalb mit dem Namen des großen Ungarn verbunden, weil es in der Zeit zum staatlichen Symbol wurde, als er Lendesverweser war, Kossuth verwendete es schon auf seinem Rechtsanwaltdiplom aus dem Jahr 1823.

Die ungarische Trikolore, die dreifarbige Nationalflagge gewann ihre endgültige Form 1848, obwohl ihre Anfänge ganz bis zum 15. Jahrhundert zurückreichen.

Heute sind die nationalen Wahrzeichen in der Verfassung festgelegt. Ähnlich den Prinzipien der 1848er Revolution ist es auch heute Pflicht, an den öffentlichen Gebäuden die nationale Fahne anzubringen. Das ungarische Wappen erneuert die ältesten Traditionen des Árpádenhauses.

A Szent Korona és a koronázási ékszerek

A középkor folyamán a királyi hatalom megerősítésének, a koronázási szertartásnak nagyon pontos rituáléja alakult ki. Előbb a szertartást vezető esztergomi érsek szentelt olajjal megkente a király homlokát és jobb vállát, fejére helyezte a koronát, kezébe adta a jelvényeket (országalmát, jogart, kardot), majd az új király kardjával a négy égtáj felé sújtott, jelezve, hogy bárhonnan is érkezzen ellenség, megvédi országát.

Míg Európa más tájain a leendő király leggyakrabban új koronát készíttetett magának e jeles alkalomra, addig Magyarországon egyedülálló hagyomány alakult ki: kizárólag az lehetett az ország szentesített királya, akit ugyanazzal a koronával, a magyar Szent Koronával koronáztak meg – ettől páratlan emlékünk a Korona.

Mikor, és kinek készült ez a csodálatos, a világon egyedülálló ékszer? A görög koronát szinte bizonyosan I. Géza király, vagy bizánci származású felesége kapta a bizánci császártól, vagyis 1074 körül készülhetett. A latin korona keletkezése és egybeépítése a görög koronával ennél sokkal kérdésesebb. Legvalószínűbb, hogy a latin korona a XII. század elején készült, és a Bizáncban nevelkedett III. Béla számára, 1172-ben állítják össze a koronát mai formájára, hogy ettől kezdve minden magyar király e Szent Koronával nyerje el az ország irányításának jogát.

A koronázási ékszerek legkorábbi darabja kétségkívül a jogar. Az aranyborítású mogyorófa nyélhez illesztett hatalmas, mívesen faragott hegyikristály gömb a X. század folyamán készült Egyiptomban. Szinte bizonyos, hogy ez az a jogar, melyet a korabeli hagyományoknak megfelelően – egy lándzsa kíséretében – a király kezébe adtak. Nincs okunk abban kételkedni, hogy első királyunk, az 1000-ben megkoronázott Szent István óta ez a jogar a legfőbb állami hatalom szimbóluma.

A másik tárgy, mely a koronázási ékszerek közé tartozik, és szintén István korában készült, a palást. E remekmívű darab korát pontosan elárulja latin nyelvű felirata, 1031-ben István király és Gizella királyné miseruhaként adományozta a fehérvári Szűz Mária-templomnak.

Nem Szent István korából származik az országalma. E gömb formájú tárgy a kezdetektől a tökéletesség, az égi és földi hatalom szimbóluma. Legvalószínűbb készíttetője az Anjou-házi Károly Róbert, tehát valamikor a XIV. század elején készült. A koronázási ékszerek legfiatalabb tagja a kard. Típusa, kivitele alapján a XV. század második felére keltezhető.

The Holy Crown of Hungary and The Crown Jewels of Hungary

In the course of the Middle Ages, the power of the king was solidified by a series of precisely defined coronation rituals. The Archbishop of Esztergom, performing the ceremony, rubbed consecrated oil on the forehead and left shoulder of the king, laid the crown on his head and handed him the royal emblems (the orb, the sceptre, and the sword), then the king pointed his sword towards all four points of the compass, indicating he would defend the kingdom, no matter where the enemy might come from.

Whilst in most European countries, the future king usually prepared a new crown for the occasion, a unique tradition took shape in Hungary: only those who are crowned with the Holy Crown of Hungary could be the consecrated king of the country, – which is why the crown is such a priceless relic.

When and who was this amazing, unique artefact made for? The corona graeca was almost certainly provided by the Byzantine emperor for King Géza I, or his wife of Byzantine descent, and thus fashioned around the year 1074. The construction of the corona latina and its combination with the corona graeca is a more tricky issue. It seems likely that the corona latina was made in the early 12th century, for King Béla III – who was raised in Byzantium – uniting the crown in its current form in 1172, allowing all future Hungarian kings to establish their reign with the Holy Crown.

The earliest of all the Crown jewels is undoubtedly the sceptre. This finely crafted quartz orb attached to a gilded hazel wood shaft was made in Egypt in the course of the 10th century. It is almost certain that this was the sceptre which, according to tradition, the king held in his hands – along with a spear. The sceptre has no doubt been the symbol of the highest state authority since the coronation of Hungary's first king, Saint Stephen I, in the year 1000.

The second piece of the Crown jewels, also fashioned in the era of Saint Stephen, is the coronation mantle. The age of this finely crafted garment is clearly shown by its Latin inscription: it was donated in the year 1031 by King Stephen and Queen Giselle, as a chasuble to the church of the Virgin Mary in Székesfehérvár.

The orb doesn't date back to the age of Saint Stephen. This spherical object symbolizes perfection, and the powers of Heaven and Earth. It was most probably ordered by King Charles Robert of the Angevin dynasty, and thus made in the early 14th century.

The sword is the youngest piece of the Crown jewels. Based upon its design, it can be dated back to the 15th century.

Die Heilige Ungarische Krone und die Krönungsinsignien

Im Laufe des Mittelalters bildete sich ein sehr genaues Ritual der Bekräftigung der königlichen Macht, die Krönungszeremonie heraus. Erst benetzte der Zeremonienmeister, der Erzbischof von Esztergom, Stirn und rechte Schulter des Königs mit geweihtem Öl, er setzte ihm die Krone auf, gab ihm die Insignien (den Reichsapfel, das Zepter und das Schwert) in die Hand, danach schlug der neue König mit dem Schwert in die vier Himmelsrichtungen, anzeigend, dass er sein Land gegen jeden Feind verteidigen wird, aus welcher Richtung auch immer der kommen würde.

Während in anderen Ländern Europas der zukünftige König sich meistens eine neue Krone für den festlichen Anlass anfertigen ließ, bildete sich in Ungarn eine eigene Tradition heraus: bestätigter König des Landes konnte nur sein, der mit derselben Krone, mit der Heiligen Ungarischen Krone gekrönt war – daher ist die Krone so unvergleichbar wichtig für Ungarn.

Wann und für wen wurde dieses wunderbare Meisterwerk geschaffen? Die griechische Krone erhielt bei größter Wahrscheinlichkeit König Géza I. oder seine aus Byzanz stammende Frau vom byzantinischen Kaiser, sie wird also um 1074 herum angefertigt worden sein. Viel fraglicher ist die Entstehung und der Zusammenbau der lateinischen Krone mit der griechischen Krone. Am wahrscheinlichsten ist, dass die lateinische Krone Anfang des 12. Jahrhunderts hergestellt wurde, für Béla III., der in Byzanz erzogen wurde. 1172 wurde die Krone zur heutigen Form zusammengestellt, und von da an erhielt jeder ungarische König mit dieser Heiligen Krone das Recht zum Führen des Landes.

Das früheste Stück der Krönungsinsignien ist zweifellos das Zepter. Die mächtige, meisterhaft geschnitzte Bergkristallkugel, die an einem mit Gold überzogenen Haselstiel befestigt ist, wurde im Laufe des 10. Jahrhunderts in Ägypten angefertigt. Es ist beinahe sicher, dass dies das Zepter war, das gemäß der zeitgenössischen Tradition zusammen mit einer Lanze dem König in die Hand gegeben wurde. Es gibt keinen Grund daran zu zweifeln, dass dieses Zepter seit dem ersten ungarischen König, dem im Jahre 1000 gekrönten Heiligen Stephan, das Symbol der obersten Staatsmacht ist.

Ein anderer Gegenstand der Krönungsinsignien, der ebenfalls zu Stephans Zeiten hergestellt wurde, ist der Krönungsmantel. Das Alter dieses wunderbaren Objekts gibt die lateinische Inschrift darauf ganz genau an: König Stephan und Königin Gisela schenkten ihn 1031 als Messgewand der Kirche der Jungfrau Maria in Székesfehérvár.

Nicht aus der Zeit Stephans des Heiligen stammt der Reichsapfel. Dieser kugelförmige Gegenstand ist von Anfang an das Symbol der Vollkommenheit, der Himmlischen und der Irdischen Macht. Höchstwahrscheinlich ließ sie der Anjou-König Karl Robert anfertigen, sie enstand demnach so am Anfang des 14. Jahrhunderts.

Das jüngste Stück der Krönungsinsignien ist der Säbel. Aufgrund seines Typs und seiner Ausführung kann er aus der zweiten Hälfte des 15. Jahrhunderts datiert werden.

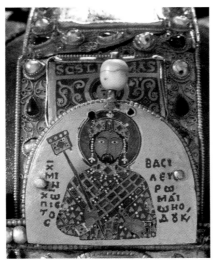

Szent Jobb

Első királyunkat, Szent Istvánt, 1038-ban bekövetkezett halála után – végakaratának megfelelően – a fehérvári bazilikában helyezik végső nyugalomra.

Szent királyunk testét kőből faragott szarkofágba fektették. E szarkofágot 1083. augusztus 20-án, István szentté avatási eljárása során – több napos imádkozással és csodás gyógyulásokkal övezve – felnyitották. Elképzelhető az összegyűlt tömeg döbbenete: a sírban fekvő király jobb karja hiányzott! Azonnal nyomozás kezdődött, mely kiderítette, hogy a kart 1061-ben választották el a testtől, amikor a testet – féltve a belháborúk viharától – a szarkofágból másik sírba helyezték. A jobb kart pedig egy Mercurius nevű szerzetes egyszerűen ellopta, és Bihar megyében, családjánál elrejtette. A megtalált Szent Jobbot visszahozták Fehérvárra, Biharban pedig egy monostort építettek, melynek emlékét a Szentjobb nevű falu ma is őrzi Romániában. E gyönyörű történetet Hartvik győri püspök 1116-ban keletkezett legendagyűjteménye írja le.

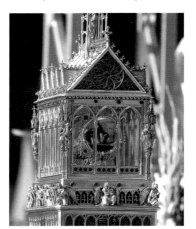

A XIX. századtól első királyunkhoz kötődő kultusz fontos eleme volt a Szent Jobb körmeneten való bemutatása. Ehhez egy pompás, aranyozott ezüst ereklyetartó készült 1862-ben, mely gótikus kápolnát formáz, benne üveghengerben a csodatévő királyi kézzel. Ma a budapesti Szent István-bazilika kápolnájában tekinthető meg ez az ereklye, melyhez a keresztényi világban is páratlanul álló gazdag hagyományok kötődnek.

Die Heilige Rechte

Der erste ungarische König, Stephan der Heilige starb 1038 und wurde, gemäß seinem letzten Willen, in der Basilika in Székesfehérvár zur letzten Ruhe gebettet. Der Leichnam des heiligen Königs wurde in einen Steinsarkophag gelegt. Dieser Sarkophag wurde am 20. August 1083, während des Heiligsprechungsverfahrens von Stephan, bei mehrtägigem Beten und wundersamen Heilungen – geöffnet. Man kann sich die Bestürzung der versammelten Menge vorstellen: der rechte Arm des im Grab liegenden Königs fehlte! Es begann sofort eine Ermittlung, die ergab, dass der Arm 1061 vom Leichnam abgetrennt worden war, als der aus dem Sarkophag in ein anderes Grab gelegt wurde, weil man ihn vor den Wirren der Thronzwistigkeiten schützen wollte. Den rechten Arm hat ein Mönch namens Mercurius einfach gestohlen und im Komitat Bihar bei seiner Familie versteckt. Die aufgefundene Heilige Rechte wurde nach Székesfehérvár zurückgebracht, und in Bihar ein Kloster gebaut, dessen Andenken heute noch der ungarische Name des Dorfes Szentjobb (Heilige Rechte) in Rumänien bewahrt. Die Geschichte beschreibt der Győrer Bischof Hartvik in seiner 1116 entstandenen Legendensammlung.

Vom 19. Jahrhundert an war das Zeigen der Heiligen Rechte bei einer Prozession ein wichtiges Element des Kults um den Hl. Stephan. Zu diesem Zweck wurde 1862 ein prächtiger Reliquienschrein aus vergoldetem Silber angefertigt, in Form einer gotischen Kapelle, in der sich in einem Glaszylinder die wundertätige königliche Hand befindet. Heute ist diese, mit reicher Tradition verbundene Reliquie in einer Kapelle der Budapester St.Stephan Basilika zu besichtigen.

The Holy Right Hand of Saint Stephen

Following the demise of the first king, Saint Stephen of Hungary, in 1038 – in accordance with his final will – his remains were laid to rest in the basilica of Székesfehérvár. The body of the holy monarch was laid in a stone sarcophagus. The sarcophagus was later opened in the course of the canonising procedure on 20 August 1083 – following several days of prayer and miraculous healing. You can imagine how shocked the crowd must have been once they realised that the right arm of the king was missing! An investigation started at once, which came to the conclusion that the arm had been removed from the body in 1061, when the remains were moved from the sarcophagus to a different grave in order to preserve the body from the chaos of the internal wars. A monk called Mercurius simply stole the king's right arm, taking it to his family's hiding place in Bihar County. The Holy right hand was later returned to Székesfehérvár and a monastery was built in Bihar county, the memory of which is still preserved by the village of Szentjobb (Holy right hand) in Romania. This wonderful story was recorded in the legends of bishop Hartvik of Győr, dating from the year 1116.

An important part of the cult surrounding Hungary's first king was the display of the hand in the course of processions, from the 19th century onwards. In 1862 a magnificent, gilded, silver relic holder was prepared for the hand in the shape of a gothic chapel, encasing the miraculous hand in a glass tube. The relic which is now on display in Saint Stephen's Basilica in Budapest, is surrounded by uniquely rich traditions, even in the light of other Christian traditions.

Aranybulla

A XIII. század eleji Magyar Királyságban súlyos válság érlelődött. A fő-nemesség erejét felőrölték az örökösödési harcok, a királyi birtokokat el-ajándékozták, az uralkodó hatalma látványosan meggyengült. Ugyanakkor fokozódó gazdasági potenciálhoz jutott egy korábban ismeretlen réteg, a köznemesség, akik egyre növekvő vagyonnal rendelkeztek, de semmilyen nemesi kiváltságuk, előnyük nem volt.

1222-ben a köznemesi elégedetlenség új törvénykönyv megalkotását kényszerítette ki II. And-rás királytól. Az oklevél az eredetét bizonyító, nagyméretű függőpecsét után az Aranybulla nevet kapta. Eredetileg hét másolatot is készítettek belőle, melyeket a hiteles helyeken, egyházi levéltárakban őriztek, de ezek mára mind elvesztek. Leghívebben a Nagy Lajos király által ké-szíttetett, 1351-es másolat őrizte meg szövegét.

Az Aranybulla a középkori Magyarország legfontosabb alap-okirata – ma úgy mondanánk, alkotmánya – lett. Évszázadokra rendezte a király és a nemesség viszonyát, a nemesi előjogo-kat, az egyház szerepét. Kiemelkedő jelentőségét mutatja, hogy egészen 1916-ig a koronázási szertartás része, hogy a király megerősíti az Aranybullában lefektetett alapelveket.

The Golden Bull

A major crisis was brewing within the Hungarian Kingdom in the early 13th century. The power of the aristocracy was wasted in constant wars of succession, and the royal lands were being given away, significantly weakening the power of the ruler. At the same time, a previously unknown stratum of society, the gentry, achieved an increasing degree of financial potency, possessing a greater share of the wealth, but without any royal prerogatives or privileges.

In 1222, the discontented gentry forced King Andrew II to establish a new code of law. The charter was named the Golden Bull, taking its name from a large-sized symbol, authenticating its origin. Originally, seven copies were made of the charter, which were kept in official locations and church archives, but all of these have now been lost. Its contents are most authentically captured by the copy prepared by King Louis I the Great in 1351.

The Golden Bull became the most important document in medieval Hungary; it was just as important as today's constitution. It deter-mined the relationship between the king and the nobility, the royal privileges and the role of the church for centuries. The document's significance is clearly indicated by the way the basic principles of the Golden Bull were reinforced by the king during the coronation ceremonies until 1916.

Die Goldene Bulle

Im Ungarischen Königreich reifte Anfang des 13. Jahrhunderts eine tiefe Krise heran. Die Kräfte der Aristokraten waren in den Erbfol-gekämpfen verbraucht, die königlichen Güter verschenkt, die Macht des Herrschers war offensichtlich geschwächt. Zur selben Zeit erlangte eine früher unbekannte Schicht, die der Kleinadeligen ein zunehmendes Wirt-schaftspotential. Sie verfügten über stets wachsende Vermögen, aber über keinerlei Adelsprivilegien oder Vorteile.

1222 zwang die Unzufriedenheit der Kleina-deligen den König András II. zur Schaffung eines neuen Gesetzbuches. Die Urkunde er-hielt nach dem großen Hängesiegel, der ihren Ursprung bewies, den Namen Goldene Bulle. Sieben Kopien wurden dazu ausgefertigt, die an glaubwürdigen Orten, in kirchlichen Archi-ven aufbewahrt wurden, die sind aber schon alle verloren gegangen. Der Text ist am voll-ständigsten in der Kopie erhalten, die König Ludwig der Große 1351 anfertigen ließ.

Die Goldene Bulle wurde zur wichtigsten Grund-Urkunde des mittelalterlichen Ungarns, mit heutigem Wort seine Verfassung. Sie regelte für Jahrhunderte das Verhältnis von König und Adel, die Adelsprivilegien und die Rolle der Kirche. Von ihrer herausragenden Bedeutung zeugt, dass diese bis 1916 zur Krönungszeremonie gehörte, dass der König die in der Goldenen Bulle festgelegten Grund-sätze bekräftigt.

Lehel kürtje

955-ben a kalandozó magyarok sorsdöntő vereséget szenvedtek Augsburgnál.

Lehelt, a sereg fővezérét a németek elfogták, és halálra ítélték.

Lehel utolsó kívánsága az volt, hogy még egyszer megfújhassa harci kürtjét. Amikor kezébe adták, a kürttel úgy vágta fejbe I. Konrád császárt, hogy az nyomban szörnyethalt. Lehel így szólt: „Előttem fogsz menni, és szolgám leszel a túlvilágon!"
Igaz vagy sem ez a történet, ma is létezik egy IX–X. századi, bizánci készítésű kürt, melyet Lehel vezérnek tulajdonítanak. Az elefántagyarból készült, gazdagon faragott kürt akár az Európát dúló magyarok harci zsákmánya is lehetett. Lehel kürtje ma a jászberényi Jász Múzeum féltett kincse.
E tárgy csodás pályafutást járt be, a XVII. századtól a jász identitás legfontosabb jelképe lett, a mindenkori jászkapitány méltóságjelvénye, a jászok összetartozásának szimbóluma. Ennek magyarázata, hogy a jászok első kapitányukként Lehel vezért tisztelték. Ma már tudjuk, hogy a jászok a kunokkal együtt a XIII. század folyamán érkeztek hazánk területére és települtek le a Jászságban. De ez semmit sem von le a Jászkürt legendájából, ha hiszünk benne, egy ennél egyszerűbb tárgy is megtartó ereje lehet egy népnek, nemzetnek.

The Horn of Lehel

In the year 955, the adventuring Hungarians suffered a decisive defeat at Augsburg. Lehel, the leader of the army was captured by the Germans and sentenced to death. Lehel's final wish was to blow his battle horn once again. When they handed the horn to Lehel, he hit Emperor Conrad I of Germany on the head so hard that he died on the spot. Lehel then declared: "You will lead the way and become my servant in the afterlife!"
Whether or not the story is true, there is a Byzantine horn dating from the 9-10th century, which supposedly belonged to the chieftain Lehel. The richly decorated, ivory horn could even be a part of the plunder of the Hungarians, who took Europe with a storm at the time. Lehel's horn is currently a carefully protected treasure in the Jász Museum.
This wonderful artefact has an amazing past, becoming the most important symbol of jassic identity from the 17th century, symbolising the honour of the captain of the jassic people, and signifying their close affinity with each other. The jassic people consider Lehel to be their first captain. We now know that the jassic tribes arrived in the region of Hungary along with the cumans in the course of the 13th century, settling in the region of the Jászság. Still, this doesn't detract at all from the legend of the jassic horn, since we can see how even a simple object is capable of holding a people or nation together with the right sense of faith.

Lehels Horn

955 erlitten die Raubzüge führenden Ungarn bei Augsburg eine entscheidende Niederlage. Lehel, der Heeresführer wurde von den Deutschen gefangen genommen und zu Tode verurteilt. Lehels letzter Wunsch war, dass er zum letzten Mal in sein Kampfhorn blasen darf. Als er es in die Hand bekam, schlug er mit ihm Kaiser Konrad I. an den Kopf, dass der sofort mausetot war. Da sprach Lehel: „Du wirst vor mir gehen und mein Diener sein im Jenseits!"
Die Legende mag wahr sein oder auch nicht, es existiert heute noch ein Horn, das im 9.-10. Jahrhundert in Byzanz hergestellt wurde und dem Fürsten Lehel zugeschrieben wird. Das aus Elfenbein reich geschnitzte Horn könnte eine Kriegsbeute der Europa umherstreifenden Ungarn gewesen sein. Lehels Horn ist heute ein teurer Schatz des Jazygenmuseums in Jászberény.
Dieser Gegenstand hat eine wunderbare Geschichte, er wurde vom 17. Jahrhundert an das wichtigste Symbol der Jazygenidentität, das Zeichen des Ranges vom jeweiligen Jazygenführer, das Symbol der Zusammengehörigkeit der Jazygen. Die Erklärung dafür ist, dass der Fürst Lehel von den Jazygen als ihr erster Führer verehrt wurde. Dabei wissen wir heute schon, dass die Jazygen zusammen mit den Kumanen erst im Laufe des 13. Jahrhunderts in das Gebiet von Ungarn kamen und sich im heutigen Jazygengebiet (Jászság) niederließen. Dies mindert aber keineswegs den Wert der Legende des Jazygenhorns, wenn man daran glaubt, kann auch ein noch einfacherer Gegenstand eine erhaltende Kraft für ein Volk bedeuten.

Turul

Az Árpád-korban, IV. László uralkodása alatt készült, Kézai Simon által jegyzett krónika szerint a hun Attila király zászlaját és pajzsát szent állata, a turul képe díszítette. Mivel a korabeli felfogás szerint a magyarok és a hunok egymással rokonságban álltak, adott volt, hogy a honfoglalás előtti magyaroknak, Árpád vezérnek is a turulmadár volt a jelképe.

Még ha el is hisszük, hogy Attilának és a hunoknak köze volt a turulhoz, akkor is bizonyos, hogy ilyen formában nem alkalmazták annak képét, mivel a címer és zászló használata csupán a lovagkorban alakult ki. Kézai egy korának megfelelő szokást vetített vissza a majd 400 évvel korábbi időkre.
Az ábrázolások alapján e mitikus madár leginkább a kerecsensólyommal azonosítható. A honfoglaló magyarok motívumkincsében gyakran felbukkan a stilizált ragadozó madár, vagyis nincs okunk kételkedni e jelkép ősiségében.
Sajnálatos, hogy a XX. század derekán a turul fogalma összefonódott a Trianonban megcsonkított magyar állam feléledésében bízó radikális mozgalmakkal. Ettől e szép, ősi szimbólumunk kellemetlen felhangot kapott, holott egyike a kevés, ezeréves jelképeinknek.

Turul

According to the chronicles of Simon Kézai from the age of the Árpád dynasty, during the reign of King László IV, the standard and coat of arms of King Attila the Hun were emblazoned with the image of the Turul bird. According to the beliefs of the time, the Hungarians were related to the Huns, so it was commonly accepted that the Turul was the symbol of Árpád, the leader of the Hungarians before the conquest of the Carpathian basin.
Even if we believe that Attila and the Huns had anything to do with the Turul, it is certain that its image was not used in this way, since the widespread use of a royal coat of arms and a standard only took place during the age of romance. Kézai attributed the use of the attire of his age to a ruler living nearly 400 years before him.
Based upon the depictions, this mythical bird can be identified with the Saker falcon. The stylised image of this bird of prey often appeared in the motifs used by the Hungarians at the time of the conquest, so there is no need to doubt the ancient origin of the symbol.
Unfortunately, in the early 20th century, the concept of the Turul became associated with the radical movements striving for the reunification of the Hungarian state divided by the treaty of Trianon. This lent an unpleasant overtone to this beautiful, ancient symbol, even though it is a part of ancient, several thousand year-old Hungarian traditions.

Der Turulvogel

Laut der von Simon Kézai geschriebenen Chronik, die während der Herrschaft von László IV., in der Árpádenzeit entstanden ist, waren Fahne und Schild des Hunnenkönigs Attila mit dem Bild seines heiligen Tieres, des Turulvogels geschmückt. Da nach der zeitgenössischen Auffassung Ungarn und Hunnen miteinander verwandt waren, lag es auf der Hand, dass auch die Ungarn vor der Landnahme und auch der Großfürst Árpád den Turulvogel zum Wahrzeichen hatten. Selbst wenn man glaubt, dass Attila und die Hunnen irgendetwas mit dem Turulvogel zu tun hatten, auch dann verwendeten sie dessen Bild ganz bestimmt nicht in dieser Form, denn der Gebrauch von Wappen und Fahne wurde erst in der Ritterzeit üblich. Kézai projizierte einen Brauch seiner Zeit zurück in die 400 Jahre davor.
Aufgrund der Darstellungen ist dieser mythische Vogel wahrscheinlich mit dem Schlachtfalken identitisch. Im Motivenschatz der landnehmenden Ungarn taucht der stilisierte Raubvogel oft auf, so ist dieses Symbol zweifellos uralt.
Bedauerlicherweise verband sich der Begriff des Turulvogels Mitte des 20. Jahrhunderts mit radikalen Bewegungen, die auf das Aufleben des in Trianon zerschlagenen ungarischen Staates hofften. Dadurch erhielt dieses schöne uralte ungarische Symbol einen unangenehmen Beigeschmack, obwohl es eines der wenigen tausend Jahre alten Traditionen ist.

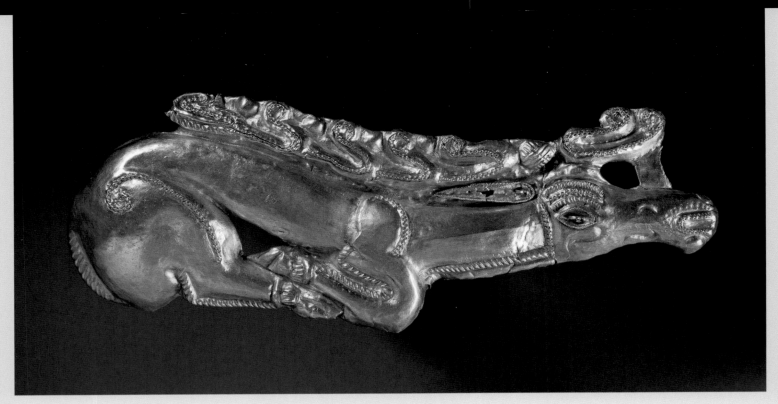

Csodaszarvas

Az Anjou-házból származó lovagkirályunk, Nagy Lajos uralkodása alatt, 1358 körül készült egy pompás, 147 képpel gazdagon illusztrált kódex, a Képes Krónika. A Krónika a magyarok történetét örökíti meg, a legendák ködébe vesző kezdettől Lajos uralkodásáig. A Krónika történelmünk fontos forrása, még akkor is, ha egyes állításait kritikával kell kezelnünk.

A Képes Krónika nem kételkedik abban a korabeli felfogásban, hogy a magyarok és a hunok rokonságban állnak egymással, ennek históriáját le is írja. Ma már tudjuk, hogy e nézet minden történeti alapot nélkülöz, de a Csodaszarvas szépséges legendája a magyarság mondakincsének élő részévé vált.

Történt egykor, hogy Magóg király és Ené királyné két fia, Magor és Hunor vadászni indultak. Üldözőbe vettek egy gyönyörű szarvasünőt, amely bevezette őket a Meotisz-tenger melletti mocsarakba. Ott ugyan a szarvas nyomát elveszítette a két királyfi, de helyette nagyszerű, legeltetésre, letelepedésre alkalmas területre bukkantak. A hercegek elfoglalták e gazdag földet, később feleséget is raboltak maguknak, Dula király két lányának személyében. Az ő gyermekeik lettek a hun és magyar nép ősei. Az utódok bizonyosak voltak abban, hogy a Csodaszarvas isteni sugallatra vezette az ifjakat az új hazába, és ennek a mesés lénynek köszönhető a magyarság léte.

The Miracle Stag

During the reign of Louis I the Great, a Hungarian monarch belonging to the Angevin dynasty, a magnificent codex, richly illustrated with 147 images, known as the so-called Illuminated Chronicle, was prepared around the time of 1358. The Chronicle records the story of the Hungarians from their legendary origins to the reign of King Louis. The Chronicle is an important source of Hungarian history, even if some of its claims are to be taken with a pinch of salt.

The Illuminated Chronicle does not question the belief at the time that the Magyar and Hun tribes are related to each other and even records their history. We now know that there is no historical basis for this claim, still the beautiful legend of the Miraculous Hind became a vital element of Hungarian legends.

Once upon a time, the sons of King Magog and Queen Ene, Magor and Hunor went hunting. They began chasing a magnificent hind calf, which led them to the swamps bordering the Meotis Sea. Although the princes lost trace of the hind calf, they stumbled upon superb lands suitable for grazing and settlement. The princes laid claim to these rich lands and later stole the two daughters of King Dula as their wives. Their children became the ancestors of the Hun and Magyar tribes. The descendants were certain that the Miraculous Hind led them to their new home on a divine inspiration, establishing the existence of the Hungarian people.

Der Wunderhirsch

Während der Herrschaft des Ritterkönigs, Ludwigs des Großen entstand um 1358 herum eine prächtige, mit 147 Bildern illustrierte Chronik, die Bilderchronik. Sie beschreibt die Geschichte der Ungarn von den frühesten Legenden umgebenen Anfängen bis zur Herrschaft von Ludwig. Die Chronik gilt als eine wichtige Quelle der ungarischen Historie, allerdings sind einzelne Behauptungen darin mit Vorsicht zu genießen.

Die Bilderchronik zweifelt z.B. nicht an der zeitgenössischen Auffassung, dass Ungarn und Hunnen miteinander verwandt seien, sie beschreibt sogar die Geschichte dieser Verwandtschaft. Heute ist schon bekannt, dass diese Ansicht jeder historischen Grundlage entbehrt, die wunderschöne Legende vom Wunderhirsch wurde trotzdem zum lebendigen Teil des Sagenschatzes der Ungarn.

Es heißt darin, dass die beiden Söhne von König Magog und Königin Ene, Hunor und Magor auf die Jagd gingen. Sie verfolgten eine schöne Hirschkuh, die sie in die Moorgebiete am Meotis-Meer führte. Dort verloren sie zwar ihre Spur, fanden dafür ein großartiges, zum Viehweiden und zum Ansiedeln geeignetes Gebiet. Die Herzoge eroberten dieses reiche Land und raubten sich später auch Ehefrauen, die beiden Töchter des Königs Dula. Ihre Kinder wurden die Vorfahren des hunnischen und des ungarischen Volkes. Die Nachfahren waren dessen sicher, dass der Wunderhirsch die Jünglinge auf göttliche Eingebung in eine neue Heimat geführt habe, und die Existenz des Ungartums diesem Märchenwesen zu verdanken sei.

Feszty-körkép

A magyarok bejövetele Feszty Árpád festőművész grandiózus víziója a honfoglalásról. A művész egy párizsi élményén felbuzdulva döntötte el, hogy óriási panorámaképben örökíti meg a bibliai özönvíz történetét, de apósa, Jókai Mór érvelését hallván megváltoztatta elhatározását, és nemzeti történelmünk dicsőséges pillanatát választotta ki.

The Feszty Panorama

"The Hungarian Conquest" is painter Árpád Feszty's grand vision of the Hungarian Conquest. The artist's Parisian experiences made him decide to capture the story of the Biblical Floods in the form of a huge panoramic painting, yet his father-in-law, Mór Jókai, convinced him to change his mind and choose this glorious moment in Hungarian history instead. He began work on the 15x120 metre painting in 1891. The plans were made with the professional support of Feszty Árpád's wife, whilst the painting itself was completed with the contribution of a number of renowned painters of the age. The gigantic work of art was finally completed in the spring of 1894 and was considered to be the main attraction of the millennial exhibition by both the press and the public. Contemporary critics also deemed the painting to be one of the most important works of the World Fair in London. The completion of Árpád Feszty's masterpiece was made possible by a series of great sacrifices (the painter devoted a large portion of his private funds to finishing the painting), and fate was kind to "The Hungarian Conquest" too. Fortunately, the painting has undergone a series of restorations since the 1970s and has been exhibited in the National Historical Memorial Park of Ópusztaszer since 1995, in conditions that are truly worthy of such a unique piece of art from a painter devoted to Hungarian national history.

Fesztys Panoramabild

Der Einzug der Ungarn ist die grandiose Vision des Malers Árpád Feszty von der Landnahme der Ungarn. Von einem Pariser Erlebnis angeregt beschloss der Künstler die Geschichte der biblischen Sintflut in einem riesigen Panoramagemälde zu verewigen, aber sein Schwiegervater, der Dichter Mór Jókai überzeugte ihn, dass er eher diesen ruhmreichen Moment der ungarischen Nationalgeschichte zum Thema wählen soll. Die Arbeiten zum 15 x 120 m großen Bild begannen 1891. Die Pläne dazu entwarf Árpád Feszty mit fachlicher Unterstützung seiner Frau, das Gemälde selbst konnte durch Mitwirkung vieler namhafter Maler der Zeit entstehen. Das gigantische Werk war im Frühjahr 1894 fertig und wurde von Presse und Publikum als größte Sensation der Millenniumsausstellung gefeiert. Die zeitgenössische Kritik zählte es auf der Londoner Weltausstellung ebenfalls zu den wichtigsten ausgestellten Werken. Árpád Fesztys Meisterwerk erforderte gewaltige Anstrengungen (der Maler opferte eine ansehnliche Summe aus seinem Privatvermögen). Aber das Schicksal war dem Einzug der Ungarn nicht unbedingt gnädig. Zum Glück erfuhr es von den 1970-er Jahren an in mehreren Schritten eine vollständige Restaurierung, es ist seit 1995 im Nationalen Gedenkpark Ópusztaszer ausgestellt, in einer Umgebung, die dem einzigartigen Werk des für die Nationalgeschichte begeisterten Malers würdig ist.

A 15 x 120 méteres festmény munkálatai 1891-ben kezdődtek el. A terveket Feszty Árpád felesége szakmai támogatásával készítette el, maga a kép a kor számos neves festőművészének közreműködésével születhetett meg. A gigantikus mű végül 1894 tavaszára készült el, és a millenniumi kiállítás legfőbb szenzációjaként üdvözölte a sajtó és a közönség. A londoni világkiállításon nemkülönben a legfontosabb művek közé sorolta a korabeli kritika.

Feszty Árpád mesterműve hatalmas áldozatok árán született meg (a festő magánvagyonából is komoly összeget áldozott a kép létrehozására), és a sors sem fogadta kegyeibe A magyarok bejövetelét. Szerencsére az 1970-es évektől kezdve több lépcsőben teljes restauráción esett át, és 1995-ben az ópusztaszeri Nemzeti Emlékparkban került kiállításra, olyan körülmények között, amelyek valóban méltók a nemzeti történelmünk iránt elkötelezett festőművész egyedülálló alkotásához.

Lénárd Fülöp

A fizikai Nobel-díjat 1905-ben a katódsugaras vizsgálatokra alapozott atommodelljéért kapta.

Lénárd Fülöp Philipp E. A. von Lenard néven vált ismertté, és noha Pozsonyban született (1862), továbbá Budapesten kezdte el az egyetemet, tanulmányait már Németországban fejezte be, és ott is maradt élete végéig (1947).

A bonni egyetemen Hertz asszisztenseként elsősorban a katódsugarak abszorpcióját és ionizáló hatását vizsgálta. 1893-ban megépítette a róla elnevezett katódsugárcsövet, amely a kísérletezők egyik leghasznosabb eszköze lett. Ezután több német egyetemen is dolgozott, közben az elektronok anyagon való áthaladását vizsgálta, és kidolgozta az anyag dynamida-elméletét. E szerint az atom belsejének csak egy kis tartománya, egy intenzív erőtér, a dynamida az átjárhatatlan. Ez az elmélet lett a Rutherford-féle atommodell alapja.

NOBEL PRIZE IN PHYSICS

Philipp Lenard

Philipp Lenard gained his reputation under the name of Philipp E. A. von Lenard, although he was born in Pressburg (1862) and began his university studies in Budapest, completing them in Germany, where he stayed for the rest of his life (until 1947). In 1905, he received the Nobel Prize in Physics for his work on cathode rays. As the assistant of Hertz at the University of Bonn, he studied the absorption and ionising effect of cathode rays. In 1893, he constructed a cathode ray tube named after him, which became one of the most useful devices for inventive minds. He worked at a number of German universities while studying the way electrons pass through substances, devising the dynamid theory. According to this theory, only a small portion of the atom, the so-called dynamid – an intensive field – is impassable. This served as the basis of Rutherford's atomic model.

NOBELPREIS FÜR PHYSIK

Philipp Lenard

Philipp Lenard wurde unter dem Namen Philipp E. A. von Lenard bekannt, er wurde in Pressburg geboren (1862) und begann seine Studien in Budapest, schloss sie aber in Deutschland ab, und blieb dort bis zum Ende seines Lebens (1947). Den Nobelpreis für Physik erhielt er für sein auf Kathodenstrahlenuntersuchungen beruhendes Atommodell.
An der Bonner Universität untersuchte er als Assistent von Hertz vor allem die Absorption und die ionisierende Wirkung von Kathodenstrahlen. 1893 baute er die nach ihm benannte Kathodenstrahlröhre, die eines der nützlichsten Geräte für Experimentierende wurde. Danach war er an mehreren deutschen Universitäten tätig, untersuchte das Durchdringen der Stoffe durch Elektronen und erarbeitete die Dynamidtheorie der Materie. Der nach ist nur ein kleiner Bereich des Inneren des Atoms, ein intensives Kraftfeld, die Dynamide undurchdringlich. Diese Theorie wurde zur Grundlage des rutherfordschen Atommodells.

Bárány Róbert

A Nobel-díjat az egyensúlyszerv fiziológiájával és kórtanával kapcsolatos munkáiért kapta.

Bárány Róbert Bécsben született (1876), de magyar származása kétségtelen, ma is élnek rokonai Magyarországon.

Bárány 1900-ban doktorált a bécsi orvosi egyetemen, ezután belgyógyászati és pszichiátriai tanulmányokat folytatott. 1905-ben a fülészeti klinikára került, ahol 1909-től docens volt. Itt jött rá arra, hogy fülöblítésnél a víz hőmérséklete befolyásolja a szédülést és a szemmozgást, és hogy kóros körülmények között ez az ún. Bárány-féle kalorikus reakció hiányzik. Ez a megfigyelés megkönnyítette a belső fülben lévő egyensúlyozó szerv elváltozásainak diagnosztizálását. Szintén az ő felfedezése volt a Bárány-féle „félremutatási" kísérlet, amely agyi megbetegedések felismerését segíti.

NOBEL PRIZE IN PHYSIOLOGY

Robert Bárány

Although born in Vienna (1876), Robert Bárány's Hungarian descent is unquestionable, and he still has relatives living in Hungary to this very day. He won the Nobel Prize for his work concerning the physiology and pathology of the vestibular apparatus. Bárány graduated from the medical school of the Vienna University in 1900, followed by studies in internal medicine and psychiatry. In 1905, he began working at an otology clinic, where he became associate professor in 1909. He realised that when rinsing the ear, the temperature of the water affected the patient's sense of vertigo and involuntary eye movements, and that the so-called Bárány caloric reaction was missing in certain pathological cases. This observation allowed the diagnosis of changes of the vestibular apparatus in the inner ear. Bárány was also responsible for the so-called "pointing test", which assisted in identifying the nature of various cerebral illnesses.

NOBELPREIS FÜR PHYSIOLOGIE

Robert Bárány

Robert Báránys Familie stammt aus dem burgenländischen Rechnitz, er selbst wurde aber in Wien geboren (1914), die Fachliteratur hält ihn für einen Österreicher, obwohl heute noch Verwandte von ihm in Ungarn leben. Den Nobelpreis erhielt er für seine Arbeiten zur Physiologie und Pathologie des Vestibulorgans.
Bárány habilitierte 1900 an der Wiener Medizinischen Universität, und führte dann Studien zur Inneren Medizin und zur Psychiatrie. 1905 kam er an die Klinik für Ohrenheilkunde, wo er ab 1909 Dozent war. Dort entdeckte er, dass bei Ohrenspülung die Wassertemperatur das Schwindeln und die Augenbewegung beeinflusst, und das bei Erkrankungen diese sog. Báránysche kalorische Reaktion fehlt. Diese Beobachtung erleichterte die Diagnostizierung von Veränderungen des Gleichgewichtsorgans im Innenohr. Ebenfalls seine Entdeckung ist das Bárány „Zeigeexperiment", das die Erkennung von Gehirnerkrankungen erleichtert.

Zsigmondy Richárd

A Nobel-díjat „a kolloid oldatok heterogén természeté-nek magyarázatáért, és a kutatásai közben alkalmazott módszerekért" kapta. A díjjal járó összeget a göttingeni egyetem fejlesztésére fordította.

Zsigmondy Richárd szülei magyarok voltak. Bécsben született 1865-ben, ott is tanult, majd Németországba került, és kisebb kitérőkkel ott élt és dolgozott haláláig (Göttingen, 1929). A kísérletezést gyerekkorában kezdte a szülői házban berendezett kis laboratóriumban, ame-lyet fogorvos és feltaláló édesapja segítségével épített. Később is volt magánlaboratóriuma, például Jénában, ahol a híres Schott üveggyárban dolgozott mint tudományos munkatárs.

NOBLE PRIZE IN CHEMISTRY 1925

Richard Zsigmondy

Richard Zsigmondy's parents were Hungarian. Born in Vienna in 1865, he began his studies there and later moved to Germany, where he lived and worked until the end of his life (Göttingen, 1929). He began experimenting as a child in the laboratory of his parents' house, which he built with the help of his dentist and inventor father. He later established a number of private laboratories, for example in Jena, where he worked as a scientific consultant at the famous Schott glass factory. He won the Noble prize "for his demonstration of the heterogeneous nature of colloid solutions and for the methods he used." He decided to use the funds gained with the prize for the development of the University of Göttingen.

NOBELPREIS FÜR CHEMIE 1925

Richard Zsigmondy

Die Eltern von Richard Zsigmondy waren Ungarn. Er wurde 1865 in Wien geboren, wo er auch studierte, danach kam er nach Deutschland, dort lebte und arbeitete er mit einigen Abstechern bis zu seinem Tode (1929). Mit dem Experimentieren begann er schon als Kind in dem im Elternhaus eingerichteten kleinen Laboratorium, das er mit Hilfe seines Vaters, des Zahnarztes und Erfinders baute. Er besaß auch später ein Privatlaboratorium, z.B. in Jena , wo er als wissenschaftlicher Mitarbeiter der berühmten Glasfabrik Schott tätig war. Den Nobelpreis erhielt er „für den Nachweis der heterogenen Natur der kolloiden Lösungen und für die bei seinen Forschungen verwendeten Methoden". Den mit dem Preis verbundenen Geldbetrag widmete er der Entwicklung der Göttinger Universität.

15

Szent-Györgyi Albert

A fiziológiai és orvostudományi Nobel-díjat 1937-ben kapta meg „a biológiai égésfolyamatok, különösképpen a C-vitamin és a fumársav-katalízis szerepének terén tett felfedezéseiért".

Szent-Györgyi Budapesten született (1893), ott is szerzett diplomát, közben kétszer szolgált az olasz fronton. Trianon után holland, német, angol és amerikai egyetemeken, majd 1930–45-ig a szegedi egyetemen dolgozott. Kutatásai a biológiai oxidációs folyamatokra irányultak. Felfedezte a C-vitamint, és annak hatását. Kísérleteihez a szegedi zöldpaprikából nyert elég aszkorbinsavat, amivel skorbutos tengerimalacokat gyógyított. Szent-Györgyi Albert a legismertebb természettudós Magyarországon. A Nobel-díj mellett haladó szellemisége, mély humanizmusa is növelte népszerűségét.

NOBELPREIS FÜR MEDIZIN 1937

Albert Szent-Györgyi

Szent-Györgyi wurde in Budapest geboren (1893), erwarb dort sein Diplom, inzwischen diente er sogar zweimal im Ersten Weltkrieg an der italienischen Front. Nach dem Frieden von Trianon war er an holländischen, deutschen, englischen und amerikanischen Universitäten tätig, zwischen 1930 und 1945 arbeitete er an der Universität zu Szeged. Seine Forschungen richteten sich auf biologische Oxidationsprozesse. Er entdeckte das Vitamin C und dessen Wirkung. Zu seinen Experimenten gewann er aus Szegeder grünen Paprikaschoten genügend Askorbinsäure, mit der er an Skorbut leidende Meerschweinchen heilte. Den Nobelpreis für Physiologie und Medizin erhielt er 1937, „für seine Entdeckungen auf dem Gebiet der biologischen Verbrennungsprozesse, besonders in Bezug auf das Vitamin C und die Katalyse der Fumarsäure." Albert Szent-Györgyi ist der bekannteste Naturwissenschaftler in Ungarn. Seine Popularität wuchs außer dem Nobelpreis auch dank seiner fortschrittlichen Mentalität und seinem tiefen Humanismus.

NOBEL PRIZE IN MEDICINE 1937

Albert Szent-Györgyi

Szent-Györgyi was born in Budapest (1893) where he also received his degree, later serving twice in the army on the Italian front. Following the peace treaty of Trianon, he continued his work at Dutch, German, English and American universities, ending up at the University of Szeged between 1930-45. His studies focused on biological combustion; he also discovered vitamin C and its effect. The ascorbic acid required for his experiments was taken from the green peppers of Szeged, allowing him to cure scorbutic guinea pigs. He won the Nobel Prize in Physiology and medicine in 1937 "for his discoveries in connection with the biological combustion processes, with special reference to vitamin C and the catalysis of fumaric acid".

Albert Szent-Györgyi was the most famous natural-historian in Hungary. Apart from winning the Nobel Prize, his popularity was also due to his progressive mindset and deep humanism.

KÉMIAI NOBEL-DÍJ Hevesy György

NOBELPREIS FÜR CHEMIE

George de Hevesy

Er wurde 1885 in Budapest geboren, promovierte in Physik 1908 in Freiburg. Die Chemie interessierte ihn aber mehr, er übernahm daher eine Assistentenstelle in Zürich bei Lorenz, um 1911 nach Manchester, ins Laboratorium von Rutherford zu wechseln, wo ihn der weltberühmte Wissenschaftler beauftragte, einem 100 kg schweren Radiobleiblock den Komponenten Radium D zu entziehen. Hevesy entdeckte, dass die beiden Stoffe nicht voneinander zu trennen sind und daher das strahlende Radium D als Indikator des Bleis verwendet werden kann. In Freiburg gewann er weitere Erkenntnisse, erprobte z.B. an Pflanzen und Tieren die Anwendung von radioaktiven Isotopen – ohne diese Untersuchungsmethode ist die moderne Medizin unvorstellbar. George de Hevesy erhielt den Nobelpreis 1943 nach siebenmaliger Nominierung für die Anwendung der Isotope als Indikator.

Az 1943. évi Nobel-díjat hétszeri jelölés után az izotópok indikátorként való alkalmazásáért kapta.

1885-ben született Budapesten, a fizikai doktorátust Freiburgban szerezte meg 1908-ban. De a kémia jobban érdekelte, ezért először Zürichben, Lorenz mellett vállalt tanársegédi állást, majd 1911-ben Rutherford manchesteri laboratóriumába került, ahol a világhírű tudós azzal bízta meg, hogy egy 100 kilós radioólom-tömbből vonja ki a rádium D komponenst. Hevesy rájött, hogy a két anyagot nem lehet különválasztani, ezért a sugárzó rádium D felhasználható az ólom indikátoraként. Freiburgban további eredményeket ért el, például növényeken és állatokon is kipróbálta a radioaktív izotópok alkalmazását, amely vizsgálati módszer nélkül aligha boldogulna a modern orvostudomány.

George de Hevesy

NOBEL PRIZE IN CHEMISTRY

Born in Budapest in 1885, he later gained his PhD in physics from the University of Freiburg in 1908. Nevertheless, he was more interested in chemistry, so he sought out a teaching position in Zurich alongside Richard Lorenz, then in 1911 he joined the laboratory of Rutherford in Manchester, where the world-famous scientist gave him the task of distilling the Radium D component from a 100 kilo block of Radium lead. Hevesy realised that the substances were inseparable and that radioactive Radium D could be used as an indicator of lead. In Freiburg, he made a number of further achievements, for example testing the application of radioactive isotopes on plants and animals, which has resulted in an indispensable investigative process of medical science. George de Hevesy received the Nobel Prize in Chemistry for his work on the use of isotopes as tracers in 1943, after seven nominations.

Békésy György FIZIOLÓGIAI NOBEL-DÍJ

A fiziológiai Nobel-díjat 1961-ben „a fül csigájában létrejövő ingerületek fizikai mechanizmusának felfedezéséért" kapta.

Békésy György fizikus volt, tudományos eredményeit viszont az orvostudomány hasznosítja. Fizikai doktorátusát Budapesten szerezte 1923-ban. Ezután a Postakísérleti Állomás jól felszerelt laboratóriumában helyezkedett el, és a telefonok hangátvitelének tökéletesítésén dolgozott, bár a hallás mechanizmusa, főleg a csiga addig ismeretlen szerepe érdekelte leginkább. Békésy megfigyelte és leírta ennek az apró szervnek a működését. Kísérletei során számos új vizsgálati módszert dolgozott ki, használt tükröket, fogorvosi fúrót, és nemcsak állati, hanem emberi koponyákat is boncolt.

NOBELPREIS FÜR PHYSIOLOGIE

Georg von Békésy

Georg von Békésy war Physiker, seine wissenschaftlichen Erkenntnisse verwertet jedoch die Medizin. Er wurde 1899 in Budapest geboren. Er promovierte in Physik 1923 in Budapest. Danach nahm er eine Stelle im gut ausgerüsteten Zentrallabor der Budapester Postdirektion an, er arbeitete an der Vervollkommnung der Tonübertragung der Telefone, obwohl ihn am meisten der Mechanismus des Hörens, vor allem die bis dahin unbekannte Rolle der Schnecke interessierte. Von Békésy beobachtete und beschrieb das Funktionieren dieses winzigen Organs. Bei seinen Experimenten erarbeitete er zahlreiche neue Methoden, er verwendete Spiegel und Zahnarztbohrer, und sezierte nicht nur Tierschädel, sondern auch menschliche.

Den Nobelpreis für Physiologie erhielt er 1961 für „seine Entdeckung im physikalischen Mechanismus der Erregungen in der Schnecke des Ohres."

Georg von Békésy

NOBEL PRIZE IN PHYSIOLOGY

Although Georg von Békésy was a physicist, his discoveries were mainly utilised by medical science. In 1923, he received a PhD in physics in Budapest. He began his work in the well-equipped Experimental Station of the Hungarian Post Office, focusing on refining the sound transmission of telephones, although he was more interested in the operation of the hearing mechanism – particularly the function of the cochlea. Békésy studied and described the function of this tiny organ. In the course of his work, he developed a new investigative method, using mirrors and dentist's drills and dissecting animal, as well as human skulls.

In 1961, he was awarded the Nobel Prize in Physiology "for his discoveries of the physical mechanism of stimulation within the cochlea".

Wigner Jenő

A Nobel-díjat 1963-ban Maria Goeppert Mayerrel és J. H. D. Jensennel megosztva kapta „az atommagok és az elemi részek elmélete terén, különösen pedig az alapvető szimmetriaelvek felfedezésével és alkalmazásával elért eredményeiért".

Wigner Jenő 1902-ben született Budapesten. Tanulmányait Berlinben folytatta. Itt ismerte meg Einsteint és Szilárd Leót, akihez szintén szoros barátság fűzte, itt diplomázott 1925-ben, majd a Kristálytani Kutatóintézet munkatársaként rájött arra, hogy a négydimenziós téridő szimmetriái a kvantummechanikában központi szerepet játszanak. Meghatározó szerepet játszott az atombomba kifejlesztésében, feladata az elméleti fizikai csoport vezetése, és az atomreaktorok megtervezése és megépítése volt.

17

NOBEL PRIZE IN PHYSICS

Eugene Wigner

Eugene Wigner was born in Budapest in 1902. He continued his studies in Berlin. Here he met Albert Einstein and Leó Szilárd, whom he also befriended, gaining his degree in 1925, and as a colleague of the Kaiser Wilhelm Institute, realised that the symmetries of four-dimensional spacetime play a key role in quantum mechanics. From 1939, he participated in Roosevelt's atomic energy project. He played a key role in developing the atomic bomb, he was charged with leading the theoretical physics group as well as the construction and design of nuclear reactors.

He won the Nobel Prize in 1963, sharing it with Maria Goeppert Mayer and J. H. D. Jensen "for his contributions to the theory of the atomic nucleus and the elementary particles, particularly through the discovery and application of fundamental symmetry principles".

Eugene Wigner

NOBELPREIS FÜR PHYSIK

Er wurde 1902 in Budapest geboren. Seine Studien setzte er in Berlin fort, dort lernte er auch Einstein und Leó Szilárd kennen – mit dem verband ihn auch eine enge Freundschaft. Das Diplom erwarb er 1925, wurde dann Mitarbeiter des Forschungsinstituts für Kristallkunde und entdeckte, dass die Symmetrien der vierdimensionalen Raumzeit in der Quatummechanik eine zentrale Rolle spielen. Davon ausgehend schuf er die Gruppentheorie, die ein unerlässliches Mittel der theoretischen Physik ist. Ab 1939 beteiligte er sich am Atomenergie-Programm von Roosevelt. Seine Aufgabe war die Führung der Gruppe für theoretische Physik, sowie Planung und Bau von Atomreaktoren.

Den Nobelpreis erhielt er 1963 zusammen mit Maria Goeppert Mayer und J. H. D. Jensen „für seine Beiträge zur Theorie des Atomkerns und der Elementerteilchen, besonders durch die Entdeckung und Anwendung fundamentaler Symmetrie-Prinzipien".

Gábor Dénes

A fizikai Nobel-díjat „a holografikus módszer feltalálásáért, és kifejlesztéséhez való hozzájárulásért" vehette át 1971-ben.

Gábor Dénes 1900-ban született Budapesten. Gépészmérnöki tanulmányait az első világháború után kezdte meg, 1920-tól Berlinben tanult a Technische Hochschule elektromérnöki karán, diplomáját is itt szerezte meg. Dolgozott Németországban, Magyarországon, majd 1934-ben Angliában telepedett le, ahol kutatóként vált elismertté. Szűkebben vett szakterületei mellett a kommunikációval is foglalkozott. Gábor Dénes 1947-ben találta fel a holográfiát, de találmánya csak a lézer felfedezése után terjedt el, s vált jelentőssé. Humanista gondolkodóként társadalmi téren is aktív volt: 1968-ban részt vett a Római Klub megalapításában, amelynek deklarált célja a „közös gondviselés és felelősség az emberiség jövőjéért".

Dennis Gabor

NOBELPREIS FÜR PHYSIK

Dennis Gabor wurde 1900 in Budapest geboren. Die Studien in Maschinenbau begann er nach dem Ersten Weltkrieg, er studierte ab 1920 an der Fakultät für Elektrotechnik der Technischen Hochschule in Berlin und erwarb dort auch sein Diplom. Er arbeitete in Deutschland und in Ungarn, um sich schließlich in England niederzulassen, wo er als Forscher Anerkennung fand.

Neben seinen Fachgebieten im engeren Sinne beschäftigte er sich auch mit der Kommunikation.

Dennis Gabor erfand die Holographie im Jahre 1947, seine Erfindung verbreitete sich aber erst nach der Entdeckung der Laserstrahlen und gewann an Bedeutung. Den Nobel-Preis in Physik konnte er 1971 übernehmen „für die Erfindung der holographischen Methode und für seinen Beitrag zu deren Entwicklung". Er war als humanistischer Denker auch gesellschaftlich aktiv: 1968 beteiligte er sich an der Gründung des Club of Rome, dessen deklariertes Ziel die „gemeinsame Sorge und Verantwortung für die Zukunft der Menschheit" ist.

NOBEL PRIZE IN PHYSICS

Dennis Gabor

Dennis Gabor was born in Budapest in 1900. He began his studies as a technical engineer after the First World War, studying in Berlin at the electrical engineering faculty of the Technische Hochschule from 1920, where he later gained his degree. He worked in Germany and Hungary and then settled in England in 1934, where he became a renowned researcher. Apart from his direct fields of expertise, he also dealt with communication studies.

Dennis Gabor invented holography in 1947, yet the significance of his invention only became widely renowned after the invention of the laser. In 1971, he won the Nobel Prize in Physics "for his invention and development of the holographic method". He was also socially active as a humanist thinker: in 1968, he participated in the establishment of the Club of Rome, whose declared goal is: "sharing the responsibilities for the future of humanity".

Oláh György

1994-ben kémiai Nobel-díjat kapott „a pozitív töltésű szén-hidrogének tanulmányozása terén elért eredményeiért".

Oláh György 1927-ben született Budapesten. Az érettségi után a műszaki egyetemen tanult. Ezután a Szerves Kémia Tanszék vezetője, a kémiai tudományok doktora, az MTA Központi Kémiai Kutató Intézetének igazgatóhelyettese lett rövid időn belül. Az '56-os forradalom után elhagyta az országot, és az Egyesült Államokban telepedett le. Neki köszönhetjük egyebek mellett az ólommentes benzint, és közvetve a szén cseppfolyósítását. Ő dolgozta ki az ún. direkt metanolos tüzelőanyag cellát, amely a globális felmelegedés és az energiakészletek problémáira is megoldást ad.

NOBEL PRIZE IN CHEMISTRY

George Olah

George Olah was born in Budapest in 1927. After he left secondary school, he studied at the Budapest University of Technology. He became the head of the Department of Organic Chemistry, receiving a PhD in chemistry and shortly after becoming the Vice-President of the Central Chemical Research Centre of the Hungarian Academy of Science. Following the revolution of 1956, he left the country and settled in the United States of America. In 1994, he received the Noble Prize in Chemistry for "for his contributions to carbocation chemistry". He is to thank for lead-free petrol as well as being indirectly responsible for hydrocarbons. He developed the so-called direct methanol fuel cell, which provides an answer to the problems of global warming and limited energy supplies.

NOBELPREIS FÜR CHEMIE

George Olah

George Olah wurde 1927 in Budapest geboren. Nach dem Abitur studierte er an der Budapester Technischen Universität. Danach wurde er binnen kurzer Zeit Leiter des Lehrstuhls für Organische Chemie, Doktor der chemischen Wissenschaften, stellvertretender Direktor des Zentralen Forschungsinstituts für Chemie der Ungarischen Akademie der Wissenschaften. Nach der Niederschlagung der 1956er Revolution verließ er Ungarn, ließ sich in den Vereinigten Staaten nieder.
Den Nobelpreis für Chemie erhielt er 1994 „für seine Erforschung der positiv geladenen Kohlenstoffionen". Ihm verdanken wir u.a. das bleifreie Benzin und indirekt auch die Verflüssigung der Kohle. Er war es, der die sog. Brennstoffzelle mit direktem Methanol ausarbeitete, die eine Lösung für die Probleme der globalen Erwärmung und der Energiebestände bietet.

Harsányi János

NOBELPREIS FÜR ÖKONOMIE

John Harsanyi

John Harsanyi (1920–2000) war ein ungarischstämmiger amerikanischer Ökonom, Forscher der Theorie von Spielen mit unvollständiger Information. 1994 erhielt er, zusammen mit John Nash und Reinhard Selten den Nobelpreis für Ökonomie „für ihre grundlegende Analyse des Gleichgewichts in nicht-kooperativen Spielen."
Ab 1961 bis zu seinem Tode begann er in Berkeley zu leben und zu wirken. Dort wurde er Mitglied in der Forschungsgruppe, die die Abrüstungsverhandlungen der USA unterstützte: sie analysierte strategische Situationen, in denen die Teilnehmer die Absichten der anderen nur in begrenztem Maße kennen. So gestalteten sich auch die sowjetisch-amerikanischen Verhandlungen. Harsányis Theorie wird heute von der Wirtschaft angewendet, mit großem Erfolg: die USA haben z.B. bei Auktionen über Erdölvorkommen zehnfach mehr Gewinn als früher erzielt.

1994-ben közgazdasági Nobel-díjat kapott „a nem-kooperatív játékok elméletében az egyensúlyelemzés terén végzett úttörő munkásságáért" John Nashsel és Reinhard Seltennel megosztva.

Harsányi János (1920–2000) magyar származású amerikai közgazdász, a korlátozott információjú játékelmélet kutatója. 1961-től haláláig Berkeleyben élt és dolgozott. Itt lett a tagja annak a kutatócsoportnak, amely az USA leszerelési tárgyalásait segítette: olyan stratégiai helyzeteket elemzett, amelyekben a résztvevők csak korlátozott mértékben ismerik egymás szándékait. Ilyenek voltak a szovjet–amerikai tárgyalások is. Elméletét ma a gazdaság alkalmazza, nagy sikerrel: például az USA az olajkutak árverésein a korábbiakhoz képest tízszeres nyereséget ért el.

NOBEL PRIZE IN ECONOMICS

John Harsanyi

John Harsanyi (1920–2000) was a Hungarian-American economist and a researcher into the incomplete information game theory. He was a co-recipient, together with John Nash and Reinhard Selten, of the 1994 Nobel Memorial Prize in Economics "for their pioneering analysis of equilibria in the theory of non-cooperative games".
From 1961 he worked and lived in Berkeley. He became a member of a research group which assisted the USA's disarmament efforts: he analysed a number of strategic scenarios in which the participants have only a limited knowledge of each other's intentions – a typical situation during Soviet-American negotiations. His theory is still utilised with great success in the field of economics; for example, allowing the USA to achieve ten times their previous profit in an auction of oil wells.

Kertész Imre

NOBELPREIS FÜR LITERATUR

Imre Kertész

Der ungarische Schriftsteller und Übersetzer Imre Kertész ist nicht nur der erste Ungar, der den Nobelpreis für Literatur erhielt, sondern auch der erste, der ohne Hochschulbildung, für eine in Ungarn ausgeführte Arbeit die Anerkennung bekam. Er wurde 1929 in Budapest geboren. Er wurde mit 14 Jahren nach Deutschland deportiert. Auf seinen Erlebnissen in Auschwitz und Buchenwald beruht sein Buch „Roman eines Schicksallosen", für das er 2002 den Nobelpreis erhielt:"für ein schriftstellerisches Werk, das die zerbrechliche Erfahrung des Einzelnen gegenüber der barbarischen Willkür der Geschichte behauptet." Der Held des Romans ist eiun halbwüchsiger Junge, der im Nazi-Vernichtungslager zum Erwachsenen reift, und nicht imstande ist, zu seinem früheren Leben zurückzukehren. Der „Roman eines Schicksallosen" ist trotzdem kein selbstbiographischer Roman, nur der Form nach. Sein größter Wert ist sein objektiver Stil, der auf eine völlig neue Art an die Frage des Holocaust herangeht.

A Nobel-díjat 2002-ben nyerte el: „egy írói munkásságért, amely az egyén sérülékeny tapasztalatának szószólója a történelem barbár önkényével szemben".

Kertész Imre magyar író, műfordító nemcsak irodalmi Nobel-díjasként első a magyarok között, hanem abban is, hogy felsőfokú végzettség nélkül, hazai munkáért kapta az elismerést. 1929-ben született Budapesten. Tizennégy éves volt, amikor deportálták Németországba. Auschwitzi és buchenwaldi élményein alapul Sorstalanság című regénye, amiért elnyerte a Nobel-díjat. A regény főhőse egy kamasz fiú, aki a náci haláltáborban érik felnőtté, és aki képtelen visszatérni korábbi életéhez. A Sorstalanság mégsem önéletrajzi regény, csak a formája az. Legfőbb értéke tárgyias stílusa, amellyel merőben újszerűen közelíti meg a holokauszt kérdését.

19

Imre Kertész

NOBEL PRIZE IN LITERATURE

Hungarian writer and literary translator, Imre Kertész is not only the first Hungarian to win a Noble Prize in literature, but also the first to gain such a prestigious award for work in his home country, written without a university degree. He was born in 1929 in Budapest. He was deported to Germany at fourteen years of age. His experiences in the concentration camps of Auschwitz and Buchenwald serve as the basis for his novel entitled Fatelessness, which was awarded with the Nobel Prize in 2002, "for writing that upholds the fragile experience of the individual against the barbaric arbitrariness of history". The main character of the novel is a young boy, who reaches adulthood in a Nazi death camp, and who is later unable to return to his previous life. However, Fatelessness is only stylistically an autobiographical work. Its objective nature is perhaps its greatest merit, providing a new approach to the subject matter of the Holocaust.

Avram Herskó

A nagy presztízsű díjat az ubiquitin-mediálta fehérjebomlás felfedezéséért vehette át.

A tudóst Herskó Ferenc néven anyakönyvezték 1937-ben. Karcag városából Izraelbe települt át 1950-ben, orvosi diplomáját 1965-ben szerezte. Kórélettani kutatásai során az emberi test fehérjéinek lebomlását vizsgálta, feltárva a „halál csókjának" nevezett folyamatot. Tevékenységét díjak sokaságával ismerték el, 2004-ben pedig a nemzetközi orvostársadalom megosztott Nobel-díjjal honorálta kimagasló szakmai érdemeit. Felfedezésével jelentős hozzájárulást tett a rák-, az izom- és idegrendszeri betegségek teljesebb megismeréséhez, ily módon az emberi élet meghosszabbításához.

NOBELPREIS FÜR CHEMIE

Avram Hershko

Er erhielt den Preis von hohem Niveau zusammen mit zwei Kollegen für die Entdeckung der Ubiquitin-gesteuerten Preotein-Degeneration. Der Wissenschaftler wurde 1937 unter dem Namen Ferenc Herskó geboren. 1950 übersiedelte er aus der Stadt Karcag nach Israel, erwarb dort 1965 das Arztdiplom. Bei seinen Forschungen auf dem Gebiet der Pathopophysiologie untersuchte er den Abbau der Proteine des menschlichen Körpers, und erschloss den „Todeskuss" genannten Vorgang. Seine Tätigkeit wurde mit einer Reihe von Preisen anerkannt, 2004 honorierte die internationale Ärztegesellschaft seine hervorragenden wissenschaftlichen Verdienste mit dem Nobelpreis. Mit seiner Entdeckung trug er maßgeblich bei zur besseren Erkenntnis von Krebs-, Muskel- und Nervensystemerkrankungen, und damit zur Verlängerung des menschlichen Lebens.

Avram Hershko

NOBEL PRIZE IN CHEMISTRY

He was awarded this prestigious award for the discovery of ubiquitin-mediated protein degradation. The scientist was born Herskó Ferenc in 1937. He moved from the town of Karcag to Israel in 1950, where he received his M.D. in 1965. His studies in pathophysiology focused on the degradation of human protein, uncovering the process known as the "kiss of death". His activities yielded a range of awards, including a shared Nobel Prize in Chemistry in 2004 from the international medical community. His discovery was a significant contribution to the improved familiarity with cancer-related, muscular, and nervous system-based illnesses, thus prolonging human life itself.

Országház

Az Országház nemzeti büszkeségünk, államiságunk jelképe, Budapest egyik legnagyobb, legszebb és legismertebb épülete. Otthont ad az Országgyűlésnek és intézményeinek, ezért Parlamentnek is hívják. Úgy terül el a Duna-parton, mintha mindig is ott lett volna, noha alig több mint száz éve épült.

Nemcsak látványa, mérete is tiszteletet parancsoló: 268 méter hosszú, 118 méter széles, alapterülete 17 ezer négyzetméter. Az épület központi eleme a kupola, amely összeköti a két szárnyat, a képviselőház és a főrendiház egykori helyét. Fő homlokzata a folyó felőli oldalon van, a főbejárat viszont a Kossuth térről nyílik. A kupolacsarnokban őrzik a Szent Koronát és a koronázási ékszereket.

A magyar rendek először 1277-ben, Rákos mezején gyűltek össze, majd a budai várban, a török hódoltság idején pedig Pozsonyban üléseztek. Először II. József emeltetett saját székházat a magyar diétának, noha egyszer sem hívta össze. Ebben a budai országházban háromszor találkoztak a rendek, majd ismét Pozsonyba költöztek. 1830-ban Pollack Mihály tervezett egy reneszánsz országházat, de ennek megépítését nem támogatták, mondván, túl költséges. 1844-ben nemzetközi pályázatot írtak ki, de a beérkezett pályamunkák eltűntek a szabadságharcban, Világos után pedig szóba se jött a diéta összehívása egészen 1861-ig, amikor a Nemzeti Múzeumban tanácskoztak a képviselők, a főrendek pedig a Lloyd-palotában. A kiegyezés napirendre kerülésével sürgető lett a kérdés: az országgyűlés egy ideiglenes képviselőház építésére adott engedélyt, amely 90 nap alatt készült el 1865 őszén Ybl Miklós tervei alapján a Sándor, a mai Bródy Sándor utcában. Itt működött a törvényhozás 1902-ig, az Országház átadásáig.

1880-ban újra pályázatot hirdetett a diéta az állandó Országház megépítésére. A beérkezett 19 pályamunkából Steindl Imre barokk jegyeket is tartalmazó neogótikus tervét fogadták el. A stílust sokan magyartalannak találták, de az építész úgy védekezett, hogy nincs sajátosan magyar építészeti stílus, a gótika pedig alkalmas az országház eszmeiségének kifejezésére. Az 1885-ben indult építkezésen 40 millió téglát, félmillió díszkövet, 40 kg aranyat használtak fel. A kovácsoltvas kapukon, a kandelábereken, a freskókon, a szobrokon a kor legjobb magyar mesterei dolgoztak. A millennium évében, 1896. június 8-án már itt tartotta együttes ünnepi ülését a két tábla. Az Országházat azonban csak 1902. október 8-án vették használatba a képviselők, az építkezés 1904-ben fejeződött be.

The Hungarian Parliament

The Hungarian Parliament is a source of Hungarian national pride and the symbol of the state, as well as one of the largest and most famous buildings in Budapest, home to the National Assembly of Hungary and its many bodies. This imposing structure dominates the bank of the Danube as if it had always been there, even though it was only completed little more than a hundred years ago. Not only is it an amazing spectacle, it is also an impressive size: the building is 268 metres in length and 118 metres wide, with a floor-space of 17 thousand square metres. The central feature of the building is its dome, which connects the two wings, the House of Representatives and the Upper House. Its main façade overlooks the river, whilst the main entrance opens onto Kossuth square. The Holy Crown and the coronation insignia are kept under the dome.

The Hungarian Commons first gathered on the fields of Rákos in 1277, then later in the Buda castle, relocating to Bratislava during the Turkish thralldom. Joseph II was the first ruler to raise a building for the Hungarian Commons, even though he never convened a parliament session. The Commons gathered on three occasions in the former house of parliament in Buda before moving to Bratislava. In 1830, Mihály Pollack designed a renaissance parliament building, yet its construction wasn't approved due to its high costs. In 1844, they issued an international tender, but the works were lost in the course of the revolution; convening the Parliament seemed impossible following the surrender at Világos until 1861, when the representatives met at the National Museum and the nobles held their council in the Lloyd palace. Once the issue of the Austro-Hungarian compromise was on the cards, the matter suddenly seemed more urgent: the general assembly gave permission for the construction of a temporary building for the representatives, based upon the plans of Miklós Ybl, which was completed within 90 days in the autumn of 1865 on Sándor street, the current Bródy Sándor street in Budapest. The legislative body operated there until 1902, when the new building of the Hungarian Parliament was finally opened.

Yet another competition was published in 1880 for the construction of the final home of the Hungarian Parliament. In the end, Imre Steindl's was favoured over the other 18 tenders. This called for a Gothic Revival style building with a number of baroque elements. Many considered this style to be alien to Hungary, but the architect felt that since Hungary didn't have a typical architectural style of its own, the gothic style could appropriately express the sentiment of the Parliament.

Forty million bricks, over half a million decorative stones and forty kilograms of gold were used in the course of the construction works which began in 1885. The count y's finest craftsmen worked on the building's wrought iron gates, chandeliers, frescoes and statues. On 8 June 1896, the upper and lower houses held their first joint session in the building on the 1000th anniversary of the founding of the country. However, the representatives only began using the Hungarian Parliament in earnest following 8 October 1902. The construction works lasted two more years and were concluded in 1904.

Das Parlament

Das Parlament ist der Stolz der Ungarn, das Symbol ihrer Staatlichkeit, eines der größten, schönsten und bekanntesten Gebäude in Budapest. Es steht am Donauufer, als wäre es schon immer dort gewesen, obwohl es erst vor hundert Jahren errichtet wurde. Nicht nur sein Aussehen, auch seine Maße sind ehrgebietend: es ist 268 m lang, 118 m breit, seine Grundfläche beträgt 17 tausend Quadratmeter. Das zentrale Element des Gebäudes ist die Kuppel, die die beiden Flügel verbindet die ehemaligen Plätze von Abgeordnetenhaus und Magnatentafel (Oberhaus). Die Hauptfassade liegt auf der Seite zum Fluss, der Haupteingang auf dem Kossuth-Platz. In der Kuppelhalle sind die Heilige Ungarische Krone und die Krönungsinsignien aufbewahrt.

Die ungarischen Stände versammelten sich zum ersten Mal 1277 auf der Rákos-Wiese, danach in der Budaer Burg, und während der türkischen Besetzung in Pressburg. Kaiser Joseph I. ließ dem ungarischen Landtag ein eigenes Haus bauen, dabei berief er ihn kein einziges Mal ein. Die Stände trafen sich im Budaer Landtagsgebäude dreimal, dann zogen sie wieder nach Pressburg. 1830 entwarf Mihály Pollack ein Renaissanceparlament, dessen Bau aber nicht unterstützt wurde, mit der Begründung, dass es zu kostspielig wäre. 1844 gab es eine internationale Projektausschreibung, die eingegangenen Bewerbungsunterlagen gingen jedoch während des Freiheitskampfes verloren, nach der Waffenniederlung bei Világos kam die Einberufung des Landtags bis 1861 überhaupt nicht in Frage. Die Abgeordneten tagten dann im Nationalmuseum und die Magnaten im Palais Lloyd. Als der Ausgleich an die Tagesordnung kam, wurde die Angelegenheit dringend: der Landtag erteilte die Genehmigung für den Bau eines provisorischen Abgeodnetenhauses, das im Herbst 1865 nach Plänen von Miklós Ybl in der Sándor, heute Bródy Sándor Straße in 90 Tagen fertiggestellt wurde. Dort arbeitete die Gesetzgebung bis 1902, als das Parlament fertig wurde.

1880 wurde wieder eine Ausschreibung für den Bau eines ständigen Landtaggebäudes verkündet. Von den 19 Bewerbungen wurde der neugotische, auch Barockelemente enthaltende Plan von Imre Steindl angenommen. Den Stil hielten viele für nicht ungarisch, der Architekt wehrte das damit ab, dass es keinen speziell ungarischen Stil gibt, und die Gotik zum Ausdruck der Idee des Landtags geeignet sei. Bei den 1885 begonnenen Bauarbeiten wurden 40 Millionen Ziegelsteine, eine halbe Million Ziersteine und 40 kg Gold verwendet. An den Toren aus Schmiedeeisen, den Kandelabern, Fresken und Statuen arbeiteten die besten ungarischen Meister jener Zeit. Im Jahr des Milleniums hielten die beiden Tafeln, die Abgeordneten und die Magnaten ihre gemeinsame Festsitzung am 8. Juni 1896 schon im neuen Parlament ab. Von den Abgeordneten wurde es aber erst am 8. Oktober 1902 in Besitz genommen, die Bauarbeiten wurden 1904 beendet.

Mátyás-templom

A Mátyás-, vagy eredeti nevén Budavári Nagyboldogasszony-templom a magyarok koronázási főtemploma. A budai várban, a Szentháromság téren álló műemlék épületben koronázták meg többek között Károly Róbertet, Luxemburgi Zsigmondot, Ferenc Józsefet és IV. Károlyt is. Mátyás király mindkét esküvőjét itt tartotta, és itt nyugszik III. Béla feleségével, Chatillon Annával.

Az egyházi hagyomány szerint a templomot Szent István alapította 1015-ben, de erre vonatkozóan nincsenek adatok. Az viszont biztos, hogy az eredeti, korai gótikus stílusú templomot IV. Béla kezdte el építeni a tatárjárás után. Az 1269-re elkészült tornyos, háromhajós bazilikát Villard de Honnecourt francia mester tervezte a lyoni katedrális mintájára. Az építkezést befejező műhely viszont már az észak-francia, sőt a német templomépítészet nyomait is rajta hagyta az épületen, amely így a hazai klasszikus gótika legkorábbi és legteljesebb alkotása lehetett. Később, I. Lajos korában világos, levegős csarnoktemplommá alakították át. A XV. században, Hunyadi Mátyás uralkodása alatt élhette virágkorát az épület, a török korban viszont elkezdődött pusztulása. Előbb felgyújtották (1541), majd mecsetként használták, a hódítók kiűzése után pedig barokk stílusban teljesen átépítették.

Mai, neogótikus formáját a XIX. század végi restauráció során kapta. A munkát Schulek Frigyes irányította, aki szinte minden követ kicseréltetett. Módosította az alaprajzot és a homlokzatokat is, a templom boltozatát, falait pedig több helyen a földig lebontatta, hogy rekonstruálni tudja az eredeti építészeti megoldásokat.

A műemlék legnagyobb értéke az 1370-ből való déli Mária-kapu, amelynek domborművei a Szűzanya életét mutatják be. Híres a 80 méteres déli, vagy Corvin Mátyás-torony, amelynek eredetije 1384-ben leomlott. A megmaradt négyszögletű alsó részre emeltetett Mátyás király három nyolcszögletű, párkányokkal elválasztott, ablakokkal áttört szintet, amelyre végül Schulek Frigyes csipkézett kősisakot rakott. Az északi Béla-torony nem épült ki. Ezt, és a tetőt a pécsi Zsolnay-gyárban készült színes majolikacsempék fedik. A templombelső Európában is egyedülálló szecessziós díszítőmunkáit, lenyűgöző falfestményeit Schulek mellett Lotz Károly, Székely Bertalan és Zichy Mihály készítette. A templom legnagyobb harangja 32 mázsát nyom. Hangját minden magyar ismeri, hiszen ez hallható a Magyar Televízióban minden délben.

Die Matthiaskirche

Die Matthiaskirche, ursprünglich Kirche Unserer Lieben Frau in Budavár genannt, ist die Hauptkrönungskirche der Ungarn. In dem am Dreifaltigkeitsplatz im Budaer Burgviertel stehenden Gebäude wurden u.a. Karl Robert, Sigismund von Luxemburg, Franz Joseph I. und auch Karl IV. gekrönt. König Matthias ließ sich beide Male in dieser Kirche trauen, und hier stehen die Grabmale von König Béla III. und seine Gemahlin Anna Chatillon.

Laut kirchlicher Überlieferung soll die Kirche 1015 von Stephan dem Heiligen gegründet worden sein, es gibt jedoch keine Belege dafür. Sicher ist dagegen, dass der Bau der ersten Kirche im frühgotischen Stil von Béla IV. nach dem Mongolensturm in Angriff genommen wurde. Der französische Meister Villard de Honnecourt entwarf die Pläne für die 1269 fertiggestellte dreischiffige, mit Türmen verzierte Basilika nach dem Muster der Kathedrale von Lyon. Die Werkstatt, die den Bau beendete, prägte das Gebäude schon mit Elementen der nordfranzösischen und sogar der deutschen Kirchenbaukunst, so mag es das früheste und vollkommenste Werk der klassischen Gotik in Ungarn gewesen sein. Später, zur Zeit Ludwigs I. wurde es zu einer hellen Hallenkirche umgestaltet. Ihre Glanzzeit wird die Kirche im 15. Jahrhundert, während der Herrschaft von Matthias Hunyadi erlebt haben, in der Türkenzeit begann dann ihr Verfall. Erst (1541) wurde sie in Brand gesetzt, danach als Moschee benutzt, um dann nach der Befreiung von den Türken im Barockstil völlig umgebaut zu werden.

Seine heutige, neugotische Gestalt erhielt das Gebäude durch die Restaurierung Ende des 19. Jahrhunderts. Frigyes Schulek leitete diese Arbeit und ließ fast alle Steine auswechseln. Er veränderte den Grundriss, die Fassaden und das Gewölbe, ließ die Mauern an mehreren Stellen bis zum Boden abreißen, um die ursprünglichen Baulösungen rekonstruieren zu können.

Am wertvollsten in diesem Kunstdenkmal ist das südliche Marientor aus 1370, dessen Reliefs das Leben der Heiligen Jungfrau darstellen. Berühmt ist auch der 80 m hohe Süd- oder Matthias-Corvinus-Turm, dessen Original 1384 einstürzte. Auf den viereckigen erhalten gebliebenen Unterteil ließ König Matthias drei achteckige, durch Gesimse getrennte und durch Fester durchbrochene Geschosse bauen, worauf schließlich Frigyes Schulek eine gezackte Steinhaube setzte. Der nördliche Béla-Turm wurde nicht ausgebaut. Der und das Dach sind mit farbigen Majolikafliesen aus der Pécser Zsolnay-Fabrik gedeckt. Die im Jugendstil geschaffenen, in ganz Europa einzigartigen Ornamente und Wamdgemälde des Kircheninneren sind Werke von Károly Lotz, Bertalan Székely und Mihály Zichy. Die größte Glocke der Kirche wiegt 32 Zentner. Ihren Ton kennt jeder Ungar, denn er ist jeden Mittag im Ungarischen Fernsehen zu hören.

Matthias Church

The Matthias Church, formerly known as the Buda Castle Church of Our Lady is the main Hungarian coronation cathedral. A number of kings were crowned in this historical building located in the Holy Trinity (Szentháromság) square of the Buda Castle, including King Charles Robert, Sigismund of Luxemburg, Franz Joseph and King Charles IV. King Matthias held both his wedding ceremonies at the church, which is also the resting place of King Béla III and his wife, Agnes of Antioch.

According to ecclesiastic tradition, the church was established by King Saint Stephen in 1015, however there are no records to prove this fact. Nevertheless, we know for sure that the construction of the original gothic church began under the reign of King Béla IV following the Mongolian invasion of the country. The towered, three aisle basilica was designed by the French master Villard de Honnecourt, based on the layout of the Lyon cathedral. However, the group of craftsmen who the construction included a number of elements characteristic of the northern France, and indeed, German style of church construction, thus making it the earliest and most complete classic gothic structure in the country. Later, under the reign of King Louis the Great, the church was changed into a bright, airy, halled church. In the 15th century, the building reached its peak under the reign of Matthias Corvinus and then fell into ruin during the Ottoman occupation. The structure was first torched (1541) and then used as a mosque; the building was reconstructed in a baroque style once these conquerors were chased away from the country.

The church received its current, neo-gothic form during its restoration at the end of the 19th century. The works were led by Frigyes Schulek, who changed all the stones in the building. He modified the ground plans as well as the façade, tearing down the vaults and the walls of the church at several points in order to reconstruct the original architectural layout.

The most magnificent part of this historical monument is the southern Mary gate dating from 1370, the reliefs of which portray the life of the Virgin Mary. The church's famous, 80 metre-high, southern or Matthias Corvinus tower originally collapsed in 1384. King Matthias raised an octagonal level on top of its remaining square-shaped lower section, decorated with ledges and partitioned with windows, on top of which Frigyes Schulek raised a turreted roof structure. However, the northern Béla tower wasn't fully developed. The roof of the structure is covered with colourful majolica tiles made in the Zsolnay factory in Pécs. The church's secession internal decoration and amazing frescoes were painted by Schulek as well as Károly Lotz, Bertalan Székely and Mihály Zichy. The church's largest bell weighs over 3,200 kilograms. Its sound is familiar to all Hungarians, since it's broadcast by Hungarian Television at noon.

Fertődi Esterházy-kastély

A fertődi Esterházy-kastélyt gyakran hasonlítják Versailles-hoz, nem alaptalanul. A kor megegyezik, a stílus ugyanaz, a fényűzés nemkülönben, csakhogy az épület egy „kicsit" kisebb, mint a Napkirály lakhelye, minthogy nem is Bourbon rezidencia, hanem „csak" egy magyar hercegi család székhelye. De milyen családé!

Az Esterházyak a XVI. században, a török elleni harcok során lettek főurak. Hadi erényeikhez mély katolicizmus, és a Habsburgok iránti töretlen lojalitás társult, mindez elég volt ahhoz, hogy az ország egyik leggazdagabb mágnásai legyenek. Többször voltak nádorok, miután 1687-ben I. Lipót hercegi ranggal jutalmazta Esterházy Pált. Ezután a család mindig hű maradt a dinasztiához, mellette állt az örökösödési és a napóleoni háborúkban, sőt 1848-ban is.

A kastély alapja egy vadászlak volt, amit Esterházy József emeltetett 1720-ban. Később e főépülethez két oldalszárnyat illesztettek, majd Esterházy Fényes Miklós 1762-ben elhatározta, hogy fenséges barokk-rokokó kastéllyá varázsolja. A meglévő mulatóházakat hozzácsatolták a főépülethez, és megtoldották két földszintes, patkó alakú tömbbel, végül a kor kívánalmainak megfelelően a kastély körül több száz hektáros, pazar kertet alakítottak ki.

A hercegi lak 1768–90 között élte fénykorát: ura bőkezű mecénásként a művelődés palotájává tette. A legismertebb művész, aki itt élt és alkotott csaknem 30 évig, Joseph Haydn volt. Hangversenyein az uralkodó család tagjai rendszeresen megjelentek, Mária Terézia is gyakran járt Fertődön.

A virágkor után, a XIX. században a kastély pusztulni kezdett, majd a második világháború jelentős károkat okozott benne. Mára azonban teljesen felújították, így csaknem eredeti pompájában gyönyörködhetünk. A főbejárat kovácsoltvas kapuja a vasművesség remeke, oldalaitól földszintes, illetve kétemeletes épületszárnyak indulnak el a háromszintes főépületig egy ovális belső udvart kerítve körül. A homlokzaton a barokk díszítőelemeinek szinte mindegyike megtalálható. Lenyűgöző a szimmetrikus, íves karú díszlépcső, amely az első emeleti Zene- és Díszterembe vezet, ahol nyaranta ma is koncerteket rendeznek. Belül 126 szoba van, ebből 21 látogatható. A káprázatos berendezés, a nemes burkolatok, a csillárok, freskók, gobelinek, porcelánok és aranyozások ámulatba ejtők. Érdemes megnézni a kiállítások mellett a képtárat, a télikertet, továbbá Haydn és művésztársai egykori lakhelyét, a Muzsikaházat is.

The Esterházy mansion of Fertőd

The Esterházy mansion of Fertőd is often compared to the palace of Versailles, and rightfully so. They were both built in the same age and style, and are both equally luxurious, even though the Esterházy mansion is 'slightly' smaller than the residence of the Sun King, since instead of serving as the home of the Bourbons, it's 'merely' the home of a Hungarian noble family. But what a noble family!

The Esterházy family rose to prominence in the 16th century, during the course of the wars against the Turks. Their military achievements were coupled with strong Catholicism and unwavering loyalty to the Habsburgs, which was enough for them to become one of the richest aristocratic families in the country. They were granted the title of palatine on several occasions, after Leopold I bestowed the title of Duke on Paul Esterházy in 1687. The family remained loyal to the dynasty, supporting it in the wars of succession and the Napoleonic wars and even throughout the revolution of 1848.

The mansion was built around a hunting lodge which Joseph Esterházy had constructed in 1720. Later, the structure was expanded with two wings, after which Nikolaus Esterházy "the Magnificent" decided to turn it into a baroque-rococo mansion in 1762. The previously constructed pavilions were attached to the main building and were augmented with two separate one-floor, horseshoe-shaped blocks, and finally according to the fashion of the age, the mansion was surrounded with a several hundred-hectare, exquisite park.

The period of 1768-90 can be considered as the golden days of the princely residence: as a generous patron, the master of the mansion turned it into a palace of culture. Joseph Haydn was the most famous artist who lived and worked here for almost 30 years. His concerts were regularly attended by the members of the royal family; Maria Theresa often came to Fertőd as well.

Following its heyday, the mansion began deteriorating in the 19th century and later suffered major damage in the course of World War II. The building has since been fully renovated, allowing us to admire it in all its former glory. Its wrought iron gate is a magnificent piece of ironwork, surrounded by one and two-floor structures, leading up to the three-floor main building, all centred around an oval-shaped inner courtyard. The façade is adorned with a wide range of baroque decorative motifs. The symmetrical, arced staircase leading to the Music and Ballroom is simply fascinating; to this very day, they still hold concerts here in the summer. There are a total of 126 rooms in the mansion, 21 of which can be visited. The lavish interior, fine panelling, chandeliers, frescoes, tapestries, porcelain and golden decorations are breathtaking. Apart from the exhibitions, it's worth visiting the gallery, the conservatory, and the Music house, which was formerly home to Haydn and his fellow artists.

Das Esterházy-Schloss in Fertőd

Das Esterházy-Schloss in Fertőd wird häufig mit Versailles verglichen, und nicht ohne Grund. Die Zeit ist dieselbe, der Stil ist derselbe und der Pomp ebenfalls, allerdings ist das Gebäude „ein wenig" kleiner, als der Wohnsitz des Sonnenkönigs, da es ja keine Bourbon-Residenz, sondern „nur" der Sitz einer ungarischen Fürstenfamilie war. Doch was für einer Familie!

Die Esterházys wurden im 16. Jahrhundert, im Laufe der Kämpfe gegen die Türken zu Aristokraten erhoben. Ihre Kriegstugenden waren mit tiefem Katholizismus und unbegrenzter Loyalität zu den Habsburgern gepaart, was ausreichte, zu einer der reichsten Aristokratenfamilien Ungarns zu werden. Die Esterházys waren mehrmals Palatin, nachdem 1687 Leopold I. Pál Esterházy mit dem Fürstenrang belohnt hatte. Die Familie blieb der Dynastie immer treu, sie stand ihr bei, in den Erbfolge- und den napoelonischen Kriegen und sogar 1848.

Die Grundlage des Schlosses in Fertőd war ein von József Esterházy 1720 errichtetes Jagdschloss. Später wurden an dieses Hauptgebäude zwei Seitenflügel angebaut, 1762 beschloss dann Miklós Esterházy der Glanzvolle, dass er es zu einem herrlichen Barock-Rokoko –Schloss zaubern wird. Die vorhandenen Lusthäuser wurden dem Hauptgebäude angeschlossen, und um zwei ebenerdige Blöcke in Hufeisenform erweitert, und schließlich den Gepflogenheiten jener Epoche entsprechend um das Schloss herum ein mehrere hundert Hektar großer prächtiger Park gestaltet.

Seine Glanzzeit erlebte die fürstliche Residenz zwischen 1768 und 1790: ihr Besitzer machte sie als großzügiger Mäzen zu einem Palast der Kultur. Joseph Haydn lebte und arbeitete hier fast 30 Jahre lang. Bei seinen Konzerten erschienen regelmäßig die Mitglieder der Herrscherfamilie, auch Maria Theresia besuchte oft Fertőd.

Nach der Glanzzeit, im 19. Jahrhundert begann der Verfall des Schlosses, und der Zweite Weltkrieg fügte ihm beträchtliche Schäden zu. Nun ist es schon vollkommen restauriert, der Besucher kann sich beinahe am originalen Pomp erfreuen. Das schmiedeeiserne Tor des Haupteingangs ist ein Meisterwerk der Schmiedekunst, von seinen Seiten gehen ebenerdige, bzw. zweigeschossige Gebäudeflügel aus, die bis zum dreigeschossigen Hauptgebäude einen ovalen Innenhof umgeben. An der Fassade ist fast jedes Ornament des Barocks zu finden. Faszinierend ist die symmetrische, gebogene Ehrentreppe, die zum Musik- und Festsaal in der ersten Etage führt, wo im Sommer Konzerte stattfinden. Im Schloss befinden sich 126 Zimmer, 21 davon sind zu besichtigen. Die pompöse Einrichtung, die edlen Täfelungen, die Lüster, Fresken, Gobelins, Porzellane und Vergoldungen verzaubern den Besucher. Sehenswert sind außer den Ausstellungen auch die Bildergalerie, der Wintergarten, sowie der einstige Wohnsitz von Haydn und seinen Künstlerkollegen, das Musikhaus.

Zsámbéki romtemplom

Zsámbék késő román–kora gótikus bazilikáját a premontrei szerzetesek emelték az 1200-as évek közepén. Az 1773-as földrengés félig lerombolta, azóta nem építették újjá. Ennek ellenére a rom a magyar építészettörténet kiemelkedő emléke, ódon falaival, különleges látványával ma is sok látogatót vonz, sőt kiváló akusztikája megengedi, hogy számos komoly- és könnyűzenei hangversenynek adjon otthont.

Zsámbékon először a XI. században építettek kőtemplomot, amelyet a XII. században kibővítettek. Valószínűleg készen állt már, amikor III. Béla király (1172–1196) felesége egyik katonájának adományozta a települést a templommal együtt. Aynard lovag és családja francia lévén meglehetősen fogékony volt a gall földön kialakult, nálunk még igencsak szokatlan kora gótika iránt, mert ebben a stílusban új templomot építtetett. Hovatovább az ugyancsak Franciahonban megszületett premontrei rendet is támogatta, hiszen a bazilika mellett monostort emelt a számára, amely a források szerint 1234-ben már működött. IV. Béla 1258-ban kelt okleveléből kiderül, hogy az alapítók Aynard leszármazottai, Egyed és Smaragd ispánok voltak, akiket a templomban temettek el. Feltehetőleg ezt a sírt találták meg a régészek 1939-ben, amikor felásták a templom főhajóját.

Mátyás király, mivel nem volt elégedett a premontreiekkel, a monostort a pálos rendnek adományozta. A török idők alatt a templom és a rendház is elnéptelenedett. Sorsát végül az 1763-as földrengés pecsételte meg: leomlott az északi mellékhajó boltozata és oldalfala, és a rom ezután gazdátlanná vált. A köveket teljesen széthordták volna a környékbeliek, ha Rómer Flóris és Henszlmann Imre művészettörténész az 1870-es években fel nem hívja a figyelmet a műemlékre. Megmentését Trefort Ágoston vallás- és közoktatási miniszter 1889-ben Möller István építészmérnökre bízta, aki a korabeli elvárásokkal szemben nem építette újjá a historizmus szabályai szerint, csupán állagvédelmét és konzerválását végezte el. Ennek köszönhető, hogy a templomot ma eredeti állapotában csodálhatjuk.

A bazilika két tornya és az egyik oldalfala csaknem teljes épségében megmaradt. A tornyok gúla alakú sapkái olyan tökéletesek, hogy ezeket másolták le, amikor a jáki templomot restaurálták. A templomhoz csatlakozó kolostorból a kőtárként használt dongaboltozatos helyiség, a pincerendszer és az alapfalak egy része, valamint a kerengő pillérei maradtak meg.

The ruined church of Zsámbék

The late Romanesque/early Gothic basilica of Zsámbék was built by Premonstratensian friars in the early 13th century. The structure was partially demolished by the earthquake of 1773 and still has not been rebuilt. Nevertheless, the ruins have an outstanding importance in the history of Hungarian architecture, its ancient walls and peculiar scenery continuing to attract many visitors and in fact providing the location for a number of classical and modern concerts as a result of its perfect acoustics.

A stone church was first raised in Zsámbék in the 11th century and was later enlarged in the 12th century. It was most probably completed by the time King Béla III (1172-1196) bestowed the settlement and the church on a soldier of his wife. Since knight Aynard and his family were French, they were doubtless susceptible to the early Gothic style of architecture established in Gallic lands, unknown in Hungary at the time. He then decided to build a new church in this style. He also supported the similarly French Premonstratensian Order, since he raised a monastery for the order along with the basilica. According to historical sources, this was already operational by 1234. It is clear from the charter of King Béla IV from the year 1258, that the founders were the descendants of Aynard, the ispáns (head of local government) of Egyed and Smaragd, who were buried beneath the church. Their tombs were most probably unearthed in 1939 when excavating the nave of the church.

Since King Matthias was dissatisfied with the Premonstratensians, he bestowed the monastery on the Pálos Order (The Order of St. Paul the First Hermit). The church and the monastery were deserted under the reign of the Turks. Its fate was sealed by the earthquake of 1773: the vault and walls of the northern aisle collapsed, after which the ruin was abandoned. The locals would have carried off the stones if Flóris Rómer and Imre Henszlmann, art historians, had not pointed out the importance of the monument in the 1870s. In 1889, Ágoston Trefort, Minister of Religion and Public Education, entrusted István Möller archi-

tect with salvaging the ruins, who, as opposed to contemporary expectations, chose not to rebuild the structure in the vein of historicism, but merely provided for the conservation of the site. Thanks to his efforts, the public can still admire the church in its original state.

The two towers of the basilica along with one of its sidewalls remain completely intact. The pyramid-shaped tips of the towers are so perfect that these were copied in the course of the restoration of the Church of Ják. Only the barrel-vaulted room serving as a storeroom for the stones, the cellars, parts of the foundations, as well as the pillars of the cloister remain from the monastery attached to the church.

Die Kirchenruine in Zsámbék

Die spätromanisch-frühgotische Basilika von Zsámbék errichteten Mitte der 1200er Jahre die Prämonstratenser. Das Erdbeben im Jahr 1773 hat sie halb zerstört und sie wurde seitdem nicht neugebaut. Trotzdem ist die Ruine ein hervorragendes Denkmal der ungarischen Architekturgeschichte, ihre uralten Mauern, ihre fantastische Ansicht ziehen viele Besucher an und wegen der ausgezeichneten Akustik beherbergt sie viele Konzerte der klassischen und der Unterhaltungsmusik.

In Zsámbék wurde erst im 11. Jahrhundert eine Steinkirche gebaut, und im 12. Jahrhundert erweitert. Wahrscheinlich stand diese schon, als König Béla III. (1172-1196) die Siedlung mitsamt Kirche einem Soldaten seiner Frau schenkte. Der Ritter Aynard und seine Familie kamen aus Frankreich, und waren daher ziemlich angetan von der dort entstandenen, und in Ungarn noch ungewohnten Frühgotik und ließen in diesem Stil eine neue Kirche bauen. Später förderten sie wohl auch den ebenfalls in Frankreich gegründeten Prämonstratenserorden, denn sie bauten für ihn neben der Basilika eine Abtei, die den Quellen zufolge 1234 schon tätig war. Aus der 1258 stammenden Urkunde von König Béla IV. geht hervor, dass die Gründer der Abtei die Abkommen von Aynard, die Gespane Egyed und Smaragd waren, die in der Kirche beigesetzt wurden. Wahrscheinlich fanden die Archäologen 1939 dieses Grab, als sie das Hauptschiff der Kirche ausgruben.

König Matthias war mit den Prämonstratensern unzufrieden und schenkte die Abtei dem Paulanerorden. In der Türkenzeit entvölkerten sich Kirche und auch Ordenshaus. Ihr Schicksal wurde durch das Erdbeben 1763 besiegelt: Gewölbe und Seitenmauer des nördlichen Nebenschiffes sind eingestürzt und die Ruine hatte danach keinen Besitzer mehr. Die Bewohner der Umgebung hätten die Steine auseinander getragen, wenn nicht der Archäologe Flóris Rómer und der Kunsthistoriker Imre Henszlmann in den 1870er Jahren die Aufmerksamkeit der Öffentlichkeit auf dieses Kunstdenkmal gelenkt hätten. Mit der Rettung beauftragte der Minister für Religion und Bildung 1889 den Architekten István Möller, der von den zeitgenössischen Erwartungen abweichend die Kirche nicht nach Regeln des Historismus neubaute, sondern nur die Bausubstanz schützte und konservierte. Ihm ist zu verdanken, dass die Kirche heute im Originalzustand zu bewundern ist.

Die beiden Türme der Basilika und eine Seitenwand sind fast vollständig erhalten geblieben. Die pyramidenförmigen Turmhelme sind so vollkommen, dass man diese bei der Restaurierung der Jáker Kirche kopierte. Von dem an die Kirche angebauten Kloster sind ein als Lapidarium gebrauchter Raum mit Tonnengewölbe, das Kellersystem und ein Teil der Grundmauern, sowie die Pfeiler des Arkadenhofes erhalten.

Budai vár

A Budai vár, a várnegyed 1987 óta a világörökség része: páratlan látványával, évszázados történelmi és műemlékeivel országunk egyik büszkesége. A Várhegy, amelyre épült, több kilométeres barlang- és pincerendszert rejt, búvóhelyek, raktárak nyomaival. Legfőbb épülete, a Budavári Királyi Palota kulturális intézményeknek és múzeumoknak ad otthont, itt található egyebek mellett az Országos Széchényi Könyvtár, a Magyar Nemzeti Galéria és a Budapesti Történeti Múzeum.

Buda egyidős a honfoglalással, de csak IV. Béla (1235–1270) idején, a tatárjárás után indult fejlődésnek. Mivel a király megtapasztalta, hogy a mongolok a hegyre épült kővárakat nem tudják bevenni, várépítésre sarkallta nemeseit. Ő maga is példát mutatott, éppen Buda első falainak megépítésével. A királyi udvart az Anjouk költöztették Visegrádról ide a XIV. század közepén, miután gótikus palotával bővítették ki a meglévő részeket. Ekkor lett Buda az ország székhelye. Luxemburgi Zsigmond is megtoldotta az épületet egy új szárnnyal, ez volt a Friss-palota, amely először 1578-ban, majd véglegesen 1686-ban omlott össze, mindkétszer lőpor robbant fel benne.

Hunyadi Mátyás uralkodása alatt (1458–1490) második felesége, Beatrix igényei szerint reneszánsz stílusban építették át a budai várkastélyt. Ekkor készült el a trónterem, a királyi lakosztály, a csillagvizsgáló, a könyvtár, és a déli Nagyrondella is. Hála a művészeteket kedvelő királynénak, a palota Európa egyik leggyönyörűbb udvara volt egészen a török időkig. 1526-ban II. Szulejmán megverte a magyarokat Mohácsnál, majd bevonult Budára, felgyújtotta a várost, és a hadizsákmány begyűjtése után seregével elvonult. Ezután hol magyar, hol osztrák kézen volt a város 1541-ig, amikor a szultán csellel és vérontás nélkül bevette, kapva az alkalmon, hogy a magyarok felkérték, segítsen kiűzni a Habsburgokat.

A török hódoltság idején Buda megtartotta vezető szerepét, de szépségéből sokat vesztett. Templomait mecsetekké alakították át, egyébként az oszmánok nemigen törődtek az épületek karbantartásával. A királyi palota és a várnegyed végül a keresztények ostromainak tüzében pusztult el, 1686-ban, amikor visszafoglalták. A XVIII. században barokk köntöst kapott, mai arculatát Buda, Óbuda és Pest egyesítése (1873) után, a millenniumi építkezések során nyerte el javarészt a historizmus jegyében: kibővítették a palotát, újjáépítették a Mátyás-templomot, és ekkor emelték a híres Halászbástyát is.

Buda Castle District

The Buda Castle District has been a World Heritage site since 1987 and is a proud fixture of Hungary with its unparalleled scenery and centuries-old historic monuments. The Castle Hill, which is home to the district, is riddled with miles of caverns and cellars, including the remains of numerous hiding places and storage facilities. Its main building, the Royal Palace of the Buda Castle, is home to cultural institutions and museums, including the National Széchenyi Library, the Hungarian National Gallery and the Budapest History Museum.

Buda dates back to the time of the conquest of the Carpathian basin. However, it only underwent major development under the reign of King Béla IV (1235-1270), following the Mongol invasion of the country. Once the king witnessed how the Mongol hordes were unable to conquer stone castles built on the top of hills, he encouraged the nobility to build castles. He set a fine example by constructing the first walls of Buda. The royal court was moved from Visegrád by the Anjous in the mid 14th century, after complementing the existing structures with a gothic palace, turning Buda into the seat of the country. Sigismund Luxemburg of Hungary also expanded the structure with a new wing, the so-called Fresh Palace, which first collapsed in 1578 and then a second, final time in 1686 – both incidents were caused by gunpowder explosions.

During the reign of Matthias Corvinus (1458-1490) the castle was redesigned according to the tastes of his second wife, Beatrix. The throne room, the royal residence, the observatory, the library and the Southern rondella were all constructed at this time. Thanks to the queen who favoured the arts, the palace was home to one of Europe's finest courts until the Turkish Ottoman period. In 1526, Suleiman II defeated the Hungarians at Mohács and then stormed Buda, took the city and then left with his troops after ransacking the town. The city was then alternately occupied by the Hungarians and the Austrians until 1541, when the sultan cleverly exploited the Hungarians' request to help them chase away the Habsburgs, storming the city without bloodshed.

During the period of Ottoman occupation, Buda retained its leading role, yet still lost much of its beauty. The churches were refurbished as mosques and the Ottomans didn't pay much attention to the maintenance of the buildings. In 1686, the royal palace and the castle quarter finally fell victim to the fires of the Christian sieges, when the city was reconquered. In the 18th century, the buildings were redesigned according to the baroque style, gaining their current look following the unification of Buda, Óbuda and Pest (in 1873) in the course of the constructions of the millennium anniversary; in the spirit of historicism: the palace was enlarged, the Mathias Church was reconstructed and the famous Fisherman's Bastion was also raised at this time.

Die Budaer Burg

Die Budaer Burg, das Budaer Burgviertel gehört seit 1987 zum Weltkulturerbe: mit der unvergleichlich schönen Ansicht, mit den historischen und Kunstdenkmälern ist es ein Stolz von Ungarn. Der Burgberg, auf den es gebaut ist, birgt ein viele Kilometer langes System von Höhlen und Kellern in sich, mit Spuren von Schlupflöchern und Lagerräumen. Das wichtigste Gebäude, das Königsschloss von Buda beherbergt kulturelle Einrichtungen und Museen, u.a. die Széchenyi Landesbibliothek, die Ungarische Nationalgalerie und das Historische Museum der Stadt Budapest.

Buda gibt es seit der Landnahme, seine Entwicklung begann aber erst zur Zeit von Béla IV. (1235-1270), nach dem Mongolensturm. Da der König die Erfahrung machte, dass die Mongolen Steinburgen auf Bergen nicht einnehmen können, regte er seine Adeligen zum Bau von Burgen an. Er selbst ging mit seinem Beispiel voran, als er die ersten Mauern von Buda bauen ließ. Den königlichen Hof ließen die Anjous Mitte des 14. Jahrhunderts von Visegrád hierher verlegen, nachdem sie die vorhandenen Teile um einen gotischen Palast erweitert hatten. Nun wurde Buda zum Sitz der ungarischen Herrscher. Sigismund von Luxemburg erweiterte das Gebäude ebenfalls um einen neuen Flügel, um den sog. Frischen Palast, der erst 1578, und endgültig 1686 einstürzte, beide Male explodierte darin Schießpulver.

Während der Herrschaft von Matthias Hunyadi (1458-1490) wurde die Budaer Burg den Ansprüchen seiner zweiten Frau, Beatrix, im Renaissancestil umgebaut. Dabei entstanden der Thronsaal, das königliche Appartement, die Sternwarte, die Bibliothek und das Große Rondell an der Südseite. Dank der kunstliebenden Königin war der Palast bis zur Türkenzeit einer der schönsten europäischen Höfe. 1526 schlug Sultan Suleiman II. die Ungarn bei Mohács und zog danach in Buda ein, steckte die Stadt in Brand, um nach Einsammeln der Kriegsbeute mitsamt seinem Heer abzuziehen.

Danach war die Stadt mal in ungarischer, mal in österreichischer Hand, bis 1541, als sie der Sultan mit List und ohne Blutvergießen einnahm. Er ergriff auch die Gelegenheit, da ihn die Ungarn darum gebeten hatten, ihnen bei der Vertreibung der Habsburger zu helfen.

Während der türkischen Besetzung behielt Buda seine führende Rolle, verlor aber viel an Schönheit. Die Kirchen wurden in Moscheen umgewandelt, ansonsten kümmerten sich die Osmanen wenig um die Instandhaltung der Gebäude. Der Königspalast und das Burgviertel wurden schließlich 1686, als sie von den Türken zurückerobert wurden, durch die christlichen Belagerungsstürme zerstört. Im 18. Jahrhundert erhielt Buda ein Barockgepräge, und sein heutiges Antlitz ist nach der Vereinigung von Buda, Óbuda und Pest zu Budapest (1873), im Laufe der Milleniumsbauten vorwiegend im Zeichen des Historismus entstanden: das Schloss wurde erweitert, die Matthiaskirche neugebaut, und auch die berühmte Fischerbastei wurde zu dieser Zeit errichtet.

Esztergomi bazilika

Az esztergomi bazilika történelmi, vallási és művészeti szempontból is az egyik legjelentősebb épületünk. Itt koronázták meg első királyunkat, Szent Istvánt 1000–1001 fordulóján, aki az akkor még kis templomot érseki rangra emelte, és ezzel biztosította a magyar katolikus egyház önállóságát és függetlenségét.

A nagyszombati korszaktól eltekintve, ahová a török elől menekült az érsekség, máig ez a Magyar Katolikus Egyház főszékesegyháza, amelyet a Boldogságos Szűznek és Szent Adalbertnek szenteltek.

A mai épületet klasszicista stílusban emelték, oszlopcsarnokkal és timpanonnal a homlokzatán. Ez Európa harmadik legnagyobb temploma a római Szent Péter-bazilika és a londoni Szent Pál-katedrális után, és egyben Magyarország legmagasabb épülete is: a félgömb alakú kupola teteje 100 méterre van az alsó szint padlójától. A székesegyház 118 méter hosszú, 40 méter széles, fala 34 méter magas.

Az eredeti középkori épületet az 1180-as nagy tűzvész után III. Béla segítségével Jób érsek hozatta rendbe, de 1543-ban, a város török ostromakor ismét megsérült. A hódítók dzsáminak használták egészen 1594-ig, amikor felrobbant a benne tárolt lőpor. A templom elpusztult, csupán Bakócz Tamás érsek reneszánsz kápolnája menekült meg. A XVIII. században Mária Terézia a romokra barokk templomot emelt, ám ezt lebontották, mielőtt a mai bazilikát 1822-ben elkezdték. A nagyszabású terveket Rudnay Sándor hercegprímás készíttette el, ezeknek azonban csak töredéke valósult meg, részben a pénzhiány, részben a Habsburgok féltékenysége miatt. A munkálatokat két kitűnő építész, Pach János, majd Hild József vezette. A főszékesegyházat 1856-ban szentelték fel Ferenc József jelenlétében és Liszt Ferenc közreműködésével, aki erre az alkalomra írta az Esztergomi misét.

A második világháború alatt a bazilika súlyosan megsérült, a renoválás azóta szinte folyamatosan tart, legutóbb a díszkivilágítást, majd a harangtornyot adták át. Tavaly pedig bejelentették, hogy felújítják a főszékesegyház alatt húzódó pincerendszert.

The Esztergom Basilica

The Esztergom Basilica is one of the country's most important buildings, not only from a historical and religious perspective, but also an artistic one. The country's first king, Saint Stephen I of Hungary, crowned here at the turn of years 1000-1001, boosted the stature of the tiny church to the rank of Archdiocese, guaranteeing the independence and sovereignty of the Hungarian Catholic Church. Apart from the time when the Archdiocese was forced to flee from the Turkish hordes to Nagyszombat, this mighty structure has remained the Primatial Basilica of the Hungarian Catholic Church, dedicated to Saint Mary the Assumption and Saint Adalbert.

The current structure was built in a classicist style, including its façade adorned with a great portico and tympanum. The Esztergom Basilica is the third largest church in Europe, following St Peter's Basilica in Rome and St Paul's Cathedral in London, and also the tallest building in Hungary: the top of its hemisphere shaped dome lies 100 metres above the floor of the ground level. The cathedral is 118 metres long, 40 metres wide, with 34 metre-high walls.

The original medieval structure was reconstructed by Archbishop Job with the help of King Béla III, following the great fire of 1180, but the church was damaged again in 1543 during the Turkish siege of the city. The conquerors used the building as a mosque until 1594, when the gunpowder stored in the building exploded. The church was ruined, and only the renaissance chapel of Archbishop Tamás Bakócz remained intact. In the 18th century, Maria Theresa built a baroque church on top of the ruins, however, this structure was removed before the construction work of the current basilica began in 1822. The grandiose plans were laid down by Sándor Rudnay primate; unfortunately only a fraction of these was carried out, partly due to a lack of funds and partly because of the jealousy of the Habsburgs. Two excellent architects, János Pach and József Hild, were charged with the construction works. The cathedral was consecrated in 1856, in the presence of Franz Joseph I and with the assistance of Franz Liszt, who wrote his Missa solennis zur Einweihung der Basilika in Gran (Gran Mass) for the occasion.

The Basilica was severely damaged during the Second World War and its renovation has been almost constantly ongoing ever since then; the cathedral's illumination and bell tower were recently completed. Last year, they announced the reconstruction of the cellars beneath the cathedral.

It is interesting to know that the original stones of the Bakócz chapel were numbered and built into the walls. The crypt was built in Old Egyptian style, serving as the resting place of many archbishops. The famous bell of the Blessed Virgin Mary the Assumption in the southern tower, weighs almost 6 tons. The altarpiece is the work of Michelangelo Grigoletti, depicting the Assumption of the Blessed Virgin Mary. This is the largest single-canvas altarpiece in the world (with a size of 13.5 × 6.6 metres).

Érdekesség, hogy a Bakócz-kápolna eredeti köveit megszámozták és beépítették a falakba. Az altemplom óegyiptomi stílusban épült, érsekek temetkezőhelye. A déli torony híres Nagyboldogasszony-harangja csaknem 6 tonna. Az oltárkép Michelangelo Grigoletti munkája, Mária mennybemenetelét ábrázolja. Ez a világ legnagyobb egy vászonra festett oltárképe (13,5 × 6,6 méteres).

Die Basilika von Esztergom

Die Basilika von Esztergom ist unter historischem, religiösem und künstlerischem Aspekt gleichermaßen eines der bedeutendsten Gebäude in Ungarn. In Esztergom wurde der erste König, Stephan der Heilige an der Wende von 1000 und 1001 gekrönt und er erhob die damals noch kleine romanische Kirche in den Rang einer erzbischöflichen Kirche und sicherte damit die Selbstständigkeit und Unabhängigkeit der Ungarischen Katholischen Kirche. Abgesehen von der Periode in Nagyszombat, als das Erzbischofstum vor den Türken dorthin flüchtete, ist die Kathedrale bis heute die Hauptkirche der Ungarischen Katholischen Kirche. Sie ist der Heiligen Mutter Gottes und dem Hl. Adalbert gewidmet.

Das heutige Gebäude wurde in klassizistischem Stil errichtet, mit einer Säulenhalle und einem Tympanon an der Fassade. Sie ist die drittgrößte Kirche Europas, nach der St. Peter Basilika in Rom und der St.Paul Kathedrale in London, zugleich Ungarns höchstes Gebäude: die Spitze der halbkugelförmigen Kuppel ist 100 Meter vom Boden unten entfernt. Die Kathedrale ist 118 m lang, 40 m breit, ihre Mauer ist 34 m hoch.

Das ursprüngliche mittelalterliche Gebäude wurde nach dem großen Brand im Jahr 1180 mit Unterstützung von Béla III. vom Erzbischof Jób wiederhergestellt, es wurde nach 1543 bei der Belagerung der Stadt durch die Türken wieder beschädigt. Die Eroberer verwendeten sie bis 1594 als Moschee, dann explodierte das darin gelagerte Schießpulver. Die Kirche wurde verwüstet, allein die Renaissancekapelle des Erzbischofs Tamás Bakócz blieb erhalten. Im 18. Jahrhundert errichtete Kaiserin Maria Theresia über den Ruinen eine Barockkirche, die wurde aber abgerissen, bevor 1822 mit dem Bau der heutigen Basilika begonnen wurde. Die großangelegten Pläne ließ der Fürstprimas Sándor Rudnay erstellen, verwirklicht wurde jedoch nur ein Bruchteil davon, teils wegen Geldmangels, und teils wegen der Eifersucht der Habsburger. Geleitet wurden die Bauarbeiten von zwei namhaften Architekten, János Pach und József Hild. 1856 wurde die Kathedrale in Anwesenheit von Kaiser Franz Joseph und unter Mitwirkung von Franz Liszt eingeweiht. Liszt schrieb aus diesem Anlass die Esztergomer Messe.

Während des Zweiten Weltkriegs erlitt die Basilika schwere Schäden, die Renovierung dauert seit dem fast ohne Unterbrechung an, jüngst wurden die Festbeleuchtung und der Glockenturm fertig. Es soll auch das Kellersystem unter der Basilika renoviert werden. Erwähnenswert ist, dass die originalen Steine der Bakócz-Kapelle numeriert und in die Mauern eingebaut wurden. Die Unterkirche ist in altägyptischem Stil gebaut, in ihr ist die Grabstätte ungarischer Erzbischöfe. Die berühmte Liebfrauenglocke des Südturms wiegt fast 6 Tonnen. Das Altarbild ist ein Werk Michelangelo Grigolettis, es schildert Mariä Himmelfahrt. Das ist das größte, auf ein einziges Stück Leinwand gemalte Altarbild der Welt (13,5 x 6,6 m).

Jáki templom

A jáki apátsági templom Magyarország legszebb, épségben megmaradt román kori építészeti emléke. Szombathelytől délre, a Jáki-Sorok-patak völgyében egy domb tetejére építették. Helyét olyan mesteri érzékkel jelölték ki, hogy zömök tornyai messziről látszanak, az apátság mégis tökéletesen illeszkedik környezetébe, szinte szerves részévé válik a dunántúli tájnak.

A kor egyik leghatalmasabb egyházi épülete nem egyházi, hanem világi alapítású. A Ják nemzetségből származó Márton, a környék gazdag földbirtokosa és ispánja alapította 1214-ben Szent György tiszteletére. Az apátságot és a mellé emelt bencés monostort 1256-ban szentelte fel Amadé győri püspök.

Az építkezés másfél évtizedig tartott, a köveket a környékről, részint a szombathelyi római romokból szerezték be. Először egy háromhajós, sík tetejű bazilikát terveztek, félköríves apszisokkal, de mivel kicsinek bizonyult a belső tér, megváltoztatták a tervet, és a szentély elé egy négyszög alakú épületrészt toldottak be. A templom faragványait olyan kitűnő mesterek készítették, akik ismerték a francia és német boltozási eljárásokat, és a normann díszítés geometriai elemeit. A tatárjárás után egy új műhely vette kezébe az irányítást. Tagjai az északi hajót bordás keresztboltozattal, a fő- és déli hajót fakazettással látták el. Ők építették a Szent Jakab-kápolnát is, amely kevésbé díszes. Ide jártak a falubéliek misére és imádkozni, mert a templomot csak a szerzetesek használhatták.

The abbey of Ják

The abbatial church of Ják is Hungary's most imposing, fully intact Romanesque structure. It was built on the top of a hill, south of Szombathely, in the valley of the Jáki-Sorok stream. Its location was skilfully chosen, allowing its stocky towers to be seen from afar, whilst the abbey blends in perfectly with its surroundings, becoming an integral part of the Transdanubian landscape.

Although the abbey was one of the greatest ecclesiastical buildings of the age, it was founded by laymen. A rich landowner and ispán (head of the local government), Martin of the Ják clan founded the church in 1214 in honour of Saint George. The abbey and the Benedictine monastery raised next to it were consecrated in 1256 by bishop Amadé of Győr.

Its construction took over fifteen years, with stones partly gathered from the vicinity of the church and partly from the Roman ruins of Szombathely. They initially designed a flat-top basilica with three naves and hemispherical apses, but since the internal space of the structure proved to be insufficient, they modified the plans and instead placed a square-shaped section in front of the sanctuary. The carvings of the abbey were fashioned by highly skilled artists, who were familiar with the French and German vaulting techniques as well as the Norman-style geometric ornaments. Following the invasion of the Tatars, a different workshop took over its construction, fitting the northern naves with a ribbed vault and installing wooden panelling in the main and southern naves. They also completed the somewhat less ornate chapel of Saint Jacob. The local village people used this for mass and prayer, since the abbey was only open to the friars.

Although Ják didn't suffer any catastrophes during the middle ages, the Turks caused so much damage to the building in 1532 that the friars eventually abandoned the site – the monastery fell into ruin and only the abbey itself was restored in the 18th century in a baroque style. The reconstruction works at the end of the 19th century were conducted by László Gyalus, based upon the plans of Frigyes Schulek: the baroque additions were removed, whilst the original Romanesque sections were preserved.

The pride of the abbey is its famous main gate, which is covered in a vast array of diverse, rich carvings. The niches above the gables house the life-sized statues of Christ and the twelve apostles. These are mere replicas, since the originals are preserved in the Museum of Fine Arts and the Savaria Museum.

The dark interior of the abbey is dominated by huge octagonal groups of pillars which divide the space between the naves. Other noteworthy details include the original fresco depicting the abbey's guardian saint on the wall of the main apse, as well as the fine wooden carving of Madonna in the northern chapel, dating back to the 1480s.

Jákot a középkorban elkerülték a katasztrófák, de 1532-ben a törökök úgy tönkretették az épületet, hogy a szerzetesek végül elhagyták a helyet, a kolostor elpusztult, csak a templomot újították fel a XVIII. században, barokk ízlés szerint. A XIX. század végi átépítés Schulek Frigyes tervei alapján Gyalus László vezetésével történt: a barokk részeket eltüntették, az eredeti román elemeket azonban igyekeztek megtartani.

A templom dísze a híres főkapu, amelyet beborítanak a változatos és gazdag faragványok. A bélletek fölötti fülkékben Krisztus és a 12 apostol életnagyságú szobrai láthatók. Ezek csak másolatok, az eredetieket a Szépművészeti és a Savaria Múzeum őrzi.

A sötét templombelsőt a hajókat elválasztó, hatalmas nyolcszögletű pillérkötegek uralják. Említésre méltó a templom védőszentjét megörökítő eredeti freskó a főapszis falán, továbbá az északi mellékszentély 1480-as évekből származó, fából készült, finom faragású Madonna-szobra.

Die Kirche von Ják

Die Jáker Abteikirche ist das schönste unversehrt erhaltene Baudenkmal Ungarns aus der Zeit der Romanik. Sie erhebt sich südlich von Szombathely, im Tal des Baches Jáki-Sorok auf einem Hügel. Ihren Platz bestimmten die Erbauer meisterhaft gut, denn die stämmigen Türme sind schon aus großer Ferne zu sehen, trotzdem schmiegt sich die Abteil vollkommen in ihre Umgebung ein, sie ist Teil dieser Landschaft in Transdanubien. Eines der mächtigsten kirchlichen Gebäude seiner Zeit ist nicht von der Kirche, sondern von einer weltlichen Person gestiftet worden. Márton aus dem Geschlecht Ják, ein reicher Landbesitzer und Gespan dieser Gegend gründete die Abtei 1214 dem Heiligen Georg zu Ehren. Die Kirche und das Benediktinerkloster weihte 1256 der Győrer Bischof Amadé ein.

Die Bauarbeiten hielten anderthalb Jahrzehnte an, die Steine dazu holte man aus der Umgebung und teilweise auch aus römischen Ruinen in Szombathely. Erst war eine dreischiffige Basilika mit Flachdach geplant, mit halbkreisförmigen Apsiden, da sich der Innenraum als zu klein erwies, wurde der Plan geändert und vor den Chor ein viereckförmiger Gebäudeteil eingefügt. Die Schnitzereien der Kirche fertigten ausgezeichnete Meister an, die die französischen und deutschen Verfahren des Gewölbebaus wie auch die geometrischen Elemente der normannischen Zierate gut kannten. Nach dem Mongolensturm führte eine neue Werkstatt die Arbeiten weiter. Ihre Mitglieder versahen das Nordschiff mit einem Rippenkreuzgewölbe, das Haupt – und das Südschiff mit einer Holzkassettendecke. Sie erbauten auch die St. Jakob – Kapelle, die nicht so prachtvoll ist. Die Dorfbewohner beteten und besuchten dort die Hl. Messe, denn die Kirche durften nur die Mönche benutzen.

Ják blieb im Mittelalter von Katastrophen verschont, die Türken zerstörten das Gebäude 1532 so stark, dass die Mönche diesen Ort schließlich verließen, das Kloster verfiel, nur die Kirche wurde im 18. Jahrhundert nach Barockgeschmack erneuert. Der Umbau Ende des 19. Jahrhunderts erfolgte nach Plänen von Frigyes Schulek, unter der Führung von László Gyalus: die Barockteile wurden weggeschafft, man war aber bemüht, die originalen romanischen Elemente zu bewahren. Der Schmuck der Kirche ist das berühmte Haupttor, das von abwechslungsreichen und reichen Schnitzereien bedeckt ist. In den Nischen über den Füllungen sind lebensgroße Statuen von Christus und den zwölf Aposteln zu sehen. Sie sind nur Kopien, die Originale sind im Museum der Bildenden Künste und im Savaria Museum.

Das dunkle Kircheninnere ist von den mächtigen, achteckigen Bündelpfeilern beherrscht, die die Kirchenschiffe voneinander trennen. Erwähnenswert ist das originale Fresko an der Wand der Hauptapsis mit der Schilderung des Schutzheiligen der Kirche, sowie die aus Holz feingeschnitzte Madonnenstatue aus den 1480-er Jahren im nördlichen Nebenchor.

Pécsi ókeresztény sírkamrák

Pécs ókeresztény sírkamrái a IV. században épültek, átvészelték a népvándorlás-kor és a középkor viharos századait, és a bazilika, illetve a püspöki palota árnyékában bújtak meg egészen 1782-ig, amíg rájuk nem bukkantak. A világon egyedülálló műemlékcsoport 2000-ben felkerült a világörökség listájára, mivel a Római Birodalom egykori provinciáiban sehol sem lelni párját, ikonfestészete legfeljebb a római katakombákéhoz hasonlítható.

Pécs vidékét hatezer éve lakja az ember, de várost a rómaiak alapítottak itt először Sopianae néven a II. században. A virágzó település Krisztus követőinek a központja is volt egyben, és az is maradt (1009 óta püspökség). Miután Constantinus 313-ban megengedte a szabad vallásgyakorlást, a keresztények szabadon építkezhettek: a földfelszín alatt sírkamrákat alakítottak ki, fölébük kápolnákat emeltek. Ezekre láthatunk pompás példákat Pécsett.

A XVIII. század végi felfedezés óta 16 sírkamrát, több száz sírt és több ezer késő római tárgyat ástak ki a Szent István téren és környékén. A temetőhöz egy háromkaréjos sírkápolna, egy hétkaréjos temetői épület, és egy mauzóleum is csatlakozik. A régészeti munkák 2000 után felgyorsultak, legutóbb az alaprajza miatt különleges nyolcszögű sírkamrát tárták fel.

A kutatók először a Péter-Pál sírkamrát találták meg, ez is a leghíresebb, bár a fölé emelt kápolna nem maradt meg. Nevét onnan kapta, hogy a bejárattal szembeni főfal festményén Péter és Pál apostol látható, amint rámutat a Krisztus-monogramra. A dongaboltozatos helyiség többi falát a növényi és állati motívumok mellett főleg ugyancsak bibliai jeleneteket ábrázoló freskók díszítik Ádám és Éva, Jónás, Noé, a Madonna és a Három királyok szerepeltetésével.

A szintén értékes Korsós sírkamrát 1939-ben tárták fel, noha tudtak már róla korábban is a régészek. Külső támpillérekkel megerősített, apszis nélküli kápolnájából az alapfalak megmaradtak. A sírkamra freskói a bibliai paradicsomkertet szimbolizálják, fő dísze egy íves alaprajzú fülke, amelybe oltáriszentség gyanánt egy korsót festettek.

Az ország legnagyobb ókori temetői épülete, a IV. századi ókeresztény mauzóleum 1975-ben, a Szent István tér átalakításakor került elő. Az alatta megbúvó sírkamra egy gyönyörű márványszarkofágot rejtett, és több lenyűgöző, bibliai tárgyú freskót, amelyek közül az oroszlánok barlangjába vetett Dániel próféta történetét megjelenítő a legismertebb.

The early Christian tombs of Pécs

The necropolis of Pécs, built in the 4th century, survived the turbulent centuries of the migration of nations and the Middle Ages, nestling in the shadow of the city's basilica and the Bishop's Palace until unearthed in 1782. This unique group of remains was included on the World Heritage List in the year 2000, since the unparalleled murals of the ruins from the former province of the Roman Empire can only be compared in quality to the sepulchral art of the Roman catacombs.

The region of Pécs has been inhabited by mankind for six thousand years, but the city was only founded by the Romans under the name of Sopianae in the 2nd century. This flourishing settlement was also a centre for the followers of Christ at the time and remained so even after the empire was long gone (it has been an episcopate since 1009). Once Emperor Constantine's decree in the year 313 called for religious freedom, the Christians were allowed to raise buildings of their own throughout the empire: they carved a number of tombs beneath the ground and raised chapels over the tombs. Pécs is a fine example of this activity.

Following the excavations of the 18th century, sixteen tombs, several hundred graves and thousands of late Roman articles were discovered in Saint Stephen square and its surroundings. The cemetery includes a three cusp-headed chapel, a seven cusp-headed funeral building and a mausoleum. The archaeological work accelerated after the year 2000, with one of the most recent findings consisting of a peculiar, octagonal-shaped tomb.

The researchers first uncovered the famous, Peter-Paul tomb, although the chapel raised over this site wasn't preserved. The tomb was named after the images of Apostles Peter and Paul, as they point to the monogram of Christ, found on the mural opposite the main entrance of the tomb. Apart from the animal and plants motifs of the tomb, several walls of the through-vaulted room are decorated with Biblical frescoes, depicting Adam and Eve, Jonah, Noah, Madonna and the Magi.

The similarly valuable 'Korsós' (Pitcher) tomb was only unearthed in 1939, even though the archaeologists were already aware of its existence. Only the base walls remained from the chapel, lacking an apse and supported with external buttresses. The frescoes of the tomb symbolise the Biblical Garden of Paradise, with the main feature being an arched niche decorated with an image of a pitcher symbolising the Holy Communion.

Hungary's largest ancient funeral building, the early Christian mausoleum dating back to the 4th century, was unearthed in 1975, during the reconstruction works of Saint Stephen square. The tomb lying beneath the square housed an amazing marble sarcophagus and a number of Biblical frescoes, the most familiar of which is the fresco depicting the story of prophet Daniel, cast into a den of lions.

Urchristliche Grabkammern in Pécs

Die urchristlichen Grabkammern von Pécs wurden im 4. Jahrhundert gebaut, sie überstanden die stürmischen Jahrhunderte der Völkerwanderung und des Mittelalters und waren im Schatten von der Basilika bzw. dem Bischofspalast versteckt, ganz bis 1782, bis zu ihrer Entdeckung. Diese in der ganzen Welt seltene Denkmalgruppe kam im Jahre 2000 auf die Liste des Weltkulturerbes, denn nirgends in den einstigen Provinzen des Römischen Reiches ist etwas Vergleichbares zu finden, ihre Ikonenmalerei ist höchstens mit der in den römischen Katakomben zu vergleichen.

Die Gegend von Pécs ist seit sechstausend Jahren von Menschen bewohnt, eine Stadt gründeten hier als erste die Römer, im 2. Jahrhundert, mit dem Namen Sopianae. Die blühende Siedlung war zugleich ein Zentrum der Christus-Anhänger, und blieb das immer. (Pécs ist seit 1009 Bischofssitz.) Nachdem Constantinus 313 die freie Religionsausübung genehmigt hatte, konnten die Christen frei bauen: unter der Erdoberfläche gestalteten sie Grabkammern und errichteten über sie Kapellen. Prächtige Beispiele dafür sind in Pécs zu bewundern.

Seit der Entdeckung Ende des 18. Jahrhunderts wurden 16 Grabkammern, hunderte Gräber und tausende spätrömische Gegenstände auf dem Szent István Platz und in seiner Umgebung ausgegraben. Zum Friedhof gehört noch eine Grabkapelle mit drei Bögen, ein Grabgebäude mit sieben Bögen und auch ein Mausoleum. Die archäologischen Arbeiten beschleunigten sich nach 2000, zuletzt wurde die wegen dem Grundriss besondere achteckige Grabkammer erschlossen. Zuerst fanden die Forscher die Peter-Paul-Grabkammer, die ist die berühmteste, obwohl die Kapelle darüber nicht erhalten blieb. Ihren Namen erhielt die Grabkammer von dem Gemälde auf der Hauptwand dem Eingang gegenüber, auf dem die Apostel Peter und Paul auf das Christus-Monogramm zeigen. Die anderen Wände des Raumes mit dem Tonnengewölbe zieren neben Pflanzen- und Tiermotiven Fresken, die biblische Szenen darstellen, mit Adam und Eva, Jona, Noah, mit der Heiligen Jungfrau und den Drei Königen.

Die ebenfalls wertvolle Grabkammer mit dem Krug wurde 1939 erschlossen, obwohl Archäologen schon früher von ihr Kenntnis hatten. Nur die Grundmauern blieben von ihrer mit Außenstützpfeilern befestigten Kapelle ohne Apsis erhalten. Die Fresken der Grabkammer symbolisieren den biblischen Garten Eden, ihr Hauptschmuck ist eine Nische mit gebogenem Grundriss, in der als Altarsakrament ein Krug gemalt ist.

Das größte altertümliche Friedhofgebäude Ungarns, das Urchristliche Mausoleum aus dem 4. Jahrhundert kam 1975 während Umbauarbeiten am Szent István Platz zum Vorschein. In der Grabkammer darunter war ein wunderschöner Marmorsarkophag verborgen, wie auch mehrere faszinierende Fresken mit biblischem Thema, am bekanntesten von ihnen ist das Fresko mit der Geschichte des Propheten Daniel in der Löwenhöhle.

Budapesti gyógyfürdők

Budapest egyike annak a néhány szerencsés fővárosnak, amelynek rendkívül értékes gyógyvize van: területén több mint száz természetes hőforrás fakad. Ezek különleges összetételű vizét ma tíz gyógyfürdő hasznosítja, többsége történelmi és műemlék, valamint turisztikai látnivaló is egyben.

Az Aquincumban feltárt épületek arról tanúskodnak, hogy már a rómaiak is megbecsülték a környék termálkincsét. Az írásos emlékek 14 korabeli fürdőt említenek a városban. A nagy gőz- és kis közfürdő, valamint a Táborváros vízvezetékei a mostani Római Strandfürdő területén lévő forrásokból nyerték vizüket. A középkorban a XII. század végétől jegyzik a hévizeket, de a fürdőkultúra valójában Zsigmond idején indult újból virágzásnak. Mátyás a várból már fedett folyosón keresztül sétált le a „királyi fürdőkhöz". A törökök a közösségi fürdőkultúrát kedvelték, és díszes fürdőiket a források fölé építették, mert az iszlám szerint csak a folyóvíz alkalmas a tisztálkodásra. Nyolc fürdőt tartottak fenn, ebből az időből maradt ránk a Rudas Fürdő és a Király Fürdő. A török uralom utáni hanyatlás Mária Terézia 1762-es rendeletével ért véget, amelyben intézkedett a hazai „ásványvizek" listába vételéről. A XIX. században az orvostudományok, a balneológia és a fúrási technika fejlődése ösztönző volt: felújították a Császár és a Lukács Fürdőt, és megépült a margitszigeti Szent Margit Gyógyfürdő is. Végül 1930-ban Budapest megkapta a „Fürdőváros" címet.

Thermal baths of Budapest

Budapest is one of the few capitals in the world which can boast a store of precious medicinal waters: there are over a hundred natural thermal springs within the city's boundaries. Ten separate baths benefit from the special composition of these waters; most of these are themselves historic buildings as well as tourist attractions.

The buildings unearthed amongst the ruins of Aquincum indicate that the Romans already appreciated the country's thermal wealth. Written sources indicate that there were 14 baths in the city at the time. The main steam bath, the smaller public bath, as well as the aqueducts of the military town were all supplied by the springs found at the current site of the Római (Roman) bath. In the middle ages, the thermal baths of the country are mentioned in historical sources dating back to the 12th century. However, the bathing culture only became truly widespread under the reign of King Sigismund. King Matthias approached the "royal bath" through a roofed corridor. The Turks were great exponents of the community bathing culture and built their elegant baths over the sites of the springs, since according to the Islamic faith, only running water is suitable for bathing. They operated eight separate baths in the city, including the current Rudas bath and the Király (Royal) bath. The decline following the Turkish period was ended by the decree of the Maria Theresa in 1762, in which she provided for the compilation of the country's 'mineral waters'. In the 19th century, the advances in medical science, balneology and drilling technologies had a stimulating effect: the Császár (Imperial) and Lukács baths were renovated and the Saint Margaret thermal bath on the Margaret Island (Margitsziget) were opened in during this time. Finally, Budapest received the title of 'Spa City' in 1930.

A Gellért Fürdő az egyik legöregebb gyógyfürdőnk, mégis a legmodernebb szolgáltatásokat nyújtja. Vize „csodahatású", számtalan betegségre jó. Mai épületét a XX. század elején emelték szecessziós stílusban. A Király Fürdőt a törökök alapították, Buda visszafoglalása után a névadó König család kapta meg, és építette át, meghagyva a török jelleget. A Rudas Fürdő török korból való része is épen megmaradt: központja egy 10 méter átmérőjű kupola, amelyet 8 oszlop tart, alatta nyolcszögletű medence ékeskedik. A Lukács Fürdőt a XII. században a betegápolással foglalkozó Szent János-lovagok működtették. Forrásai a török korban őrlő malmot is hajtottak. Eklektikus gyógyszállója a XIX. század végén épült. Pest első gyógyfürdője, a Széchenyi Fürdő Európa egyik legnagyobb fürdőkomplexuma.

Budapest ist eine von den wenigen glücklichen Hauptstädten, die sehr wertvolles Heilwasser besitzen: über hundert natürliche Thermalquellen entspringen auf seinem Gebiet. Dieses Wasser von besonderer Zusammensetzung verwerten gegenwärtig zehn Heilbäder, die mehrheitlich historische und Kunstdenkmäler, zugleich touristische Sehenswürdigkeiten sind.

Die in Aquincum ausgegrabenen Gebäude zeugen davon, dass schon die Römer den Thermalschatz der Gegend hoch schätzten. Schriftliche Quellen erwähnen in der Stadt 14 Bäder jener Zeit. Die Wasserleitungen des großen und des kleinen öffentlichen Bades, sowie der Militärstadt gewannen das Wasser aus Quellen, die im Gebiet des heutigen Római Strandfürdő (Freibad Római) entspringen. Im Mittelalter schreibt man ab Ende des 12. Jahrhunderts über Thermalgewässer, die Badekultur blühte aber erst zur Zeit Sigismunds des Luxemburgers wieder auf. König Matthias spazierte aus der Burg schon durch einen überdachten Korridor zu den „königlichen Bädern". Die Türken mochten die öffentliche Badekultur und bauten ihre prachtvollen Bäder über die Quellen, denn nach Auffassung des Islam ist nur fließendes Wasser zur Reinigung geeignet. Sie unterhielten acht Bäder, aus dieser Zeit sind das Rudas Bad und das Király Bad erhalten geblieben. Dem Verfall nach der Türkenherrschaft setzte die Verordnung Maria Theresias im Jahr 1762 ein Ende, in der sie die Auflistung der „Mineralgewässer" in Ungarn anordnete. Im 19. Jahrhundert wirkten die Entwicklung der Medizin, der Balneologie und der Bohrtechnik ansporrnd: die Bäder Császár und Lukács wurden renoviert, und auf der Margareteninsel das Heilbad St. Margarete errichtet. Schließlich erhielt Budapest 1930 den Titel einer „Bäderstadt".

Das Gellért Bad ist eines der ältesten Heilbäder der Stadt, es bietet trotzdem die modernsten Dienstleistungen. Sein Wasser „wirkt Wunder", es ist gegen unzählige Leiden nützlich. Sein heutiges Gebäude wurde Anfang des 20. Jahrhunderts im Jugendstil errichtet. Das Király Bad ist eine türkische Gründung, nach der Zurückeroberung von Buda erhielt es die Familie König, von der das Bad seinen Namen hat (König = ung. Király). Auch der türkische Teil des Rudas Bades ist unversehrt erhalten: sein Zentrum ist die Kuppel mit 10 m Durchmesser, von acht Säulen gestützt, darunter liegt ein achteckiges Becken. Das Lukács Bad betrieben im 12. Jahrhundert die Johanniter, die sich mit Krankenpflege beschäftigten. Seine Quellen trieben in der Türkenzeit sogar eine Mühle an. Sein Kurhotel in eklektischem Stil wurde Ende des 19. Jahrhunderts erbaut. Das erste Heilbad in Pest, das Széchenyi Bad ist Europas größter Bäderkomplex. Es entstand 1913 nach Plänen von Győző Czigler. Mitte der 1960-er Jahre umgebaut, 1999 wieder renoviert, ist es heute das schönste Gebäude im Stadtwäldchen.

The Gellért bath is one of the oldest thermal baths in the city, which is still providing up-to-date services. Its waters have a 'miraculous' effect, serving as a cure for a wide range of illnesses. The current secession structure of the building was constructed at the beginning of the 20th century. The Király bath was established by the Turks, and following the reoccupation of Buda, it was bestowed on its namesake König family, who reconstructed the building whilst retaining its Turkish style. The Rudas bath also retained its section dating back to the Turkish period, which is centred on a 10-metre diameter dome, supported by 8 pillars, surrounding a splendid octagonal pool. The Lukács bath was operated by the sick-nursing Saint John knights in the 12th century; its springs also provided water to a mill dating back to the Turkish period. The site's spa hotel was built at the end of the 19th century. The first thermal bath of Budapest, the Széchenyi bath is one of the largest spa complexes in Europe. The structure was built in 1913, based upon the plans of Győző Czigler. It was refashioned in the mid-1960s, renovated in 1999 and is now the most magnificent building in the City Park.

1913-ban épült Czigler Győző tervei alapján. Az 1960-as évek közepén átalakították, 1999-ben ismét felújították, most a Városliget egyik legszebb épülete.

Debreceni református templom

Magyarország legnagyobb református temploma a „kálvinista Rómának" is nevezett cívis város, Debrecen belvárosában áll. A Rómával való összehasonlítás korántsem túlzó: Debrecen városában már a XV. században megerősödött a felvilágosult polgári réteg, így a kálvini tanok termékeny táptalajra hullottak, és a XVI. század közepére a város teljes lakossága áttért a református hitre.

Ezen a téren emberemlékezet óta templom állott: a középkorban emelt templom a XIII. században égett le, a helyén emelt gótikus stílusú templom 1564-ben vált a tűz martalékává, az első református templom pedig 1802-ben veszett oda a város történelmének legpusztítóbb tűzvészében. Az új terveket Péchy Mihály készítette el, aki rövidre rá szakmai nézeteltérések miatt visszaadta megbízatását, így a munka Thaller József irányításával folytatódott. A klasszicista stílus jegyeit tükröző templom építése 1805-ben kezdődött meg, az első istentiszteletet 1819-ben tartották meg falai között, a kivitelezési munkálatok befejezése pedig további négy évet vett igénybe (legvégül a keleti torony készült el).

A Nagytemplom – amelyet végül az elpusztult középkori templom alapjaira építettek – főhajója 55 méter hosszú és 15 méter széles, kereszthajója 38 méter hosszú és 14 méter széles. Bár teljes alapterülete 1500 m², az utcafrontról nézve a Nagytemplom látképét az impozáns, oszlopokkal tagolt homlokzat, és a 61 méter magas tornyok uralják. A tornyok közé eredetileg kupolát akartak építeni, de ez anyagi természetű akadályok miatt nem valósulhatott meg.

The Great Calvinist Church of Debrecen

Hungary's largest Calvinist Church is situated in the civil city of Debrecen, also referred to as the "Calvinist Rome". The comparison with Rome is not exaggerated at all: the influence of the city's enlightened middle-class grew in the 15th century, thus the Calvinist tenets were planted in fertile soil and the entire population of the city was converted to Calvinist faith by the mid-16th century.

The city's square has been home to a church ever since early times: the city's medieval church burnt down in the 13th century, the gothic church raised on its site was consumed in a fire in 1564, whilst the city's first Calvinist Church was devoured in the city's most ravaging conflagration in 1802. Mihály Péchy prepared the new plans and then cancelled his commission at short notice because of professional differences, so work continued under the supervision of József Thaller. The construction of the classicist style church began in 1805 and the first sermon in the church was delivered in 1819, whilst the completion of the work took another four years (the eastern tower was the last section to be completed).

The central nave of the Great Church – which was finally built over the ruins of the medieval church – is 55 metres in length and 15 metres wide, whilst its transept is 38 metres long and 14 metres in width. Although its entire area is 1500 square-metres, from the street the view of the Great Church is dominated by its imposing, column-studded façade and its 61 metre high towers. They originally intended to build a dome between the towers, but this wasn't realised in the end for financial reasons. The bell of the western tower was designed to resemble the old Rákóczi Bell, whilst there are a total of 260 stairs leading up to the top of the tower. The inner walls of the building are white-washed as customary in the case of Calvinist churches and the puritan interior decorations mirror its builder's sobriety, yet the building is still impressive due to its vaulted arches and its sheer size. The original organ with three banks and 43 registers was located behind the empire-style, gilded pulpit and was first played in 1838. A second organ was constructed in 1981; this modern electric instrument is located above the main entrance.

The Great Calvinist Church of Debrecen is not merely significant as a historical monument, but has also been home to some of the greatest moments in Hungarian history: Hungary's independence was declared in the church on 14th April 1849, when Lajos Kossuth was chosen as the country's Governor-President within the walls of the church.

A nyugati toronyban elhelyezett harang a régi Rákóczi-harang mintájára készült, a torony csúcsába 260 lépcsőfok vezet fel. Az épület belső falait a református templomoknál megszokott módon fehérre festették, a belső tér díszítése józanságot tükröző és puritán, boltozata és méretei miatt mégis lenyűgöző. Az eredeti 3 manuálos, 43 regiszteres orgona az empire stílusú, aranyozott szószék mögött található, és 1838-ban szólaltatták meg első ízben. 1981-ben egy második orgonát is építettek; a korszerű elektronikus hangszer a főbejárat fölött található.

A Debreceni Református Nagytemplom nem csupán emlékműként bír kiemelkedő jelentőséggel, de nemzeti történelmünk nagy pillanatainak is tanúja volt: 1849. április 14-én a falai között kiáltották ki Magyarország függetlenségét, és itt választották meg kormányzó elnökké Kossuth Lajost.

Die Reformierte Große Kirche in Debrecen

Die größte reformierte Kirche Ungarns steht in der Innenstadt der „calvinistisches Rom" genannten Stadt Debrecen. Der Vergleich mit Rom ist gar nicht übertrieben: In der Stadt Debrecen erstärkte bereits im 15. Jahrhundert die Schicht des aufgeklärten Bürgertums, so fielen Calvins Lehren auf fruchtbaren Boden, und bis Mitte des 16. Jahrhunderts trat die ganze Bevölkerung der Stadt zum reformierten Glauben über.

An diesem Platz stand seit Menschengedenken eine Kirche: die mittelalterliche Kirche brannte im 13. Jahrhundert ab, die an ihrer Stelle errichtete gotische Kirche fiel 1564 den Flammen zum Opfer, und die erste reformierte Kirche wurde 1802 durch den schrecklichsten Brand in der Geschichte der Stadt zerstört. Die neuen Pläne schuf Mihály Péchy, der kurz darauf den Auftrag wegen fachlichen Meinungsverschiedenheiten zurückgab, und so ging die Arbeit unter der Leitung von József Thaller weiter. Der Bau der im klassizistischen Stil errichteten Kirche begann 1805, den ersten Gottesdienst in seinen Mauern hielt man 1819 ab, in weiteren vier Jahren wurden die Bauarbeiten beendet (zuletzt der Ostturm).

Die Große Kirche – schließlich auf Fundamenten der vernichteten mittelalterlichen Kirche errichtet – hat ein Hauptschiff mit einer Länge von 55 m und einer Breite von 15 m, während das Querschiff 38 m lang und 14 m breit ist. Obwohl die ganze Grundfläche 1500 m² beträgt, ist die Ansicht der Großen Kirche von der Straßenfront aus gesehen durch die imposante, von Säulen gegliederte Fassade und den 61 m hohen Türmen dominiert. Ursprünglich wollte man zwischen die Türme eine Kuppel bauen, das konnte aber wegen Hindernissen finanzieller Art nicht verwirklicht werden. Die Glocke im Westturm entstand nach dem Muster der alten Rákóczi- Glocke, in eine Turmspitze führen 260 Stufen. Die Innenwände der Kirche sind, wie in reformierten Kirchen üblich, weiß gestrichen, die Verzierung des Innenraums ist nüchtern und puritanisch, das Gebäude wirkt wegen des Gewölbes und der Dimensionen trotzdem überwältigend. Die Originalorgel mit 3 Manualen und 43 Registern befindet sich hinter der vergoldeten Kanzel im Barockstil, sie ertönte zum ersten Mal 1838. 1981 wurde auch eine zweite Orgel eingebaut. Das moderne elektronische Instrument ist über dem Haupteingang zu finden.

Die Reformierte Große Kirche in Debrecen ist nicht nur als Kunstdenkmal von hervorragender Bedeutung, sie war auch Zeugin großer Momente der ungarischen Nationalgeschichte: am 14. April 1849 wurde hier die Unabhängigkeit Ungarns erklärt und Lajos Kossuth zum Präsidenten gewählt.

Pannonhalmi bencés főapátság

„Pannónia szent hegyének" monostora és a benne élő bencés szerzetesközösség egyidős a magyar államisággal, ezért kultúránk kivételes kincse. A főapátságon ezer év hagyta rajta lenyomatát, így nemcsak történelmünk, hanem a művészeti stílusok egy-egy korszakát is őrzi. Alapításának 1000. évében, 1996-ban vették fel az UNESCO Világörökségi Listájára.

Az első bencéseket Géza fejedelem hívta hazánkba 996-ban cseh és német földről, valamint Itáliából, templomukat 1001-ben szentelték fel. Szent István kiváltságlevelében azt kérte Szent Benedek követőitől, hogy naponta imádkozzanak „pro stabilitate regni nostri", azaz az ország fennmaradásáért, sértetlenségéért, és a derék szerzetesek mind a mai napig eleget tesznek első királyunk óhajának.

The Benedictine arch-abbey of Pannonhalma

The monastery of "Pannonia's holy mountain" and the Benedictine monks living there are as old as the Hungarian state and thus a unique treasure of its culture. The past millennia has left its mark on the abbey; therefore, not only does it bear testimony to Hungarian history, but also the various cycles of artistic styles. In 1996, on the 1000th anniversary of its foundation, the archabbey was declared a UNESCO World Heritage site.

The first Benedictine monks were called to Hungary by Géza in 996 from Czech and German lands as well as Italy and consecrated their church in the year 1001. In his charter, Saint Stephen asked the followers of Saint Benedict to pray every day "pro stabilitate regni nostri", for the preservation and integrity of the state; the stalwart friars continue to fulfil his request to this very day.

The abbey required restoration following a fire, later needing to be expanded due to the lack of space. The current church was consecrated in 1224 with walls that proved to be strong enough to repel the Tatar hordes. The structure's oldest sections include a fraction of a wall dating from the time of Géza as well as the late Romanesque crypt, which is proudly crowned by the gothic vaults of the three-nave basilica and the beautiful, stone ribbed vault of the sanctuary. The southern gate of the church, the famous Porta speciosa, dates back to the early 13th century and is named after one of the entrances of the temple in Jerusalem. The abbey of Pannonhalma grew even more beautiful under the reign of King Matthias, with late Gothic and renaissance elements being added. During the Turkish occupation, the settlement often changed hands between the Hungarians and the Turks, causing much damage to the building. In the course of the archabbey's renovation in the 18th century, the structure was supplemented with a number of baroque features, including the beautiful monastic refectory. The library was built in the 19th century along with the most famous Hungarian classicist work of art, the abbey's 55 metre-high tower, whilst the college and the Italian-style dormitory were added in the 20th century, thus completing the current eclectic group of buildings, which nevertheless retains a sense of unity.

The cultural historical importance of the archabbey of Pannonhalma lies mainly in the fact that it is the greatest Benedictine collection in the world, with over 300,000 volumes in its library. One of the unparalleled treasures of the archives is the founding charter of the Tihany abbey, the first known text to include Hungarian words, dating from 1055. The monastery's gallery, collection of engravings, numismatic collection, antiques and treasure vault are all fine additions to the archabbey, along with the botanical garden, home to nearly 400 different species of plants.

Az apátságot egy tűzvész után helyre kellett hozni, később a helyszűke miatt ki kellett bővíteni. A mai templomot 1224-ben szentelték fel, és falai olyan erősek voltak, hogy a tatárok nem tudták bevenni. Legrégebbi része egy Géza idejéből való faltöredék, és a késő román altemplom, amely fölé büszkén hajlik a gótikus boltozatú háromhajós bazilika, és a különleges szépségű kőbordás, csillagboltozatos szentély. A XIII. század elején készült a híres Porta speciosa, a templom déli főkapuja is, amelynek a neve a jeruzsálemi Templom egyik bejáratára utal.

A pannonhalmi apátság Mátyás idején sokat szépült, elsősorban késő gótikus, reneszánsz elemekkel egészült ki. A település a hódoltság idején hol a magyarok, hol a törökök kezén volt, ezért az épületben igen sok kár keletkezett. A XVIII. századi felújítás során az apátságot barokk elemekkel egészítették ki, ebből az időből való a gyönyörű monostori ebédlő is. A XIX. században épült a könyvtár, és a magyar klasszicizmus legismertebb alkotása, az 55 méter magas torony, a XX. században pedig a gimnázium és az olaszos stílusú diákotthon, így állt össze a ma látható eklektikus, mégis összhangot sugárzó épületegyüttes.

A pannonhalmi apátság művelődéstörténeti jelentőségét elsősorban 300 ezer kötetet számláló könyvtárának köszönheti, amely a világ leghatalmasabb bencés gyűjteménye. Levéltárának páratlan darabja a legelső magyar és finnugor írásos nyelvemlék, a tihanyi apátság alapító oklevele 1055-ből. Ugyancsak értékes a monostor képtára, metszettára, numizmatikai gyűjteménye, régiség- és kincstára, valamint híres a bencések arborétuma is, ahol csaknem 400 növényfajt gondoznak.

Die Benediktiner Erzabtei in Pannonhalma

Das Kloster „auf dem heiligen Berg Pannoniens" und die darin lebende Mönchgemeinschaft der Benediktiner existiert so lange wie der ungarische Staat, und ist daher ein besonderer Schatz der ungarischen Kultur. Tausend Jahre prägten dieses Kloster, so bewahrt es nicht nur einzelne Epochen ungarischer Geschichte, sondern auch die von Kunststilen. Auf die Liste des UNESCO Weltkulturerbes wurde die Abtei 1996, im 1000. Jahr seiner Gründung gesetzt.

Die ersten Benediktiner rief Fürst Géza 996 aus Böhmen und aus deutschen Landen, sowie aus Italien nach Ungarn, ihre Kirche wurde 1001 eingeweiht. In seinem Privilegienbrief bat Stephan die Heilige die Nachfolger des Hl. Benedikt, dass sie täglich beten „pro stabilitate regni nostri", d.h. um den Fortbestand und das Wohl des Landes, und die braven Mönche erfüllen bis heute den Wunsch des ersten Königs.

Die Abtei musste nach einem Brand wiederhergestellt und später wegen Platzmangel erweitert werden. Die heutige Kirche wurde 1224 eingeweiht und ihre Mauern waren so stark, dass nicht einmal die Mongolen sie einnehmen konnten. Ihre ältesten Teile sind ein Mauerfragment aus Gézas Zeit und die spätromanische Unterkirche, über der sich stolz die dreischiffige Basilika mit gotischem Gewölbe erhebt und der außerordentlich schöne Chor mit den Steinrippen und dem Sternengewölbe. Anfang des 13. Jahrhunderts entstand die berühmte Porta speciosa, das südliche Haupttor der Kirche, dessen Name auf einen Eingang des Tempels von Jerusalem hinweist. Während der Herrschaft von König Matthias wurde die Abtei von Pannonhalma um vieles verschönert, vor allem durch spätgotische und Renaissanceelemente ergänzt. In der Zeit der türkischen Besetzung war die Siedlung mal in türkischer, mal in ungarischer Hand, was zu vielen Schäden am Gebäude führte. Im Laufe der Renovierung im 18. Jahrhundert erhielt die Abteil Barockelemente, aus dieses Zeit stammt auch der wunderschöne Speisesaal. Im 19. Jahrhundert baute man die Bibliothek und das bekannteste Werk des ungarischen Klassizismus, den 55 m hohen Turm, im 20. das Gymnasium und das Schülerheim im italienischen Stil. So entstand der heute zu sehende, eklektische, trotzdem harmonische Gebäudekomplex. Ihre kulturhistorische Bedeutung verdankt die Abtei von Pannonhalma in erster Linie ihrer Bibliothek mit 300 Tausend Bänden, der größten Benediktinersammlung der Welt. Ein unvergleichliches Objekt seines Archivs ist das allererste schriftliche Sprachdenkmal in ungarischer, überhaupt einer finno-ugrischen Sprache, die Gründungsurkunde der Abtei Tihany aus dem Jahr 1055. Ebenfalls wertvoll sind die Bildergalerie, die Stichesammlung und die numismatische Sammlung der Abtei, wie auch die Raritäten- und Schatzkammer. Berühmt ist auch das Arboretum der Benediktiner, in dem an die 400 Pflanzenarten gepflegt werden.

Dohány utcai zsinagóga

Európa legnagyobb zsinagógája Budapest egykori zsidónegyedében áll. A historizmus képviselőjeként számon tartott Ludwig Förster osztrák építész (az ő nevéhez fűződik a bécsi nagyzsinagóga is) egy mór stílusú épületet tervezett, amelynek belső terét a Vigadó építésze, Feszl Frigyes vetette papírra.

Az építkezés 1854-ben kezdődött meg, a zsinagóga ünnepélyes felavatására 1859. szeptember 6-án került sor. A tágas zsinagóga alapterülete 1200 m², a földszinti és emeleti karzatok összesen 3000 hívőt fogadhatnak be az istentiszteletek során. A 44 méter magas tornyok csúcsait aranydíszítéses hagymakupolák ékesítik, a homlokzat pedig a zsidó vallási előírásoknak megfelelően kelet felé, Jeruzsálem irányába néz. Az ősi tradíciók mellett a zsinagóga számos olyan építészeti megoldást mutat, amelyek formabontónak számítottak a XIX. században: a belső térben szabadon van az öntöttvasból készült szerkezet, dominánsak a keleti stílusjegyek, a falak mintázatát pedig nyerstéglákból rakták ki.

A zsinagógát 1931-ben átalakították, ekkor épült meg az árkádsor, és az első világháborúban elhunyt zsidók emlékének szentelt, kupolás Hősök Temploma. Az épület udvarában szokatlan módon temető található, holott az izraelita vallás szerint az elhunyt híveket nem szokás a templom közelében, kiváltképpen

The Dohány Street Synagogue

The largest synagogue in Europe is located in the former Jewish district of Budapest. Austrian architect Ludwig Förster, a representative of the historicism movement and the designer of the grand synagogue of Vienna), designed a Moorish building; its interior was designed by Frigyes Feszl, the architect of the Vigadó Concert Hall in Budapest. The construction work began in 1854, whilst the consecration of the synagogue took place on 6 September 1859. The spacious synagogue stretches across an area of 1200 square metres, and can seat 3000 people in its aisles and galleries. The peaks of the 44 metre-high towers are adorned with gilded onion domes, whilst according to Jewish doctrine, the façade faces east, in the direction of Jerusalem. Apart from displaying a number of ancient traditions, the synagogue also boasts a number of feats of architecture that were considered rather revolutionary in the 19th century: the wrought-iron structure is in clear view in the interior, the eastern elements of the building are rather dominant and the patterns of the walls consist of bricks.

The synagogue was renovated in 1931, which is when the arcade and the domed Heroes Temple were built, to commemorate those Jews who died in the First World War. Curiously, there's a cemetery located in the building's courtyard, even though Jewish believers don't usually bury the faithful close to the church, and especially not in a courtyard. The tombstones were set here out of necessity: the victims of the Budapest ghetto were laid to rest here and the remains of over 7000 people still rest in the garden of the synagogue to this very day. The building complex includes the Jewish Museum, completed in 1932 (along with a plaque commemorating Theodore Herzl, the founder of the Zionist movement), as well as the Holocaust Memorial Park, which commemorates the martyrs murdered during the Second World War.

The synagogue suffered serious damage in the Second World War and was hit by a number of grenades. These signs of destruction were removed rather slowly, with decades of hard work, until finally the entire building was renovated in the recent past. The Dohány Street Synagogue is one of the most important contemporary symbols of the Hungarian Jewish faithful. It is still a functioning synagogue and the Heroes Temple is still used to this very day for ceremonies; in addition, there are two permanent exhibitions awaiting visitors in the Jewish Museum. The museum is also home to the Jewish Religious and Historical Collection, as well as an exhibition focusing on the troubled period 1938 to1945.

Die Synagoge in der Dohány Straße

Europas größte Synagoge steht im ehemaligen Budapester Judenviertel. Der als Vertreter des Historismus geltende österreichische Architekt Ludwig Förster (er war der Architekt u.a. der Wiener großen Synagoge) entwarf ein Gebäude in maurischem Stil, und der Innenraum war ein Werk vom Architekten der Budapester Redoute, Frigyes Feszl. Die Bauarbeiten begannen 1854, zur feierlichen Einweihung der Synagoge kam es am 6. September 1859. Die Grundfläche der Synagoge beträgt 1200 m², und kann bei Gottesdiensten insgesamt 3000 Gläubige fassen. Die Spitzen der 44 m hohen Türme schmücken goldverzierte Zwiebelkuppeln und die Fassade ist jüdischen religiösen Vorschriften gemäß nach Osten, nach Jerusalem gerichtet. Die Synagoge weist neben uralten Traditionen viele architektonische Besonderheiten auf, die im 19. Jahrhundert ungewohnt waren: im Innenraum steht die gußeiserne Konstruktion frei , es dominieren die Merkmale des orientalischen Stils und das Muster der Wände ist aus Rohziegeln gesetzt.

Die Synagoge wurde 1931 umgestaltet, damals wurde die Arkadenreihe gebaut, wie auch der Tempel der Helden den im Ersten Weltkrieg verstorbenen Juden zu Ehren. Im Hof des Gebäudes befindet sich auf ungewöhnliche Weise ein Friedhof, obwohl es im israelitischen Kult nicht üblich ist, die verstorbenen Gläubigen in der Nähe des Tempels, gar in seinem Hof zu begraben. Der Friedhof ist durch Notwendigkeit diktiert entstanden: hier wurden Opfer des Pester Ghettos beigesetzt, heute noch ruhen die sterblichen Überreste von siebentausend Personen im Garten. Zum Gebäudekomplex gehören noch das 1932 eingeweihte Jüdische Museum (darin die Gedenktafel von Theodor Herzl, dem Gründer der zionistischen Bewegung), bzw. der Holocaust-Gedenkpark, der den ermordeten Märtyrern ein Denkmal setzt.

Die Synagoge erlitt während des Zweiten Weltkriegs große Schäden, sie wurde von mehreren Granaten getroffen. Die Spuren der Verwüstungen konnten erst allmählich, durch Jahrzehnte dauernde Renovierungsarbeiten getilgt werden, bis vor Kurzem das ganze Gebäude renoviert worden ist. Die Synagoge in der Dohány Straße ist das wichtigste zeitgenössische Symbol des Judentums in Ungarn. Sie funktioniert auch heute. Im Tempel der Helden werden Zeremonien durchgeführt, und im Jüdischen Museum sind zwei ständige Ausstellungen zu besichtigen. Die eine präsentiert Kultgegenstände und Kulturgeschichte der jüdischen Religion, die andere berichtet von der tragischen Zeit zwischen 1938 und 1945.

az udvarában eltemetni. A sírkert létrehozását a szükségszerűség diktálta: itt a pesti gettó áldozatait hantolták el, mintegy hétezer személy földi maradványai ma is a kertben nyugszanak. Az épületegyüttesnek része még az 1932-ben átadott Zsidó Múzeum (itt található meg Herzl Tivadarnak, a cionista mozgalom alapítójának emléktáblája), illetve a Holokauszt-emlékpark, amely a meggyilkolt mártíroknak állít emléket.

A zsinagóga a második világháborúban jelentős károkat szenvedett, több gránáttalálat is érte. A pusztulás nyomait csak lassan, évtizedeken átívelő renoválási munkákkal sikerült eltüntetni, majd a közelmúltban a teljes épületet felújították. A Dohány utcai zsinagóga a magyarországi zsidóság legfontosabb kortárs jelképe. Napjainkban is működik, a Hősök Templomában is celebrálnak szertartásokat, a zsinagógával egybeépült Zsidó Múzeumban pedig két állandó kiállítást tekinthet meg az érdeklődő. Itt kapott helyet a zsidó vallás kegytárgyait és kultúrtörténetét bemutató tárlat, illetve az 1938 és 1945 közötti vészkorszakot bemutató kiállítás.

Hungarian Architectural Heritage – Ungarns architektonisches Erbe

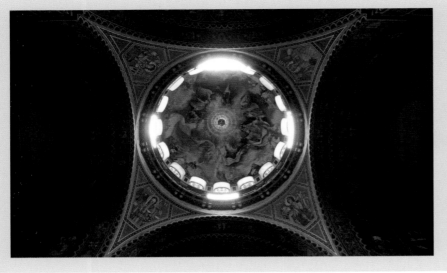

Szegedi dóm

Szeged legismertebb jelképe a Dóm tér, közepén az 1930-ban felszentelt római katolikus fogadalmi templommal, amelyet a többi között a püspöki palota, a papi szeminárium, az apáti kollégium, az egyetemi épület, és a gyönyörű, gótikus Dömötör-torony vesz körül.

A dóm a XX. századi magyar egyházi építészet legpompásabb alkotása, az ország negyedik legnagyobb temploma. Hossza 81, szélessége 51 méter, tornyai 91 méteresek, kupolája 54 méter magas. Öt harangja közül a Tisza felőli toronyban lakó Hősök harangja 86 mázsájával az országban a második legsúlyosabb. A templomban ötezren férnek el.

Der Szegeder Dom

Das berühmteste Wahrzeichen von Szeged ist der Domplatz mit der 1930 eingeweihten römisch-katholischen Votivkirche, die u.a. vom Bischofspalais, dem Priesterseminar, dem Abtkollegium und dem wunderschönen gotischen Dömötör-Turm umgeben ist. Der Dom ist die großartigste Schöpfung der ungarischen Kirchenbaukunst im 20. Jahrhundert, die viertgrößte Kirche des Landes. Sie ist 81 m lang, 51 m breit, ihre Türme sind 91 m hoch, die Kuppel 54 m hoch. Von ihren fünf Glocken ist die Glocke der Helden im Turm zur Theiß hin mit ihren 86 Zentnern die zweitschwerste Ungarns. Die Kirche fasst fünftausend Personen. Im Frühjahr 1879 verheerte ein Hochwasser der Theiß Szeged, nur fünf Prozent der Häuser blieben erhalten. Die Bürger der Stadt legten ein Gelübde ab, wenn die Stadt wiederaufgebaut wird, errichten sie zu Ehren der Heiligen Jungfrau Maria eine Kirche. Sie mussten drei Jahrzehnte warten, bis sie mit dem Grundbau an der Stelle der früheren St. Demeter-Kirche beginnen konnten. Die ersten Pläne für die Votivkirche schuf Frigyes Schulek, der sie ähnlich der Pariser Sacre-Coeur aus weißem Naturstein bauen wollte. Dem Stadtrat gefiel, vor allem aus finanziellen Erwägungen, der Ziegelstein aus der Lombardei besser, er ließ die Pläne deshalb von Ernő Foerk ändern. Nach der Grundsteinlegung im Jahr 1914 wurden die Bauarbeiten wegen des Weltkriegs für einige Jahre eingestellt. Daran erinnert der Marmorstreifen am unteren Drittel der Türme mit den Worten eines der ungarischen Nationalgedichte (Szózat): „Es ist nicht möglich, dass so viele Herzen vergebens ihr Blut vergießen ließen 1914-18". Die Kirche wurde schließlich, als Kathedrale, am 24. Oktober 1930 zum 900. Jubiläum der Gründung der Diözese Csanád eingeweiht. Die Festmesse wurde von Ernő Dohnányi komponiert.

Die Reliefs an den Außenwänden der Kirche schildern die Urberufe. Von den beiden mit Symbolen geschmückten Seiteneingängen ist der westliche das Tor des Krieges, das östliche das des Friedens. Der an den Westturm gebaute Hl. Antonius-Brunnen ist das Werk von Dezső Erdey. Die Marmorstatue der Hl. Jungfrau Maria, Schutzpatronin der Ungarn schuf István Tóth, die Mosaikbilder der zwölf Apostel an den Seiten Ferenc Márton. Darunter sind Symbole der vier Urelemente zu sehen: die Erde (ein Elephant), die Luft (ein Adler), das Feuer (ein Phoenixvogel) und das Wasser (eine Sirene). Der Baldachin am Haupteingang wird von Löwen gehalten: sie bewachen die ungarische Krone und die päpstliche Tiara. Den Giebel schmücken das Wappen der Stadt, an der Seite stehen die Statuen des Hl. Stephan und Hl. Ladislaus, unter dem mittleren Bogen die vom Hl. Johannes von Capistrano und dem Hl. Gerhard. Auf den Flügeln des Haupttors sind biblische Szenen, über ihnen thront Christus.

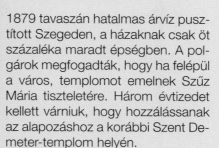

1879 tavaszán hatalmas árvíz pusztított Szegeden, a házaknak csak öt százaléka maradt épségben. A polgárok megfogadták, hogy ha felépül a város, templomot emelnek Szűz Mária tiszteletére. Három évtizedet kellett várniuk, hogy hozzálássanak az alapozáshoz a korábbi Szent Demeter-templom helyén.

A fogadalmi templom első terveit Schulek Frigyes készítette, aki a párizsi Sacré-Coeur-höz hasonlóan ezt is fehér terméskőből akarta felépíteni. A város vezetőségének, főleg anyagi meggondolásból, jobban tetszett a lombardiai tégla, ezért a terveket Foerk Ernővel módosíttatta. Az 1914-es alapkőletétel után a világháború miatt néhány évre leállt az építkezés.

A tornyok alsó harmadánál látható márványsáv ezt örökíti meg a Szózat szavaival: „Az nem lehet, hogy annyi szív hiába onta vért 1914–18". Végül a templomot – amely közben székesegyház is lett – 1930. október 24-én, a Csanádi Egyházmegye alapításának 900. évfordulóján szentelték fel. Az ünnepi misét Dohnányi Ernő komponálta.

A templom külsején lévő domborművek az ősfoglalkozásokat jelenítik meg. A két, jelképekkel ékesített oldalbejárat közül a nyugati a háború, a keleti a béke kapuja. A nyugati torony oldalához illesztett Szent Antal-kút Erdey Dezső munkája. A fő homlokzat közepén a Magyarok Nagyasszonyának márványszobra Tóth István alkotása, a kétoldalt látható 12 apostol mozaikképét

Márton Ferenc készítette. Alatta a négy őselem szimbólumai sorakoznak: a föld (elefánt), a levegő (sas), a tűz (főnixmadár) és a víz (szirén). A főbejárati baldachint oroszlánok tartják: a magyar koronát és a pápai tiarát őrzik. Oromzatán a város címere, oldalán Szent István és Szent László, középső boltíve alatt Kapisztrán Szent János és Szent Gellért szobra büszkélkedik. A főkapu szárnyait bibliai jelenetek díszítik, fölöttük Krisztus trónol.

Votive church of Szeged

Szeged's most famous emblem is the Church square, featuring the Roman Catholic Votive church, consecrated in 1930, and surrounded by the Bishop's palace, the Theological college, the Catholic boarding house, the university buildings and the beautiful gothic Dömötör tower. The church is a most magnificent feature of 20th century Hungarian ecclesiastical architecture, and the fourth largest church in the country. The church is 81 metres in length and 51 metres wide, with 91 metre-high towers and a dome of 54 metres in height. The church has five bells, and the 'Heroes' bell on the southern side, facing the river Tisza is the second heaviest bell in the country, weighing 8,600 kilograms. The church has a capacity of five thousand.

In the spring of 1879, a terrible flood swept through Szeged, leaving only five percent of the city's buildings standing. The citizens vowed to raise a church dedicated to the Virgin Mary once they had reconstructed the city. They had to wait three decades to start building the structure on the previous site of the church of Saint Demeter. The plans for the Votive church were prepared by Frigyes Schulek, who wanted to build the church from white rubble-stone, just like the Sacre-Coeur Basilica in Paris. However, for financial reasons, the city's leadership opted for Lombardy brick instead, so the plans were modified by Ernő Foerk. The foundation stone was laid in 1914, after which the construction was postponed for a few years due to World War I. The marble ring around the lower third of the towers captures this struggle with the words of the Szózat (Summons): "It cannot be that so many hearts uselessly spilled their blood, 1914-18". The church – which has become a cathedral in the meantime – was consecrated on 24 October 1930, on the 900th anniversary of the establishment of the Diocese of Csanád. The inaugural mass was composed by Ernő Dohnányi.

The reliefs on the outside of the church portray ancient professions. The structure has two side entrances decorated with symbols, the western is the gate of war and the eastern the gate of peace. The Saint Anthony well fixed to the western tower is the work of Dezső Erdey. The marble statue of Our Lady of Hungary in the centre of the façade is the work of István Tóth, whilst the mosaic images of the 12 Apostles on the side were created by Ferenc Márton. The symbols of the four ancient elements can be found below: earth (elephant), air (eagle), fire (phoenix) and water (siren). The canopy of the main entrance is supported by lions, guarding the Hungarian crown and the papal tiara. The frontispiece is emblazoned with the city's coat of arms, the sides feature the statutes of Saint Stephen and Saint Louis, whilst the statues of Saint John Capistran and Saint Gellért are located beneath the central arch. The main gate is flanked with scenes from the bible, with the enthroned Christ reigning over them.

Egri vár

2005-ben, a Nagy Könyv címen meghirdetett versengésen Magyarország kedvenc könyvévé elsöprő többséggel Gárdonyi Géza Egri csillagok című művét választották. Nem csoda, ez az a regény, melyet minden betűvetésben jártas magyar ember elolvasott. Az egri vár, a hős védők története, Dobó István alakja oly szorosan kapcsolódik nemzeti emlékezetünkhöz, mint semmilyen más esemény sem az elmúlt századokból.

Valószínűleg egyetlen magyar sincs, aki még nem járt volna Egerben, a várban – erről gondoskodnak az általános iskolai kirándulások.

Az egri vár legkorábbi erősségeink közé tartozik, a Szent István által alapított püspökség székesegyházát már a XI. században fallal védték. A vár fénykorát a XV. században, Mátyás király alatt élte, amikor a kiterjedt püspökségi birtok hatalmas jövedelmét élvezte. De hadi dicsőségének csúcspontját az 1552-ben megindított török ostrom alatt érte el. A maroknyi, rosszul felszerelt, de fanatikusan elszánt védő Dobó István várkapitány vezetése alatt 38 napig állt ellen a hihetetlen túlerő szorításának. A súlyos veszteséget szenvedett török sereg végül az éj leple alatt szégyenletesen elkullogott a vár rommá lőtt, de bevehetetlen falai alól.

Mára már csak a belső vár nyugati része maradt meg, ezt állították helyre és tették látogathatóvá. Meredek úton kaptathatunk fel a bejárati kapuhoz – közben megidézhetjük Dobó István, Bornemissza Gergely, Zay Ferenc, Varkoch Tamás dicső alakját, kiknek nevét a róluk elnevezett bástyák ma is őrzik. A várba belépve szembetaláljuk magunkat az egyetlen épen megmaradt épülettel, a gótikus palotával. Ez a csúcsíves árkádokkal tagolt, emeletes épület volt a püspöki palota, melynek folyosóját, termeit faragványokkal ékes boltozat díszíti.

Eger Castle

Géza Gárdonyi's novel entitled Stars of Eger (Egri Csillagok) was chosen as Hungary's favourite book, achieving an overwhelming majority of votes in the Big Book (Nagy Könyv) competition of 2005. This is no wonder, since the novel is known by all Hungarians who can read and write. The castle of Eger and the heroic story of its defenders, along with the figure of István Dobó, are at the heart of the nation's recollections centuries past. There is hardly a Hungarian who hasn't visited Eger and its castle in the past – in the course of school trips, at the very least.

The castle of Eger is one of the earliest Hungarian fortifications and the cathedral of the Episcopate founded by Saint Stephen was surrounded by walls as early as the 11th century. The castle reached its heyday in the 15th century under the reign of Matthias Corvinus, enjoying the bounty of the huge Episcopal estate. The castle achieved the pinnacle of its military glory in the course of the Turkish siege in 1552; the handful of poorly equipped, yet fanatically devoted defenders led by Captain István Dobó resisted the overwhelming superiority of the attacking forces for 38 days. In the end, due to its severe losses, the Turkish host disgracefully retreated under the cover of night from under the demolished, yet unassailable walls of the fort.

Today, only the restored western branch of the inner castle is left standing, to the delight of its many visitors. A steep incline leads up to the entrance gate, allowing us to summon the glorious figures of István Dobó, Gergely Bornemissza, Ferenc Zay, and Tamás Varkoch, captured by the towers named after them. Once entering the castle, we find ourselves face to face with the only fully preserved building of the castle: the gothic palace. This multi-storied structure studded with pointed arches was the former bishop's palace, adorned with richly ornamented vaulted corridors and halls.

A number of similarly monumental remains can be seen amidst the ruins of the cathedral, located in the centre of the courtyard. Perhaps the most mysterious section of the castle, the dungeons, can be accessed through the entrance next to the ruins. It is easy to sense the grim atmosphere of the Turkish siege while wandering through the narrow, twisted corridors of this subterranean world.

The grave of the grand storyteller, Géza Gárdonyi, is located in a quiet, secluded corner of the castle, shrouded in the shades of trees. Thanks to his words, we know and are able to pass down to our grandchildren the tale of a time when the glory of the castle of Eger gleamed as a bright star in the heavens over Europe.

Die Burg von Eger

Zum Lieblingsbuch der Ungarn wurde 2005 beim Wettbewerb „Das gro-ße Buch" mit überwältigender Mehrheit Géza Gárdonyis Roman „Sterne von Eger" gewählt. Kein Wunder, denn das ist das Buch, das jeder Ungar, der Lesen und Schreiben kann, gelesen hat. Die Burg zu Eger, die Ge-schichte ihrer heldenhaften Verteidiger, die Gestalt von István Dobó haften so stark im nationalen Gedächtnis der Ungarn, wie kein anderes Ereignis der vergangenen Jahrhunderte. Wahrscheinlich gibt es keinen Ungarn, der Eger und die Burg dort noch nie besucht hat – dafür sorgen schon die Klassenfahrten.

Die Burg zu Eger gehört zu den ältesten Festungen in Ungarn, schon im 11. Jahrhundert war die Kathedrale des vom Hl. Stephan gegründeten Bistums durch eine Mauer geschützt. Die Glanzzeit der Burg fiel ins 15. Jahrhundert, während der Herrschaft von König Matthias, als sie die ge-waltigen Einkünfte der großen bischöflichen Güter genoss. Den Gipfel ihres militärischen Ruhms erreichte sie jedoch während der 1552 begonnenen türkischen Belagerung. Unter der Führung des Burgkapitäns István Dobó widerstanden eine Handvoll Soldaten, schlecht ausgerüstet, aber fanatisch entschlossen, 38 Tage lang dem Druck der unglaublichen Übermacht. Das türkische Heer musste sich nach schandvollen Verlusten von den zu Rui-nen geschossenen, aber unbezwingbaren Mauern der Burg heimlich in der Nacht davonschleichen. Heute ist nur noch der Westteil der inneren Burg erhalten, er wurde wiederhergestellt und für Besucher geöffnet. Auf dem steilen Weg zum Eingangstor erinnert man sich an die ruhmreichen Hel-den István Dobó, Gergely Bornemissza, Ferenc Zay, Tamás Varkoch, deren Namen die nach ihnen benannten Basteien heute noch bewahren. Tritt man in die Burg ein, sieht man gleich das einzige unversehrt gebliebene Gebäude, den gotischen Palast. Dieses durch Spitzbogenarkaden geteilte, eingeschossige Gebäude war der Bischofspalast, dessen Gänge und Säle mit Schnitzereien geschmückte Wandbögen zieren.

In der Mitte des Burghofs sind die noch als Ruinen monumentalen Über-reste der einstigen Kathedrale zu sehen. Durch den Eingang neben den Ruinen tritt man in den geheimnisvollsten Teil der Burg – in die Kassemat-ten. In den Räumen und den engen, sich schlängelnden Gängen dieser unterirdischen Welt ist es unschwer sich an die verhängnisvollen Tage der Türkenzeit zu erinnern.

In einem versteckten, stillen Winkel der Burg , unter schattigen Bäumen liegt der große Schriftsteller Géza Gárdonyi begraben. Seine schönen Worte berichteten den Ungarn, was sie den Enkeln weitergeben sollen, dass der Ruhm der Burg zu Eger einst wie ein Stern an Europas Himmel glänzte.

A várudvar középső részén az egy-kori székesegyház romjaiban is mo-numentális maradványait láthatjuk. A romok melletti bejáraton át léphe-tünk be az egri vár talán legtitokza-tosabb részébe, a kazamatákba. E föld alatti világ termeiben, keskeny, kanyargós járataiban nem nehéz átéreznünk a törökdúlás vészterhes napjait.

A vár eldugott, csendes zugában, árnyas fák alatt találjuk a nagy me-semondó, Gárdonyi Géza sírját. Az ő szép szavaiból tudjuk, és örökül hagyjuk unokáinknak, hogy egykor csillagként ragyogott Európa egén az egri vár dicsősége.

Széchenyi lánchíd

A köznyelv Lánchíd néven emlegeti a Széchenyi lánchidat, amely a hazafias törekvéseiről híressé vált gróf nevét viseli. Széchenyi István, a reformkor nagy hatású politikusa javasolta a Pestet Budával összekötő állandó híd megépítését, amelyet a magyar főváros szimbólumának szántak.

A Lánchidat az angol William T. Clark tervezte, az építkezést a skót Adam Clark vezette. A hídfők oroszlánjait Marschalkó János szobrászművész készítette el. Az 1839-ben megkezdett konstrukciós munkálatok tíz éven át zajlottak; az alapkő letételére 1842-ben került sor, az elkészült hidat pedig 1849-ben adták át, bár már jóval korábban is zajlott rajta forgalom. A konstrukciós munkálatok csillagászati összeget emésztettek fel, a híd teljes költségvetése elérte a 6,57 millió forintot. A Lánchíd építésének idején mérnöki bravúrnak számított: a szerkezetbe 2146 tonna vasat építettek be, és 380 méteres hosszával, illetve 14,5 méteres szélességével sokáig ez volt a világ legnagyobb függőhídja. Műszaki megoldásai mellett a híd esztétikai szempontból is nagy értéket képvisel, mind a mai napig a világ legszebb hídjai között emlegetik. A Lánchidat több alkalommal is átépítették. 1914-ben és 1919-ben megerősítették a vasszerkezetet, a vasláncokat karbonacélból készült láncokra cserélték, felszedték a régi burkolatot, elbontották a fakorlátot, és

The Széchenyi Chain Bridge

The Széchenyi Chain Bridge, commonly referred to as the Chain Bridge, is named after the patriotic count István Széchenyi, this great politician of the reform age suggested the construction of a permanent bridge which would connect Pest and Buda, intended to become the symbol of the Hungarian capital. The Chain Bridge was designed by Englishman William T. Clark, whilst the construction was supervised by Scotsman Adam Clark. The lions situation at the bridgeheads were fashioned by sculptor János Marschalkó. The construction works began in 1839 and continued for ten years; the foundation stone was laid in 1842 and the bridge was completed in 1849, even though it was open to traffic a lot earlier. The construction works consumed a staggering amount of money, with the total budget approximating 6.57 million forints. At the time of its construction, the Chain Bridge was considered to be a feat of architecture: the structure consisted of 2146 tons of iron, and for a long time it was the world's greatest suspension bridge with a length of 380 metres and a width of 14.5 metres. Apart from its technical qualities, the bridge also has a great aesthetic value, and is still considered to be one of the most beautiful bridges in the world. The Chain Bridge has been reconstructed on numerous occasions. The steel structure was reinforced in 1914 and 1919, whilst the iron chains were changed to carbon iron, the former pavement and wooden railing were removed, and a number of additional modifications were made. The bridge suffered the most damage during the Second World War: on the 18 January 1945, the German and Hungarian forces retreating to the Buda side blew up the bridge. The reconstruction works began in 1947. They strived to reconstruct the bridge according to the original plans, making it capable of serving the city's increasing human and vehicle traffic.

The 160-year-old Széchenyi Chain Bridge is one of the most precious treasures of Budapest and Hungary. It's not merely a monument or a witness of times gone by, but also an important artery of the city's circulation – as opposed to many of its contemporaries, there is still a lot of traffic on the bridge every day.

Die Széchenyi-Kettenbrücke

Im Volksmund heißt die Széchenyi-Kettenbrücke einfach nur Kettenbrücke, die aber in Wirklichkeit den Namen des für seine patriotischen Bestrebungen berühmten Grafen trägt. Der einflussreiche Politiker des Reformzeitalters schlug den Bau einer ständigen Brücke zwischen Pest und Buda vor, die als Wahrzeichen der ungarischen Hauptstadt gedacht war. Die Kettenbrücke wurde vom Engländer William T. Clark entworfen, die Bauarbeiten leitete der Schotte Adam Clark. Die vier Löwen an den Brückenköpfen sind Werke des Bildhauers János Marschalkó. Die 1839 begonnenen Konstruktionsarbeiten liefen zehn Jahre lang; der Grundstein wurde 1842 gelegt, und die fertige Brücke 1849 übergeben, obwohl schon früher der Verkehr über sie floss. Für die Konstruktionsarbeiten wurde eine astronomische Summe aufgewendet, die Kosten der Brücke betrugen insgesamt 6,57 Millionen Forint. Zur Zeit seiner Errichtung galt die Kettenbrücke als Ingenieurbravour: 2146 Tonnen Eisen wurden in die Struktur eingebaut, die Brücke war mit ihrer 380 m Länge und 14,5 m Breite lange Zeit die längste Hängebrücke der Welt. Sie bildet neben ihren technischen Lösungen auch unter ästhetischem Aspekt einen großen Wert, man spricht von ihr immer noch als von einer der schönsten Brücken der Welt. Die Kettenbrücke wurde mehrmals umgebaut. 1914 und 1919 wurde die Eisenkonstruktion verstärkt, die Eisenketten mit Ketten aus Karbonstahl ausgewechselt, der alte Belag und das Holzgeländer entfernt und auch weitere Änderungen durchgeführt. Den größten Schaden erlitt die Brücke während des zweiten Weltkriegs: am 18. Januar 1945 sprengten sie die sich auf die Budaer Seite zurückziehenden ungarischen und deutschen Truppen. Der Wiederaufbau begann 1947. Man war bestrebt die Brücke nach den Originalplänen zu rekonstruieren, aber so, dass sie den Ansprüchen des stets anwachsenden Auto- und Personenverkehrs entspricht.

Die nun 160 Jahre alte Széchenyi-Kettenbrücke ist eine der wertvollsten Zierden Budapests und ganz Ungarns. Sie ist nicht allein ein Kunstdenkmal, stolze Zeugin alter Zeiten, sondern auch eine wichtige Verkehrsader der Hauptstadt – ganz im Gegensatz zu den gleichaltrigen Brücken fahren über sie auch noch heute Unmengen von Fahrzeugen.

49

más módosításokat is eszközöltek. A híd a második világháború során szenvedte el a legnagyobb kárt: 1945. január 18-án a budai oldalra visszavonuló magyar és német csapatok felrobbantották a szerkezetet. Az újjáépítés 1947-ben kezdődött meg. A hidat igyekeztek az eredeti tervek szerint rekonstruálni, oly módon, hogy képes legyen kiszolgálni a folyamatosan növekvő gépjármű- és személyforgalmat.

Az immáron 160 éves Széchenyi lánchíd Budapest és Magyarország egyik legbecsesebb ékessége. Nem csupán műemlék, a régi idők büszke tanúja, de Budapest vérkeringésének fontos ütőere is – sok más kortársával ellenben ma is élénk forgalom zajlik rajta.

Hollókő

Nógrád megye szelíd lankái között apró, eldugott falvak húzódnak meg, amelyeket dolgos parasztemberek, hétszilvafás kisnemesek laktak. Az egyszerű körülmények, a földrajzi elzártság konzerválta a magyarság legarchaikusabb vonásait. A nógrádi palócok zárt tömbje máig ősi magyar nyelvet beszél, őrzi évszázados hagyományait szokásaiban, viseletében, életmódjában egyaránt.

A rohanó civilizációtól távol, két nagyobb várost, Szécsényt és Pásztót összekötő keskeny völgy peremén találjuk Hollókőt. A 400 lelkes kis falu úgy elbújik a dombok között, hogy észrevétlen elhaladhatnánk mellette, ha nem magasodna fölé Hollókő messziről jól látható középkori vára. A vár a Kacsics-nemzetség erőssége volt, a Rákóczi-szabadságharc után azonban maradékát császári parancsra felrobbantották. Mára öregtornyát és masszív falait visszaépítették, így festői várromként őrzi a völgy bejáratát.

A vár tornyából végigpillanthatunk Hollókő páratlan szépségén. A falu 1909-ben nyerte el mai formáját, amikor egy tűzvész után az összes házat átépítették. A mindössze egy utcán és egy

Hollókő

The gentle slopes of Nógrád country hide a number of tiny, secluded villages that were inhabited by hard-working peasants and gentry. The simple circumstances and the geological isolation of the region conserved some of the most ancient features of the Hungarian people. The enclosed group of the Palóc people of Nógrád speak an ancient variant of the Hungarian language, preserving their several hundred year-old traditions in their customs, clothes and lifestyle.

Hollókő is located far away from the rushing, civilised word on the edge of a narrow valley lying between two larger towns, Szécsény and Pásztó. The 400-inhabitant village is so well hidden between the hills that we would pass it by without noticing the village if it weren't for the old medieval castle of Hollókő towering above it. The castle was the fort of the Kacsics-clan, but its remains were destroyed on imperial orders following the Rákóczi war of independence. The structure's old tower and massive walls were rebuilt in recent years, with its picturesque edifice guarding the entrance to the valley.

The tower provides a commanding view of the unparalleled wonders of Hollókő. The village assumed its current form in 1909, when all the buildings were reconstructed after a fire. The protected village consists of 67 coursed structures – with their shorter ends pointing towards the street – arranged along a single street and a spindle-shaped town square. Following the conflagration, the houses were rebuilt on a stone foundation, with the use of brick-clay and the yellow tiles of Poltár. Their street facades have a so-called hip roof – with an oblique gable – richly decorated with wooden engravings. The houses have a simplistic structure: a ridge-pole crossbeam bears the weight of the roof covering three separate rooms, with a common room, a kitchen in the middle and a pantry in the back, whilst a porch runs along both sides of the building. If the family increased in size, they built new rooms at the end of the house, whilst a number of additional farm-buildings were located in the yard.

The village's tiny, shingled roof church dates back to 1889 and was built from public donations.

Hollókő authentically preserves the image and traditions of a Palóc village; some of its protected buildings are still inhabited. Although this isn't a village museum, you can still see peasant ladies with their layered skirts and scarves and old men wearing tall boots, puffing on a pipe and attending church on Sundays in their best clothes. Time seem to stand still in Hollókő; in order to make sure it stays this way for our grandchildren, the ancient, protected part of the village has been a World Heritage Site since 1987.

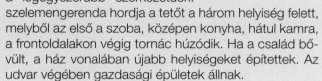

orsó alakú főtéren álló, 67 darab soros beépítésű – az utcára rövidebb oldalukkal fordított – épület alkotja a védett magot. A tűz után a házakat kőalapra emelték, vályogtéglából, sárga poltári cseréptetővel. Utcai homlokzatuk ún. kontyolt tetős – az oromzatot ferdén lecsapták –, melyet gazdag fafaragások díszítenek. A házak a legegyszerűbb szerkezetűek: szelemengerenda hordja a tetőt a három helyiség felett, melyből az első a szoba, középen konyha, hátul kamra, a frontoldalakon végig tornác húzódik. Ha a család bővült, a ház vonalában újabb helyiségeket építettek. Az udvar végében gazdasági épületek állnak.

A falucska apró, zsindelytetős, tornyos temploma 1889-ből származik, közadakozásból építették.

Hollókő híven őrzi egy palóc falu képét, hagyományait, védett házai egy részében ma is laknak. Ez nem skanzen, az utcán sokszoknyás, főkötős parasztasszonyok beszélgetnek, csizmás öregurak pipáznak, vasárnap ünneplőben mennek a templomba. Hollókőn megállt az idő; s hogy ez így is maradjon, tanulságul unokáinknak, az ófalu 1987 óta a világörökség része.

Hollókő

Zwischen den Hügeln des Komitats Nógrád verstecken sich kleine Dörflein, die von fleißigen Bauern und Kleinadeligen bewohnt waren. Die einfachen Umstände, die geographische Abgeschlossenheit konservierten die archaischsten Züge des Ungartums. Der geschlossene Block der Nógráder Palotzen spricht bis heute die uralte ungarische Sprache und sie wahrt ihre Jahrhunderte alten Traditionen in Brauch, Tracht und Lebensweise. Weit von der stürmischen Zivilisation, am Rande des enges Tales zwischen den beiden größeren Städten Szécsény und Pásztó befindet sich Hollókő. Das Dörflein mit den 400 Einwohnern ist zwischen den Hügeln so sehr versteckt, dass wir unbemerkt daran vorbeifahren würden, wenn sich darüber nicht die schon aus der Ferne sichtbare mittelalterliche Burg Hollókő erheben würde. Die Burg war eine Festung des Geschlechtes Kasics, nach dem Rákóczi – Freiheitskampf wurde sie auf kaiserlichen Befehl gesprengt. Inzwischen sind ihr großer Turm und die massiven Mauern rekonstruiert worden, so bewacht sie als malerische Burgruine den Eingang zum Tal. Vom Burgturm aus ist die einmalige Schönheit von Hollókő zu bewundern. Seine heutige Form gewann das Dorf 1909, als nach einem Brand alle Häuser umgebaut wurden. Den geschützten Dorfkern bilden die 67 reihenartig – zur Straße hin mit der kürzeren Seite gedrehten- Häuser in der einzigen Straße und auf dem spulenförmigen Hauptplatz. Nach dem Brand errichtete man die Häuser auf Steinfundamenten, mit Wellermauern und gelben Dachziegeln aus Poltár. Ihre Straßenfassade trägt ein abgewalmtes Dach, reich verziert mit Holzschnitzereien. Die Häuser sind von der einfachsten Struktur: über den drei Räumen trägt ein Binder das Dach, der erste Raum ist die Stube, in der Mitte ist die Küche, hinten die Kammer, und an den Frontseiten entlang zieht sich die Veranda. Vergrößerte sich die Familie, dann wurden in der Linie des Hauses neue Räume angebaut. Am Ende des Hofes stehen Wirtschaftsbauten. Die kleine Kirche mit einem Turm und Schindeldach stammt aus dem Jahr 1889, sie wurde aus öffentlichen Spenden gebaut.

Hollókő bewahrt treu das Bild eines Palotzendorfes und seine Traditionen, in einem Teil der geschützten Häuser wohnen noch Leute. Das ist kein Dorfmuseum, auf der Straße unterhalten sich Bäuerinnen in der Volkstracht, alte Herren in Stiefeln rauchen ihre Pfeife, sonntags geht man in Festtracht in die Kirche. In Hollókő ist die Zeit stehengeblieben. Damit das auch so bleibt, damit auch nächste Generationen das Dorf bewundern können, gehört das alte Dorf seit 1987 zum Weltkulturerbe.

Festetics-kastély

Festetics Kristóf 1739-ben vásárolta meg a keszthelyi birtokot, amelyen egy romos várkastély és egy régi templom állt. A leromlott állagú épületek elbontása után a családfő egy barokk stílusban tervezett, tágas kerttel rendelkező kastélyt álmodott meg, amelynek kivitelezési munkálatai 1745-ben kezdődtek meg.

Az apja örökébe lépő Festetics Pál a rákövetkező évtizedekben számos bővítési és átalakítási munkálatot végeztetett, melyeknek köszönhetően 1783 és 1787 között a kastély neobarokk toronnyal és más részekkel bővült. A homlokzati rész megmaradt régi formájában, míg a szárnyak megnyúltak, és az épület eredeti szimmetriája megtört. Az eredetileg U alakú, egyemeletes, 34 termes kastély a bővítések után 101 helyiséget foglal magába, külön kápolnával és színházteremmel bír.

The Festetics Palace

In 1739, Kristóf Festetics purchased the estate in Keszthely, originally home to a ruined castle and an old church. After pulling down the dilapidated buildings, the head of the family started the construction works of a baroque palace surrounded by a spacious garden in 1745. Pál Festetics continued his father's work in the following decades, enlarging and reconstructing the site. Thanks to this, the palace was extended with a neo-baroque tower and a number of additional sections between 1783 and 1787. The façade was kept in its original state, whilst the wings were extended, changing the building's original symmetry. The originally U-shaped, one-floor high, 34-room palace was turned into a 101-room complex with a separate chapel and theatre room. The beauty of its banquet hall is simply captivating, whilst the rooms are filled with elaborate furniture and unique tiled stoves. There is a trim French front garden with two fountains opposite the façade, whilst the shade of the ancient trees in the ten-hectare English park tempts visitors in the summer. There are many exotic plants in the park, collected by the members of the Festetics family.

The library wing of the baroque palace deserves special attention, since this is György Festetics's stone edifice of his devotion to science and arts. The Helikon library, completed in 1801, was not only a true treasure trove of knowledge on paper, but was also the place where the count welcomed the renowned poets and writers of the western half of the country and where he directed his activities as a protector of arts. There are many rarities amongst the nearly 52 thousand volumes of the library collected by the family members, whilst the furnishings of the grand banquet hall – which has survived the centuries – are a remarkable sight in themselves.

The fully renovated palace is still an authentic mirror of the noble ethos of the Festetics family, the former owners of the estate. The palace has since been devoted to the dissemination of cultural values and currently functions as a museum, regularly housing theatrical performances, exhibitions and concerts, whilst its extended cellar system is home to the Home of Balaton Wines; the Carriage museum was set up at the back of the palace grounds and the library wing is also open to visitors.

Díszterme lenyűgöző szépségű, és a szobákban is míves bútorokat, különleges cserépkályhákat helyeztek el. Nyugati homlokzatával szemben gondozott franciakert kapott helyet két szökőkúttal, a tízhektáros angolpark pedig matuzsálemi korú fák hűs árnyával csábítja a nyáridőben idelátogatókat. A parkban szép számban találhatók egzotikus növények is, amelyeket a Festetics család tagjai válogattak össze.

Külön figyelmet érdemel a barokk kastély könyvtári szárnya, Festetics György tudományok és művészetek iránti elhivatottságának kőből emelt bizonyítéka. Az 1801-ben elkészült Helikon könyvtár nem csupán a papírra örökített tudás valóságos tárháza volt, de a gróf itt látta vendégül a nyugati országrész neves költőit és íróit, és mecénási tevékenységét is innen irányította. A család által felhalmozott mintegy 52 ezer kötet között számos különleges ritkaság található, a nagyterem berendezése – amely épségben átvészelte az évszázadokat – pedig önmagában is figyelemre méltó.

A teljes körű felújításon átesett kastély ma is híven tükrözi egykori tulajdonosai, a Festetics család nemes szellemiségét. A kultúra szolgálatába állított kastély ma múzeumként működik, területén rendszeresen tartanak színházi előadásokat, kiállításokat és koncerteket, kiterjedt pincerendszere ad otthont a Balatoni Borok Házának, a kastélykert hátsó részében üzemel a Hintómúzeum, és a könyvtári szárny is nyitva áll a látogatók előtt.

Das Festetics-Schloss

Kristóf Festetics kaufte 1739 das Anwesen in Keszthely, das aus einem verfallenen Schloss und einer alten Kirche bestand. Nach Abriss dieser Gebäude erträumte sich das Familienoberhaupt ein Schloss im Barockstil, mit großem Garten und ließ mit den Bauarbeiten 1745 beginnen. In den darauf folgenden Jahren gab sein Sohn Pál Festetics zahlreiche Erweiterungs- und Umbauarbeiten in Auftrag, dank denen das Schloss zwischen 1783 und 1787 um einen spätbarocken Turm und um andere Teile erweitert wurde. Das Fassadenteil blieb in der alten Form erhalten, während die Seitenflügel verlängert wurden und so die ursprüngliche Symmetrie des Gebäudes gebrochen ist. Das in der Originalgestalt U-förmige, eingeschossige Schloss mit 34 Räumen hat nach den Erweiterungen 101 Räume, eine eigene Kapelle und einen Theatersaal. Sein Festsaal ist von überwältigender Schönheit und auch in den anderen Räumen sind stilvolle Möbel und individuelle Kachelöfen untergebracht. Gegenüber der Westfassade des Schlosses wurde ein gepflegter französischer Garten mit zwei Springbrunnen angelegt. In dem zehn Hektar umfassenden englischen Park lockt im Sommer der kühle Schatten uralter Bäume die Besucher an. Im Park sind auch zahlreiche exotische Pflanzen zu sehen, die von Mitgliedern der Festetics-Familie ausgewählt wurden.

Besondere Aufmerksamkeit gebührt dem Bibliotheksflügel des Barockschlosses, dem zu Stein gewordenen Beweis des Engagements von György Festetics für Wissenschaft und Künste. Die 1801 fertig gestellte Helikon-Bibliothek war nicht allein eine Fundgrube des auf Papier verewigten Wissens, sondern der Graf empfing auch hier namhafte Dichter und Schriftsteller des westlichen Landesteils und lenkte von hier aus seine Mäzenatentätigkeit. Unter den von der Familie gesammelten etwa 52 Tausend Bänden befinden sich viele Raritäten, die Einrichtung des großen Saales – die die Jahrhunderte heil überstand – ist schon an sich bemerkenswert.

Das vollständig renovierte Schloss zeugt heute noch von der edlen Gesinnung seiner einstigen Besitzer, der Familie Festetics. Es dient heute der Kultur als Museum, regelmäßig finden darin Theatervorstellungen, Ausstellungen und Konzerte statt. Das ausgedehnte Kellersystem beherbergt das „Haus der Balatonweine", im hinteren Teil des Schlossgartens ist das Kutschenmuseum zu besichtigen und auch der Bibliotheksflügel steht den Besuchern offen.

A Dunakanyar és Visegrád

A Duna Esztergom és Budapest között, a Börzsöny és a Visegrádi-hegység között szeszélyes

kanyart ír le. Ez a terület Magyarország egyik legszebb tája: a meredek partokat zöld erdőség

borítja, itt emelkedik ki a kék víztükörből a Szentendrei-

sziget, valamint olyan költői szépségű történelmi telepü-

lések övezik, mint Visegrád, Esztergom és Szentendre.

54

A Dunakanyar a magyar történelem valamennyi fontos szakaszának tanúja volt, a különböző periódusok markáns nyomokat hagytak rajta. A területen rengeteg népcsoport megfordult az évszázadok során, így neolitikus, rézkori és bronzkori emlékekben egyaránt gazdag. Védelmi jelentőségét mutatja, hogy a 328 méter magas Várhegy csúcsán már a vaskorban is létezett egy kőből épült erősség, a IV. században pedig a rómaiak emeltek itt egy erődöt (Pone Navata), amelyet kaszárnyák öveztek.

The Danube Bend and Visegrád

The Danube river winds along a rather capricious bend on the stretch between Esztergom and Budapest, running between the Börzsöny and the Visegrád mountains. This region is one of the most beautiful landscapes in Hungary: the steep banks are covered with green forests, this is where Szentendre Island rises out of the bluish mirror of the river and the land is dotted with a number of picturesque historical settlements, including Visegrád, Esztergom and Szentendre.

The Danube Bend has been witness to all the major periods in Hungarian history and the times have left their mark on the landscape. A large number of ethnic groups passed through the region over the centuries, and thus the land is rich in remains from the Neolithic, Bronze and Copper Ages. The strategic importance of the region is well illustrated by the fact that there was already a stone fort on top of the 328 metre-high Várhegy peak as early as the Iron Age, and the Romans also built a fort here in the 4th century (Pone Navata), which was flanked with barracks. The fort was renovated at the time of the foundation of the Hungarian state system and was made the centre of the county ispán (bailiff). In the 13th century, directly after the terrible raids of the Tatar hordes, Queen Mária, the wife of King Béla the Fourth, built a new castle on top of the hill, which was further extended by King Charles Robert of Hungary once he moved his centre of government to Visegrád. The castle, surrounded by exterior walls that were reinforced on numerous occasions, was also home until 1529 to the Holy Crown and the royal coronation jewellery, without which no Hungarian monarch could be lawfully crowned. Visegrád flourished under the reign of King Matthias: the monarch extended the palace in renaissance style and turned it into an important centre even in comparison to other European countries. The Citadel fell to the Turks on numerous occasions during the 16th and 17th centuries; all construction works were halted due to the ongoing wars and thus the structure fell into a terrible state of disrepair. The Habsburgs delivered the final blow to the ravaged Citadel by blowing it up in 1702.

Visegrád also has a number of peculiar ties to international diplomacy. In 1335, the meeting between King Charles Robert of Hungary, Polish monarch Casmir III the Great and the Czech King John took place in Visegrád, and then shortly after the Iron Curtain came down, Visegrád was again chosen as the site for the meeting between the leaders of Hungary, Czechoslovakia and Poland in 1991.

The Citadel is currently a historical monument – its renovation began in 1871, while at the same time a thorough archaeological excavation was conducted in its grounds. The renovation works of the palace have gained momentum in recent decades: the restoration of the royal residence and garden has been completed, giving visitors the chance to see a growing number of details of the palace's former grandeur. As far as the fate of Hungary's national historical sites is concerned, it's a pleasant development that the Danube Bend, including the castles of Visegrád and Esztergom, has been included on the list of historical sites nominated for the World Heritage List.

Ezt az erődöt az államalapítás idején felújították, és a megyésispán székhelyévé tették meg. A XIII. században, közvetlenül a tatár hordák véres dúlása után IV. Béla felesége, Mária királyné új várat építtetett a hegytetőre, amelyet Károly Róbert tovább bővített, midőn állandó székhelyét Visegrádra helyezte át. A több ízben is megerősített, külső falak által oltalmazott várban őrizték 1529-ig a Szent Koronát és a koronázási regáliákat, amelyek nélkül egyetlen magyar uralkodót sem lehetett törvényesen királlyá avatni. Mátyás király uralkodása alatt Visegrád újfent virágzásnak indult: a nagy uralkodó kibővítette a palotát, és reneszánsz szellemiségéhez méltó, európai összevetésben is fontos központtá tette.

A XVI–XVII. században a Fellegvár többször is török kézre került, a folyamatos hadakozások közepette mindennemű építkezés megrekedt, és az épület állaga drámai mértékben leromlott. A háborúk által megtépázott Fellegvárra a Habsburg csapatok mérték a végső csapást, midőn 1702-ben felrobbantották.

Visegrád történelmének nemzetközi diplomáciai vetületei is érdekesek. 1335-ben itt zajlott le Károly Róbert magyar király, III. Kázmér lengyel király és János cseh király találkozója, majd 1991-ben, röviddel a rendszerváltás után ismételten itt találkoztak Magyarország, Csehszlovákia és Lengyelország vezetői.

A Fellegvár ma műemlék, helyreállítása 1871-ben kezdődött meg, ezzel egy időben sor került az alapos régészeti feltárásra. A palota renoválása az elmúlt évtizedekben friss lendületet kapott, helyreállították a királyi házat és a kertet, így szerencsére egyre több részlet mutatja meg a palota hajdani pompáját. Nemzeti emlékünk jövőbeni sorsát illetően nemkülönben örvendetes tény, hogy a Dunakanyar a visegrádi és az esztergomi várakkal szerepel a világörökségi cím jelöltjeinek listáján.

Das Donauknie und Visegrád

Die Donau beschreibt zwischen Esztergom und Budapest, zwischen den Gebirgen Börzsöny und Visegrádi eine große Kurve. Dieses Gebiet ist eine der schönsten Landschaften Ungarns: die steilen Ufer sind von grünen Wäldern bedeckt, aus dem blauen Wasserspiegel ragt hier die Szentendrei-Insel heraus und es liegen hier auch historische Siedlungen von poetischer Schönheit, wie Visegrád, Esztergom und Szentendre.

Das Donauknie war Zeuge aller wichtigen Perioden der ungarischen Geschichte, sie überließen hier markante Spuren. Während der Jahrhunderte lebten in diesem Gebiet unzählige Volksgruppen, so ist das Gebiet reich an Überresten aus dem Neolithikum, aus der Kupfer – und der Bronzezeit. Von seiner Bedeutung für die Verteidigung zeugt, dass es auf dem Gipfel des 328 m hohen Várhegy (Burgberg) schon in der Eisenzeit eine aus Stein gebaute Festung gab, im 4. Jahrhundert errichteten hier die Römer eine Festung (Pone Navata), die von Kasernen umgeben war. Diese Festung wurde zur Zeit der ungarischen Staatsgründung erneuert und zum Sitz des Komitatsgespans gemacht. Im 13. Jahrhundert, unmittelbar nach den blutigen Verwüstungen der mongolischen Horden, ließ Königin Maria, die Frau von Béla IV., eine neue Burg auf dem Berg bauen, die König Karl Robert erweiterte, als er seinen ständigen Sitz nach Visegrád verlegte. In der mehrfach befestigten, durch Außenmauern geschützten Burg waren bis 1529 die Heilige Krone und die Krönungsinsignien aufbewahrt, ohne die kein ungarischer König legitim zum König zu krönen war. Während der Herrschaft von König Matthias Corvinus erlebte Visegrád einen neuen Aufschwung: der große Herrscher erweiterte den Palast, und machte ihn zu einem in europäischem Maßstab wichtigen, seiner Renaissancekultur würdigen Zentrum. In dem 16. und 17. Jahrhundert fiel die Burg (Fellegvár) mehrmals in die Hand der Türken, inmitten der andauernden kriegerischen Handlungen hörte man mit jeglichen Bauarbeiten auf und der Zustand des Gebäudes verschlechterte sich dramatisch. Der durch Kriege geschädigten Burg versetzten die habsburgischen Truppen den letzten Schlag, als sie diese 1702 sprengten.

Auch die internationalen diplomatischen Bezüge der Geschichte von Visegrád sind interessant. 1335 fand hier das Treffen des ungarischen Königs Karl Robert, des polnischen Königs Kasimir III. und des böhmischen Königs Johannes statt, und 1991 trafen sich kurz nach dem Systemwechsel die Staatsoberhäupter von Ungarn, Polen und der Tschechoslowakei.

Die Burg ist heute ein Kunstdenkmal, ihre Wiederherstellung begann 1871, damals kam es auch zu einer gründlichen archäologischen Erschließung. In den vergangenen Jahrzehnten nahm die Renovierung des Palastes einen neuen Aufschwung, das Wohngebäude des Königs und der Garten wurden wiederhergestellt, so zeigen zum Glück immer mehr Partien die einstige Pracht des Palastes. Eine ebenfalls erfreuliche Tatsache hinsichtlich des zukünftigen Schicksals von diesem Nationaldenkmal ist, dass das Donauknie mit den Burgen von Visegrád und Esztergom ein Kandidat für den Titel des Weltkulturerbes ist.

Népviselet

A magyar népviselet alatt a tudományos és a köznyelv is a paraszti társadalom öltözködési szokásait érti. A nemesi, majd a polgári viselet ettől határozottan eltér, egyrészt a felhasznált anyagok minőségében, másrészt a díszítésben, kiegészítőkben. Ugyanakkor a paraszti viselet mindenkor igyekezett közeledni ezen társadalmi rétegek öltözködéséhez, és ez a folyamat felerősödött a XIX. század végétől, az iparszerűen előállított alapanyagok megjelenésével.

A népviselet azonban sokkal több, mint praktikus vagy esztétikus ruhadarabok összessége. Ugyan tájegységenként eltérő módon és eltérő mélységben, de a hozzáértő szem az öltözetből szinte mindent ki tud olvasni viselőjének életútjáról. A főkötőkből, fejkendőkből, a színekből azonnal megállapítható, hogy viselője hajadon-e vagy férjezett, esetleg özvegy, sőt még akár az is, hogy hány gyermeke van. A ruházat színösszeállítása, formája egyértelműen utal viselője korára, vallási felekezetére, férfiak esetében foglalkozásukra (pl. a pásztorok, csikósok, kondások jellegzetes, speciális ruhadarabjai), de mást és mást hordtak hétköznap és jeles napokon, templomba vagy bálba menet, húsvétkor és karácsonykor, mátkaság alatt és gyász idején.

Lehetetlen ezt a csodálatos sokszínűséget összefoglalni. Lehetetlen klisékbe szorítani azt a tengernyi fantáziát, ötletet, kifinomult szépérzéket, mely a ruhák szabásában, díszítésében, a kiegészítő szalagok, gyöngyök, csipkék, leheletfinom hímzések gazdagságában fogalmazódik meg.

Die ungarische Volkstracht

Wissenschaft wie auch die Umgangssprache verstehen unter der Bezeichnung ungarische Volkstracht die Bekleidungssitten der bäuerlichen Gesellschaft. Die Bekleidung der Adeligen und später der Bürger(innen) weicht davon entschieden ab, hinsichtlich der Qualität der verwendeten Stoffe und auch in der Verzierung und den Ergänzungsstücken. Dabei war die bäuerliche Bekleidung stets bemüht sich der Bekleidung obiger Gesellschaftsschichten anzunähern, und dieser Prozess beschleunigte sich ab Ende des 19. Jahrhunderts, mit der Erscheinung industriell hergestellter Stoffe.

Die Volkstracht ist aber viel mehr, als nur die Gesamtheit praktischer oder ästhetischer Kleidungsstücke. Kundige Augen können, zwar nach Regionen in abweichendem Maße und abweichend tief, fast alles über den Lebensweg der Person erfahren, die sie trägt. Von den Hauben, Kopftüchern, von den Farben lässt sich sofort feststellen, ob ihre Trägerin ledig ist oder verheiratet, eventuell verwitwet, manchmal sogar wie viele Kinder sie hat. Die Farbzusammenstellung, die Form der Kleidung verweist eindeutig auf Alter und Konfession der Trägerin, bei Männern auch auf ihren Beruf (die Tschikosch, die Schweine- und Schafhirten hatten eigene, spezielle Kleidungsstücke), aber auch an Werktagen und Festtagen, beim Kirchgang und auf Bällen, zu Ostern und zu Weihnachten, während der Verlobungszeit und bei Trauer wurden jeweils andere Kleidungsstücke getragen.

Es ist unmöglich diese wunderbare Vielfalt zusammenzufassen. Ebenfalls unmöglich ist es, die Fantasie, die Einfälle, den raffinierten Schönheitssinn in Klischees zu fassen, die sich im Schnitt, in der Verzierung der Kleider offenbart, wie auch im Reichtum an ergänzenden Bändern, Perlen, Spitzen, hauchzarten Stickereien. Jede Region Ungarns besitzt eine charakteristische Tracht, man denke nur an die farbenprächtigen Röcke und Leibchen des Matyolandes oder der Kalocsa-Gegend, an die spitzenartigen Lochstickereien in Sárköz, an die Hirtenpelze der Schafhirte in der Tiefebene oder an die Schafledermäntelchen der Frauen in Karcag. Es hatten sich sogar in einzelnen Dörfern innerhalb der einzelnen Regionen unterschiedliche, selbständige Trachten herausgebildet. Auf dem Jahrmarkt in Balassagyarmat ist gut zu unterscheiden, wer aus Hollókő, wer aus Galgamácsa, Kazár oder Őrhalom, also aus welcher bekannten Ortschaft der Palotzen gekommen ist. Und da blieben die abwechslungsreichen Traditionen der Ungarn im Oberland, Siebenbürgen, Karpatenunterland und in der Batschka noch unerwähnt.

Die Jahrhunderte alte Tradition der Volkstracht, ihr unermesslicher Reichtum und Geschmack bilden ein Erbe, ohne das die Ungarn keine Ungarn wären. Es wäre anachronistisch, im Sinne der Traditionspflege heute noch in vielen Röcken übereinander, mit Haube und in Rahmenstiefeln zu gehen, aber die Schönheit der Volkstrachtelemente findet sich über Ziergegenstände der Wohnungseinrichtung trotzdem einen Weg ins Alltagsleben.

57

Folk costume

In both scientific and common terms, the traditional folk attire of the Hungarians refers to the dresses worn by the peasant classes. The outfits worn by the nobility and later the middle-classes firmly deviate from this, partly in the quality of fabrics and partly in their ornaments and accessories. At the same time, however, the dresses of peasants always attempted to approximate the attire of the above-mentioned social classes, which was further intensified from the end of the 19th century by the appearance of manufactured materials.

However, traditional folk attire is a lot more than a collection of practical or aesthetic clothing. Although tendencies vary from region to region, the trained eye can read a person's entire life from their clothing. The colour of the bonnet or kerchief of a woman can reveal at once whether she's unmarried, married, or maybe a widow, or even how many children she has. The assembly of colours and shape of the clothing clearly indicate the individual's age, religious denomination and in the case of men, even their profession (just think of the characteristic clothing items of shepherds, wranglers, and swine herders), whilst different clothes were worn for day-to-day use or festive occasions, to church or a ball, for Easter or Christmas, during betrothal and mourning.

It's simply impossible to fully summarise this amazing multitude of clothing. It would be futile to squeeze into clichés the ocean of creativity, ideas and refined aestheticism, which take shape in the form of the cut, ornamentation, strips and ribbons, pearls, lace and light embroidery on the clothing. Every single region of Hungary has its own characteristic outfit – just think of the dazzling, colourful skirts and bodices of Matyóföld or the region of Kalocsa, the lace-like embroidery of the Sárköz, the felt embroidered coats worn by the shepherds of the Alföld, or the short sheepskin fur-coats worn by the ladies of Karcag. Even separate villages have developed their unique attire. While surveying a fair at the town of Balassagyarmat, you can easily tell who came from Hollókő, Galgamácsa, Kazár or Őrhalom, – the renowned settlements of the Palóc minority – not to mention the diverse traditions of the Hungarians living in Upper Hungary, Transylvania, Sub-Carpathia and Bácska.

The immeasurably rich and tasteful traditions of Hungarian folk attire accumulated over the centuries are part of a heritage which truly sets the Hungarians apart. It would be anachronistic for modern Hungarians to wear layered skirts, kerchiefs and welted boots, but the elements of their traditional attire still appear in the shape of the many decorative objects in their surroundings.

Hazánk minden tájegysége határozott, karakteres viselettel bír, gondoljunk Matyóföld vagy Kalocsa környékének színpompás szoknyáira, ingvállaira, a Sárköz csipkeszerű lyukhímzéseire, az alföldi pásztorok posztószűrjeire, a karcagi asszonyok báránybőr kisbundáira. De egy-egy térségen belül akár falvanként is önálló viselet alakult ki. Egy balassagyarmati vásáron jól meg lehet különböztetni, hogy ki érkezett Hollókőből, Galgamácsáról, Kazárról vagy Őrhalomból, a palócság nevezetes településeiről. És ekkor még nem beszéltünk a Felvidék, Erdély, Kárpátalja és Bácska magyarságának változatos hagyományairól.

Népviseleteink évszázados hagyománya, mérhetetlen gazdagsága és ízlése olyan örökségünk, mely nélkül nem lehetnénk magyarok. Anakronisztikus lenne, ha a hagyományőrzés nevében ma sokszoknyában, főkötőben, rámás csizmában járnánk, de viseleti elemeink szépsége így is utat talál magának a környezetünket díszítő tárgyakon át.

Lovas kultúra, pásztorok

A magyarság lovas nemzet: lovas népként érkeztünk a Kárpát-medencébe, lovas harcmodorunkkal riogattuk a korai középkor Európáját, lovas seregekkel vettük fel a harcot a tatár, a török ellen. A Habsburg monarchia nevezetes huszárjai magyarok voltak, a XIX. századi nemzeti megújulás alappillére volt a lónemesítés és a lóversenyzés erősítése. Ezt az évezredes hagyományt csupán a XX. századi motorizáció tudta megtörni, sőt, úgy tűnt, végleg bealkonyult a lótartásnak.

Szerencsére mára egészséges kompromisszum alakult ki az óhatatlan technikai fejlődés és a hagyományok között. Egyre többen keresnek felüdülést, kikapcsolódást, gyógyulást a lovaglásban. Rájöttünk, hogy a civilizációtól meggyötört lelkünk legharmonikusabban a lovak segítségével talál vissza a természetbe.

Ma a lótartás és tenyésztés a nagy hagyományú ménesek feladata. Világszerte elismert és jegyzett tenyészállománya van Szilvásváradnak a lipicai, Kisbérnek az ún. kisbéri félvér (angol telivér, és más nemes típusok keresztezéséből származó), Mezőhegyesnek, Hortobágynak a nóniusz, Marócpusztának a gidrán, Bábolnának a shagya fajtájú lovakból. Számos helyen sikerrel tenyésztik az elterjedt angol és arab telivéreket. E melegvérű lovak mellett jelentős állománya található a hidegvérű, elsősorban igavonásra alkalmas ún. magyar hidegvérű és muraközi lovaknak.

A tenyésztés mellett nemzetközi hírnévre tettünk szert kitűnő állományunkkal a versenyzés terén is. Máig nyomon követik a nevezetes versenylovak – Imperiál, Kincsem – vérvonalát, és leszármazottaik hihetetlen összegekért cserélnek gazdát az árveréseken. Rendkívül szigorú előírások alapján válogatott lipicai lovaink szinte verhetetlenek a fogathajtó bajnokságokon.

Horseman culture, shepherds

Hungarians have always been a horse-riding nation: arriving in the Carpathian basin as a horseback people, ravaging medieval Europe with horseback attacks and opposing the Mongol and Turkish invasions with cavalry units. The cavalry of the Habsburg monarchy was comprised of Hungarians, whilst the Reformation of the 19th century was centred on encouraging horse-breeding and competing. Only the motorised revolution of the 20th century could break this millennia-old tradition, and for a while it seemed like keeping horses was doomed.

Fortunately, a healthy compromise has since been established between the inevitable technical development and traditions. There are a growing number of people who seek out horseback riding for leisure, relaxation, and healing. Mankind has realised that horses can be a cure for the disturbed souls of the surroundings of our civilisation.

Horse keeping and breeding largely depends on well-established studs. Szilvásvárad has a world-renowned and recorded breed of Lípica horses, whilst Kisbér boasts the so-called Kisbéri half-breed (gained through the crossbreeding of full-blooded English horses and other noble breeds), along with the Nóniusz breed of Mezőhegyes and Hortobágy, the Gidrán of Marócpuszta and the Shagya of Bábolna. A number of common full-blooded English and Arabian horses are also bred successfully in numerous locations. Apart from these warm-blooded strains, there are also a number of different Hungarian cold-blooded and Muraközi work-horses. Apart from breeding, Hungarian stock also has a world-wide reputation in the field of competitions. The blood-lines of famous racehorses are traced to this very day – Imperiál, Kincsem – and their descendants still command hefty prices at auctions. The highly rigorous standards of the Lípica horses make them practically invincible at coach-driving championships.

The wrangler-cowboy romanticism still attracts thousands of people to the Hortobágy and the Kiskunság every year – who wouldn't love to see an acrobatic wrangler cope with five different stampeding stallions at the same time?

It's enough to gaze at the gently grazing steeds or the sudden outbursts of stampeding horses surrounded by clouds of dust to feel at peace. On such occasions, you realise that the Hungarians have a truly lasting alliance with these noble creatures.

Die Ungarn sind ein Reitervolk: sie sind als Reitervolk ins Karpatenbecken gekommen, versetzten das Europa des Frühmittelalters mit ihrem Reiterkampfstil in Angst und Schrecken und kämpften mit Reitertruppen gegen die Mongolen und die Türken. Die berühmten Husaren der Habsburgermonarchie waren Ungarn. Anfang des 19. Jahrhunderts waren die Pferdezucht und die Pferderennen eine Hauptsäule der nationalen Reformbewegung. Diese über ein Jahrtausend alte Tradition konnte nur durch die Motorisierung des 20. Jahrhunderts gebrochen werden und da schien es mit dem Halten von Pferden endgültig vorbei zu sein.

Zum Glück bildete sich ein gesunder Kompromiss zwischen der unvermeidbaren technischen Entwicklung und den Traditionen heraus. Immer mehr Menschen suchen im Reiten Erholung, Entspannung und Heilung. Man entdeckte, dass die von der Zivilisation gepeinigte Seele mit Hilfe der Pferde am harmonischsten zur Natur zurückfinden kann.

Heute sind Halten und Züchten von Pferden Aufgabe der traditionsreichen Gestüte. International anerkannte und registrierte Zuchttiere besitzt Szilvásvárad von Lipizzanern, Kisbér von sog. Kisbérer Halbblutpferden (sie entstammen der Kreuzung von englischen Halbblutpferden und anderen edlen Typen), Mezőhegyes und die Hortobágy von Noniuspferden, Marócpuszta von Gidrans und Bábolna von der Pferderasse der Shagya. Die weit verbreiteten englischen und arabischen Vollblutpferde werden vielerorts erfolgreich gezüchtet. Außer diesen Warmblütern gibt es auch viele Kaltblutpferde, die vor allem als Zugpferde geeignet sind, sog. ungarische Kaltblüter und Muraközi Pferde. Außer der Pferdezucht sind die ausgezeichneten Pferde aus Ungarn auch bei Pferderennen zu internationalem Ruhm gelangt. Die Blutlinie der berühmten Rennpferde – Imperiál und Kincsem – wird bis heute verfolgt und ihre Abkömmlinge wechseln den Besitzer bei Auktionen zu unglaublich hohen Preisen. Schier unbezwingbar sind die nach äußerst strengen Vorschriften ausgewählten Lipizzaner bei den Meisterschaften im Gespannfahren. Die Tschikosch-Gulasch-Romantik lockt immer noch Tausende in die Hortobágy und in die Kleinkumanei (Kiskunság) – jeder möchte ja sehen, wenn die akrobatisch geschickten Tschikosch gleichzeitig fünf wie ein Sturmwind rennende Pferde lenken.

Schön ist es auch schon, wenn man dem friedlich weidenden Gestüt zuschaut oder den plötzlich erschrockenen und in einer Staubwolke davon rasenden Pferden. Da ist zu verstehen, dass die Ungarn wirklich ein ewig währendes Bündnis mit diesen edlen Tieren geschlossen haben.

59

A csikós-gulyás romantika ma is ezreket csábít a Hortobágyra vagy a Kiskunságra – ki ne szeretné látni, amikor akrobatikus ügyességű csikósaink öt, szélvészként száguldó lovat irányítanak egyszerre?

De már az is öröm, ha csak úgy elnézegethetjük a békésen legelésző ménest, vagy épp a hirtelen megriadó, és porfelhőben tovaszáguldó lovakat. Ekkor érthetjük meg igazán, hogy mi, magyarok, valóban örök szövetséget kötöttünk e nemes állatokkal.

Kézművesség

Századunkban, a globalizáció, az ipari tömegtermelés és az uniformizá-
lódás századában hihetetlenül felértékelődött a kézművesség, az egyedi,
kézzel készült termékek presztízse. Pedig ez az önellátó paraszti gazdasá-
gok számára természetes volt: amit
csak lehetett, maguknak kellett elő-
állítani, mert így olcsóbb, gyorsabb
és egyszerűbb volt.

De ha már egyszer magunknak ké-
szítjük, formáljuk, faragjuk, szőjük,
miért ne lenne az a tárgy nemcsak
funkcionális, de szép is? Ebből a
szándékból ered a kézművesség,
és nagyvárosi rokona, az ipar-
művészet is.

Az 50–100 évvel ezelőtt készített kézműves tárgyak konkrét feladattal bírtak: az
agyagedényben lehessen főzni, tárolni, a mezőgazdasági eszközökkel földet művel-
ni, sulyokkal ruhát dögönyözni, az ostorral csettinteni. A ruhadarabok melegítsenek,
a csizma, kucsma védje a végtagokat, a kés simuljon a kézbe, a beretva legyen éles. De
legyen szép és mutatós is, hisz csak ezek a tárgyak vesznek körül bennünket, ezek vidítják
a hétköznapokat.

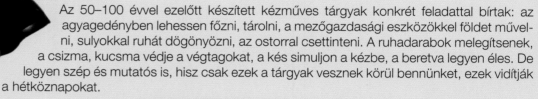

Artisanship

*During this century, the prestige of craftsmanship and handmade goods has seen a tremen-
dous increase in value, due to globalisation, industrial mass production and standardisation.
However, this came naturally to self-sufficient peasant farms: it was cheaper, quicker and
easier to produce whatever they could for themselves.*

*If we fashion, shape, carve and sew our own goods, why not make objects beautiful as well
as functional? This urge is the source of craftsmanship and its big-city equivalent, industrial
arts.*

*The handmade articles dating back 50-100 years into the past were all crafted with a specific
task in mind: the earthenware was used to cook and store food, the agricultural tools were
used to till the land, the mauls were used to pound the clothes, and the whips cracked in the
air. The clothes were designed to keep people warm, the boots and the hats protected their
extremities, the knives were made with a steady grip and the razors were kept sharp. Still, they
were nice and showy, since these were the objects that livened up their daily life.*

*Numerous branches of craftsmanship have developed over the ages, but are all down to
earth, simple and practical. Cleverly skilled craftsmen decorated the sides of pots, jugs and
bowls with colourful flowers and strands, while leisurely shepherds carved beautiful decora-
tions onto walking sticks, salt shakers and spindles. Wranglers wove straps and trappings as
fine as lace from horsehair, while diligent countrywomen wove and embroidered their dreams
onto towels, kerchiefs, rugs, tablecloths, and pillow-cases. Not only did the furriers cure the
leather, but they also covered the coats with colourful flowers, saddlers burnt designs into
toe-clips and blacksmiths stamped designs into the heads of axes, halberds, and clogs.
Wainwrights carved the lids of barrels, carpenters sawed designs into the gables of houses,
and woodworkers painted and carved chests, benches and tables.*

*Peasant craftsmanship is the pure source of inspiration we crave in today's hectic world:
simple, robust and natural, like a mouthful of water from a crystal-clear stream.*

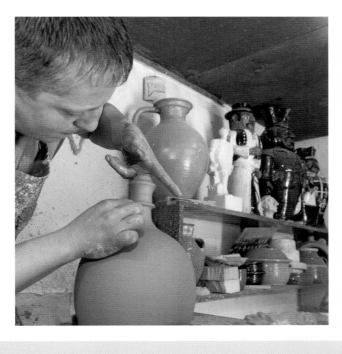

A kézművességnek számtalan ága alakult ki, de mind emberközeli, egyszerű és praktikus. Ügyes kezű mesteremberek pingáltak a fazekak, korsók, tálak oldalára színes virágokat, indákat, ráérő pásztorok bicskával cifrázták a botot, sótartót, guzsalytalpat. Csikósok fontak lószőrből csipkefinom szíjakat, csótárokat, gondos parasztasszonyok hímezték, szőtték álmaikat törülközőbe, keszkenőbe, rongyszőnyegbe, terítőbe, párnacihába. A szűcsök nemcsak kikészítették a bőrt, de színes virágokkal telehintették a subát, a nyergesek mintát égettek a kápába, a kovácsok verőtővel díszítették a balta, fokos fejét, a kolomp oldalát. A bognárok megfaragták a hordó fedelét, az ácsok mintát fűrészeltek a házak oromzatába, az asztalosok festették, vésték a ládákat, padokat, asztalokat.

A paraszti kézművesség az a tiszta forrás, melyre rohanó világunkban mindannyian áhítozunk. Egyszerű, erőteljes, természetes, mint egy korty kristálytiszta patakvíz.

Das Handwerk

In unserem Jahrhundert, im Jahrhundert der Globalisierung, der industriellen Massenproduktion und der Uniformierung hat das Handwerk, haben die handgemachten Einzelstücke ungemein an Prestige gewonnen. Dabei war das für die selbstversorgenden Bauernwirtschaften nur natürlich: alles, was man konnte, musste man selbst herstellen, weil es so billiger, schneller und einfacher war.

Und wenn man einen Gegenstand schon für sich selbst macht, gestaltet, schnitzt oder webt, warum sollte er dann nicht nur funktional, sondern auch schön sein? Aus dieser Absicht stammt das Handwerk und sein Großstadtverwandter, das Kunstgewerbe.

Die vor 50 oder 100 Jahren handwerklich hergestellten Gegenstände hatten konkrete Aufgaben: im Tongefäß musste man kochen und Sachen aufbewahren können, mit dem Landwirtschaftsgerät das Feld bebauen können, mit dem Waschbleuel musste Wäsche geschlagen werden, mit der Peitsche musste man knallen können. Die Kleidungsstücke sollen wärmen, die Stiefel die Füße, die Pelzmütze den Kopf schützen, das Messer soll sich in die Hand schmiegen, das Rasiermesser soll scharf sein. Sie alle sollen aber auch ansehnlich und schön sein, denn diese Gegenstände umgeben uns, sie verschönern den Alltag.

Es haben sich unzählige Zweige des Handwerks herausgebildet, aber alle sind menschennah, einfach und praktisch. Meister mit geschickten Händen malten an Töpfe, Krüge und Schüsseln bunte Blumen und Ranken, Hirten verzierten in der Freizeit Stöcke, Salzfässer und Spinnrocken mit dem Messer. Die Tschikosch (Pferdehirten) spannen aus Pferdehaaren spitzenfeine Riemen und Schabracken, akkurate Bäuerinnen stickten und webten ihre Träume in Hand- und Taschentücher, Fleckmatten, Tischtücher und Kissenbezüge. Die Kürschner haben das Leder nicht nur bearbeitet, sondern die Pelzmäntel auch mit bunten Blumen „bestreut", die Sattler brannten in den Sattelknopf schöne Muster, die Schmiede verzierten den Beilrücken, den Fokosch und die Kuhglocke. Die Böttcher schnitzten in die Fassdeckel Muster, die Zimmerleute sägten Muster in die Hausgiebel, die Schreiner bemalten, die Truhen, Bänke und Tische und verzierten sie mit Schnitzereien.

Das Bauernhandwerk ist die klare Quelle, nach der wir alle uns in dieser schnelllebigen Zeit sehnen. Es ist einfach, kraftvoll, natürlich, wie ein Schluck kristallklares Quellwasser.

Népi hangszerek

A magyar népi hangszerkészítés két úton haladt: vannak nemesen egy-szerű instrumentumok (pl. nádsíp, köcsögduda), illetve rendkívül bonyo-lult, nagy jártasságot és hozzáértést kívánó hangszerek (pl. cimbalom, tekerőlant).

Volksinstrumente

Die Herstellung von Volksinstrumenten nahm in Ungarn zwei Wege: es gibt einfache Instrumente (z.B.die Rohrflöte, die Stabreibtrommel), aber auch äußerst komplizierte, viel Erfahrung und Sachverständnis erfordernde (z.B. das Hackbrett, die Drehleier).

Mit wissenschftlicher Gründlichkeit sind die Volksinstrumente nach Art und Platz der Klangerzeugung in vier große Gruppen zu gliedern. Die einfachs-ten sind die, die ohne ergänzende Schallquelle funktionieren. Solche sind die Ratsche, das Xylofon aus Holz, die Maultrommel, oder gar zwei Löffel oder eine umgedrehte Wasserkanne, mit denen Zigeunermusiker ihre Tän-zer begleiten.Die Instrumente der zweiten Gruppe klingen mit Hilfe einer ausgespannten Membrane. Dazu gehören die vielfältigen Trommel von Stabreibtrommel bis zur Trommel des Gemeindedieners; unterschiedliche Flöten, deren Eigenton durch Summen des Musikers verstärkt wird. Noch mehr Übung und Musikalität verlangen die Instrumente, in denen der Klang in einem Hohlkörper durch Vibration entsteht. Solche sind die Schalmei, und die Flöten, aber auch Instrumente wie die Schnabelflöte, die Klarinet-te oder der Dudelsack. In der vierten Gruppe gibt die vibrierende Saite den Ton, so bei der Zither, dem Hackbrett, der Leier, der Drehleier, dem Schlagbordun, bei der Geige oder der Tamburizza.

Musik richtet sich an die Gemeinschaft, Musizieren stellt eine gemein-schaftliche Tätigkeit dar. Natürlich ist es schön, die einsame Flöte des Hir-ten bei der Schafherde zwischen den Hügeln zu hören, besondere Anlässe erfordern aber kompliziertere Töne. Eine lange Tradition bestimmt es, aus welchen Instrumenten eine Volksmusikkapelle besteht, dies ist je nach Region oder Volksgruppe recht unterschiedlich. Die klassische Zigeuner-kapelle zum Beispiel stellt sich am einfachsten auf, denn man konnte sich keine teuren, komplizierten Instrumente leisten. Auch die Siebenbürger Musikgruppen („Banden") verfügen über eine lange Tradition, dabei wer-den zwei oder mehr Geigen von einem Schlagbordun mit dem charakteris-tischen Brummen begleitet. In der Tiefebene bildet die auf einem Dutzend von Hackbrettern spielende Kapelle eine besondere Gattung. International bekannt wurden die von Ende des 19. Jahrhunderts an erscheinenden Ka-pellen gemischter Zusammensetzung, die meistens aus einer Geige, einem Zimbal und einer Bassgeige bestanden und authentische ungarische und Zigeunermusik, wie auch Kunstlieder spielten.

Die Renaissance der Volksmusik und der Volksinstrumente ist der Tanzhausbewegung zu verdanken, die dieser besonderen ungarischen Tradition zu neuen Ehren verhalf.

A rendszerezésre hajlamos tudományos alaposság a népi hangszereket négy nagy csoportba sorolja a hangkeltés módja és helye szerint. A legegy-szerűbbek talán azok, melyek önmaguktól szólnak, kiegészítő hangforrás nélkül. Ilyen pl. a kereplő, a fából készült xilofon, a doromb, de akár az a két kanál, vagy felfordított kanna is, mellyel a cigányzenészek kísérik tánco-saikat. A második hangszercsoport egy kifeszített membrán segítségével szólal meg. Ide tartoznak a változatos dobok, a köcsögdudától a kisbíró dobjáig; a különféle sípok, melyek saját hangját rádúdolással erősítik meg. Még nagyobb gyakorlatot és zenei érzéket kívánnak azok a hangszerek, melyekben a hang egy üreges testben rezegtetve szólal meg. Ilyenek a tilinkók, furulyák, körtemuzsikák, de ide tartozik a tárogató, a klarinét vagy a bőrduda is. Negyedik csoportunkban a hangot rezgő húr adja, legyen az citera, cimbalom, koboz, tekerőlant, ütőgardon, hegedű vagy tambura.

A zene a közösségnek szól, a zenélés közösségi tevékenység. Mert szé-pen szól egy magányos furulya a dombok közt legelésző nyáj mellett, de a kiemelkedő alkalmak összetettebb hangzást kívánnak.

A népzenei zenekarok hangszeres összetételének nagy hagyománya van, mely tájegységenként és népcsoportonként különböző lehet. Például a klasszikus cigányzenekar a legegyszerűbb felállású, mivel drága, bonyolult hangszerekre nem futotta. Nagy hagyománya van az erdélyi bandáknak, melyekben a kettő vagy több hegedűt jellegzetes, brummogó hangú ütőgardon kíséri. Az Alföldön külön műfaj a tucatnyi citerán együtt játszó zenekar. Nemzetközi ismertséget leginkább a XIX. század végétől felbukkanó, vegyes összetételű, leggyakrabban hegedűből, cimbalomból, nagybőgőből álló zenekarok szereztek, melyek autentikus magyar és cigányzenét, műdalokat egyaránt játszottak.

Folk instruments

In the history of Hungarian folk instruments, there are two distinctive paths of development: those of brilliantly simplistic instruments (reed and jug pipes, for example) as well as a second group of extremely intricate devices, which require great skill and proficiency (for example, dulcimers and revolving lutes). Thanks to the thoroughness of scientific systemisation, folk instruments can be separated into four main groups, based upon the method and place of sound generation. The first group incorporates the most common instruments, capable of independently producing sounds, without any external, supplementary source of sound. These include, for example, the rattle, the wooden xylophone, and the Jew's harp, or a pair of spoons and an upside-down jug, which Roma musicians use to accompany their dancers. The second group consists of instruments which produce sound with the help of a taut membrane. These include a number of drums, from the jug pipe to the tiny drums of the town crier, as well as various pipes, the sound of which are reinforced by additional humming. An even greater degree of skill and practice are required to play on instruments which reverberate though a hollow body. These include the shepherd's pipe, various flutes and the ocarina, as well as instruments such as the oboe-like shawm,

A népzene és a népi hangszerek reneszánsza a táncház-mozgalomnak köszönhető, mely visszaadta e különleges magyar hagyomány becsületét.

the clarinet, or the Hungarian bagpipe. The fourth group includes instruments which produce sound through their reverberating strings, including the zither, the dulcimer, the kobza, the revolving lute, the hit-gardon, the violin and the tambura.

Music has always been played for a community of people and making music has always been a community event. Although a lonely flute may sound lovely surrounded by the herds in the mountains, special occasions always required a more complex sound. There are many traditions surrounding the musical composition of folk music ensembles, which varies depending on region and ethnic group. For example, the composition of classic Gypsy bands is rather simplistic, since they couldn't afford any expensive, intricate instruments. Transylvanian bands also have great traditions, in which two or more violins are accompanied by the low hum of the hit-gardon. The Alföld has its own regional traditions of bands consisting of a dozen zithers. From the 19th century, a number of bands of mixed ensembles, usually consisting of a violin, a dulcimer and a contrabass have achieved great international success, playing a mélange of authentic Hungarian and Gypsy music, as well as songs of their own composition.

Thanks to the dance-hall movement, there is currently a renaissance of folk music and folk instruments, which has restored the honour of these unique Hungarian traditions.

Porcelain

Making ceramics is a thousand-year-old tradition in Hungary, which boasts a number of active pottery centres. This led to the development of the porcelain.

Kaolin is the raw material used for porcelain, a white rock found in the region of Tokaj and Upper Hungary. Porcelain manufacturing requires great skill, since it is fired at a higher temperature than clay. However, it is extremely elastic, producing a paper-thin, nearly translucent material. Due to the high temperatures used, it is commonly decorated with lead glaze.

The factory in Herend, established in 1826, is the oldest porcelain manufacturer in the country. Thanks to its porcelain products, this tiny village in Bakony has become famous all over the world. Mór Fischer, its reviver, intended to compete with both the Austrian-German (Vienna, Meissen), French (Sèvres) and Chinese factories. This attempt proved to be so successful that to this very day, the factory still makes sets of porcelain decorated with the original 19th century motifs, such as the Victoria pattern (patterns of flowers and butterflies, which were purchased by the British Monarch, Queen Victoria), the Rothschild pattern (depicting colourful songbirds), and the so-called Tupini pattern or the factory's own tiny rose covered dishes (the former is an intricate design of blue and red vines, whilst the latter is covered with an array of flower-buds backed with golden meshwork). Apart from everyday items such as plates, breakfast and tea-sets, countless porcelain miniatures were fashioned in Herend, which mirrored the changing tastes of the ages.

The other significant Hungarian pottery and porcelain factory is the Zsolnay Manufactory, established in 1852, in the city of Pécs. The Zsolnay factory took an individual approach, since rather than placing the emphasis on the high quality of the base material, they focused their attention on the porcelain's highly decorative ornaments instead. Their decorative, glazed faience and porcelain faience dishes were fashioned with eastern (Turkish, Persian and Chinese) patterns, for which they developed a special, eosin enamel with a metallic gleam. The patterns and shapes used by the Zsolnay factory were deeply influenced by the Secessionist movement at the turn of the century, at a time when the Zsolnay style assumed its final shape. Pécs is mostly known for its fine ornamental ceramics, sculptures and statues, but the roof-tiles of a number of Hungary's famous buildings (Museum of Applied Arts, Matthias Church), as well as the ornaments of a number of Secessionist buildings (including the Cifra Palace of Kecskemét and the Savings Bank of Budapest) were also fashioned here.

For centuries, faience and porcelain were the luxury items of the upper classes. However, thanks to the porcelain manufacturers of the 19th century, and especially the Herend and Zsolnay factories, they now enliven our day-to-day lives, lifting our spirits and heightening the grandeur of our celebrations.

Porcelánok

Hazánk jó minőségű agyagban és vízben bővelkedik – így évezredes hagyománya van a kerámiakészítésnek; számtalan, máig működő fazekasműhellyel büszkélkedhetünk. Ebből az alapból ágazott ki a porcelánkészítés. A porcelán alapanyaga a kaolin, egy fehér színű kőzet, mely Tokaj környékén és a Felvidéken bányászható. A porcelán előállítása nagy szakértelmet kíván, mivel égetési hőmérséklete magasabb az agyagénál. Alakíthatósága viszont kitűnő, a végtermék papírvékony, szinte áttetsző falú. A magas égetési hőfok miatt ragyogó színű ólommázzal is díszíthető.

Legnagyobb múltra az 1826-ban alapított herendi manufaktúra tekinthet vissza. A mára várossá nőtt bakonyi falu porcelántárgyai révén világhírnévre tett szert. Felvirágoztatója Fischer Mór, aki a nevezetes osztrák–német (Bécs, Meissen), francia (Sèvres) és kínai manufaktúrákkal kívánta felvenni a versenyt. Ez oly nagyszerűen sikerült, hogy a manufaktúra a mai napig készíti az eredeti, XIX. századi motívumokkal díszített készleteit, mint amilyen a Viktória-minta (virágos-lepkés motívum, melyből az angol királynő, Viktória is vásárolt), a Rothschild-minta (színes énekesmadarak ábrázolásával), az apró rózsás vagy Tupini-mintás készleteket (az előbbi aranyozott hálómintába rendezett rózsabimbós, utóbbi kék-vörös indák bonyolult szövevénye).

A használati tárgyak, tányérok, reggeliző és uzsonnázó készletek mellett Herenden számtalan porcelán kisplasztikát is formáztak, melyek a változó korok ízlését tükrözték.

Másik jelentős kőedény- és porcelángyártónk az 1852-ben alapított pécsi Zsolnay-manufaktúra. A Zsolnay-gyár egyedi úton járt, nem annyira az alapanyag magas minőségére, inkább a rendkívül dekoratív díszítésre helyezte a hangsúlyt. A fajansz vagy porcelánfajansz díszedényeket keleti (török, perzsa, kínai) mintázattal készítették, melyhez egy különleges, fémes csillogású eozin-mázat fejlesztettek ki.

A Zsolnay-gyár minta- és formakincsét a századvég szecessziója érintette legmélyebben, ekkor nyert végleges formát a Zsolnay-stílus. Pécsett inkább pompás díszkerámiát, vagy épp térplasztikát, szobrokat készítettek, de innen származik több nevezetes épületünk tetőcserepe (Iparművészeti Múzeum, Mátyás-templom), vagy szecessziós épületünk díszítése (kecskeméti Cifrapalota, Pesti Takarékpénztár) is.

A fajansz és porcelán évszázadokon át a kiváltságosok luxuscikke volt. Hogy ma már szint csempészhetnek mindennapjainkba, emelhetik ünnepeink fényét, vagy épp gyönyörködtethetnek a fáradt hétköznapokon, elsősorban a XIX. századi porcelán-manufaktúráknak, és azon belül is Herendnek és a Zsolnay-gyárnak köszönhető.

Porzellan

Ungarn ist reich an Ton guter Qualität und an Wasser – so besitzt hier die Keramik eine ein Jahrtausend alte Tradition; es gibt unzählige, heute noch aktive Töpferwerkstätten. Dies war die Grundlage der Porzellanherstellung.

Das Grundmaterial des Porzellans ist Kaolin, ein Gestein weißer Farbe, das in der Umgebung von Tokaj und im Oberland gefördert werden kann. Die Porzellanherstellung erfordert viel Fachverstand, denn seine Brenntemperatur liegt über der des Tons. Es lässt sich aber ausgezeichnet formen, das Endprodukt ist dünn wie Papier. Wegen des hohen Temperaturgrades kann es auch mit Bleiglasur in glänzenden Farben überzogen werden.

Auf die längste Vergangenheit kann die 1826 gegründete Herender Manufaktur zurückblicken. Das heute schon zur Stadt avancierte Dorf im Bakony Gebirge wurde durch seine Porzellangegenstände weltberühmt. Emporbringer der Manufaktur war Mór Fischer, der mit den namhaften österreichischen (Wien), deutschen (Meißen), französischen (Sèvres) und chinesischen Manufakturen wetteifern wollte. Das ist so großartig gelungen, dass die Fabrik heute noch die Services mit den originalen Motiven aus dem 19. Jahrhundert herstellt, wie z.B. das Viktoria-Muster (ein Motiv mit Blumen und Schmetterlingen, von dem auch die britische Königin Viktoria gekauft hatte), das Rothschild –Motiv (mit farbigen Singvögeln), oder die Services mit den kleinen Rosen oder das mit dem sog. Tupini-Muster (ersteres zeigt Rosenknospen in einem vergoldeten Netz, letzteres ist ein kompliziertes Gefüge von blau-roten Ranken). Neben den Gebrauchsgegenständen, den Tellern, Frühstück- und Jausensets wurden in Herend auch zahlreiche Kleinplastiken aus Porzellan modelliert, die den Geschmack der jeweiligen Zeit widerspiegelten.

Die andere bedeutsame Steingut- und Porzellanfabrik in Ungarn ist die 1852 gegründete Zsolnay-Manufaktur in Pécs. Die Zsolnay Fabrik schlug einen eigenen Weg ein, sie legte das Gewicht nicht so sehr auf die hohe Qualität des Grundmaterials, als auf die äußerst dekorative Verzierung. Die Ziergefäße aus Fayence- oder Porzellanfayence wurden mit östlichen (türkischen, persischen, chinesischen) Motiven produziert, wozu die Fabrik eine Eozinglasur mit metallischem Glanz entwickelt hat. Den Muster- und Formenschatz der Zsolnay-Fabrik hat am tiefsten der Jugendstil der Jahrhundertwende geprägt, zu jener Zeit gewann der Zsolnay-Stil die endgültige Form. In Pécs wurden eher prächtige Zierkeramik oder Raumplastiken und Skulpturen hergestellt, von dort kommen auch die farbigen Dachziegel vieler berühmter Gebäude (Budapester Kunstgewerbemuseum, Matthiaskirche) und der Wandschmuck mehrerer Jugendstilgebäude („Cifrapalota" in Kecskemét, Pester Sparkasse).

Fayence und Porzellan waren Jahrhunderte hindurch ein Luxusartikel für Privilegierte. Dass sie heute schon unseren Alltag verschönern, den Glanz unserer Feste erhöhen oder uns eben an müden Werktagen erfreuen, das verdanken wir vor allem den Porzellanmanufakturen des 19. Jahrhunderts, unter ihnen vor allem Herend und der Zsolnay Fabrik.

Magyar csipke és hímzés

A hímzés és a csipke a népművészet önálló életre kelt ága, mely az egyszerű praktikumból (a ruházat elemeinek összevarrásából) művészi kifejező eszközzé nemesült.

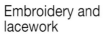

Embroidery and lacework

Embroidery and lacework is an independent branch of folk art, which turned a practical craft (sewing together pieces of cloth) into a means of artistic expression.

There are two main groups of folk embroidery. One consists of fur and woollen embroidery and uses leather or broad-cloth as its base material. Since these embroidered garments were fashioned by craftsmen, they're known as 'manly embroidery'. The other group is canvas embroidery, which originates from countrywomen and consists of the decorations on clothes and household fabrics.

The embroidery of the Matyó ethnic group is an exception to this rule – its motifs clearly originate from the work of furriers. This is precisely what gives the embroidery from the region of Mezőkövesd its sharp, patchwork-like nature and scintillating colours. The Matyó designs were fashioned by instinctive artists and female writers. The work of Bori Kisjankó really stands out from the rest with its fine, clear-cut tracing and peculiar harmony of colours.

The embroidery of the region of Kalocsa encompassed a range of fantastic colours and a rich conglomerate of shapes by the mid-20th century. The white background surrounding the roses, lilies, daisies, larkspurs and cornflowers on the designs was made with fine eyelet embroidery.

Lacework was originally the art of royal courts. For a long time, only eyelet embroidery and thread-branded designs – both which are similar in nature to lacework – were used in peasant households. Thanks to Árpád Dékáni, a teacher from Kiskunhalas, lacework later gained headway in the folk arts. With the help of his assistant Mária Markovits, they established a uniquely Hungarian type of lacework at the turn of the 20th century, which is characterised by the web-like fineness of the design. The lacework of Kiskunhalas won the Grand Prix at the 1937 World Fair in Paris – defeating the renowned lacework of Brussels – and is thus rightly considered to be one of the most beautiful examples of lacework in the world.

A népi hímzéseknek két nagy csoportját különböztethetjük meg. Egyik a szűcshímzéseké, melyek alapanyaga a bőr vagy posztó. Mivel ezeket a cifrázott ruhadarabokat mesteremberek készítették, férfihímzésnek is nevezzük. Másik vonulata a vászonhímzés, mely a parasztasszonyok keze közül került ki, ezek alkotják a ruhaneműk, házi textíliák díszítményeit.

E két elkülönülő irányzatból a matyók hímzése a kivétel, motívumkincsének eredete egyértelműen a szűcsmunkákra vezethető vissza. Éppen ez adja a Mezőkövesd környéki hímzések erőteljes folthatását, szikrázó színeit. A matyó mintákat ösztönös művészek, íróasszonyok alkották. Közülük is kiemelkedik Kisjankó Bori, akinek mintáit a letisztult, nemes vonalvezetés, a színek harmóniája jellemzi.

A Kalocsa környéki hímzések a XX. század derekára váltak lenyűgözően színessé és formagazdaggá. A fehér alapra álmodott rózsák, gyöngyvirágok, százszorszépek, szarkalábak, búzavirágok hátterét finom lyukhímzéssel töltötték ki.

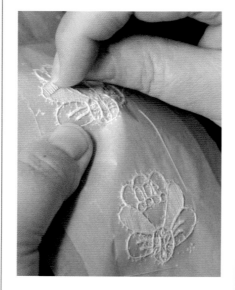

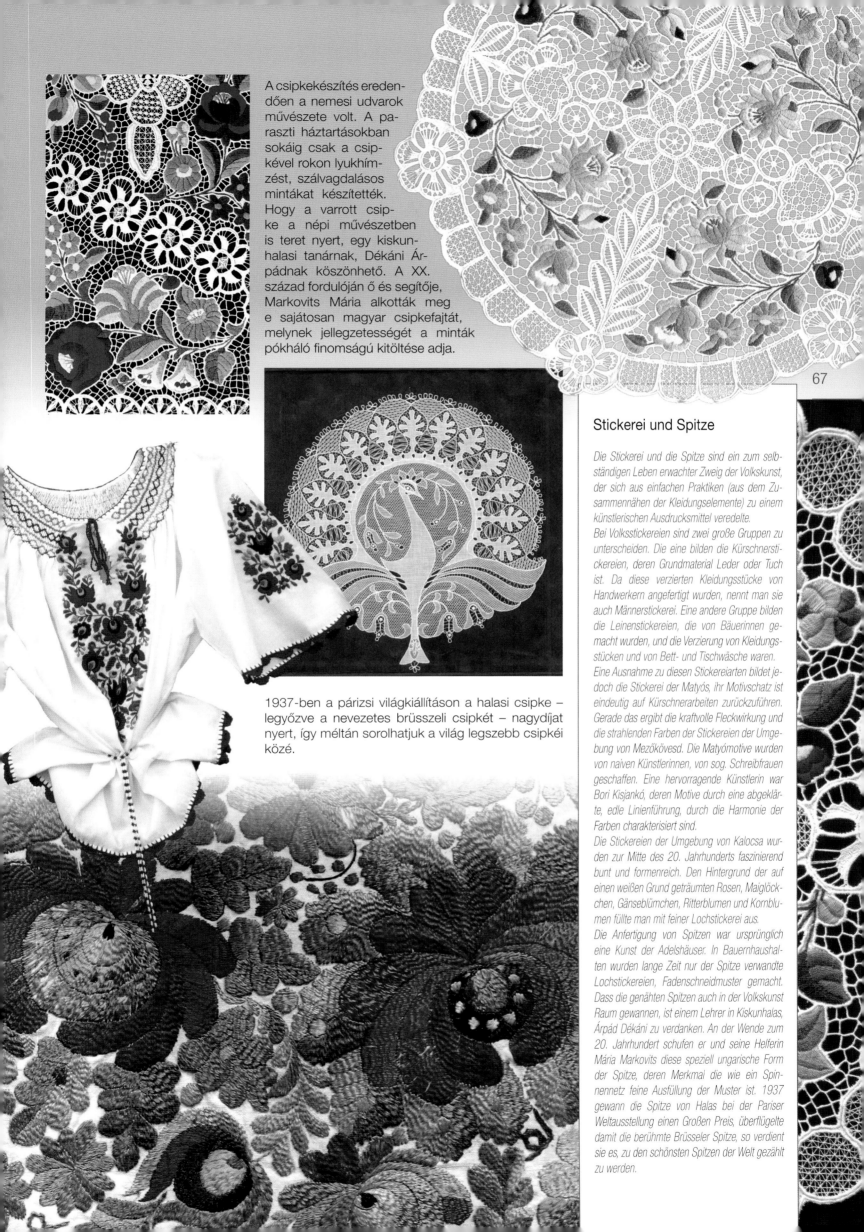

A csipkekészítés eredendően a nemesi udvarok művészete volt. A paraszti háztartásokban sokáig csak a csipkével rokon lyukhímzést, szálvagdalásos mintákat készítették. Hogy a varrott csipke a népi művészetben is teret nyert, egy kiskunhalasi tanárnak, Dékáni Árpádnak köszönhető. A XX. század fordulóján ő és segítője, Markovits Mária alkották meg e sajátosan magyar csipkefajtát, melynek jellegzetességét a minták pókháló finomságú kitöltése adja.

1937-ben a párizsi világkiállításon a halasi csipke – legyőzve a nevezetes brüsszeli csipkét – nagydíjat nyert, így méltán sorolhatjuk a világ legszebb csipkéi közé.

Stickerei und Spitze

Die Stickerei und die Spitze sind ein zum selbständigen Leben erwachter Zweig der Volkskunst, der sich aus einfachen Praktiken (aus dem Zusammennähen der Kleidungselemente) zu einem künstlerischen Ausdrucksmittel veredelte.

Bei Volksstickereien sind zwei große Gruppen zu unterscheiden. Die eine bilden die Kürschnerstickereien, deren Grundmaterial Leder oder Tuch ist. Da diese verzierten Kleidungsstücke von Handwerkern angefertigt wurden, nennt man sie auch Männerstickerei. Eine andere Gruppe bilden die Leinenstickereien, die von Bäuerinnen gemacht wurden, und die Verzierung von Kleidungsstücken und von Bett- und Tischwäsche waren. Eine Ausnahme zu diesen Stickereiarten bildet jedoch die Stickerei der Matyós, ihr Motivschatz ist eindeutig auf Kürschnerarbeiten zurückzuführen. Gerade das ergibt die kraftvolle Fleckwirkung und die strahlenden Farben der Stickereien der Umgebung von Mezőkövesd. Die Matyómotive wurden von naiven Künstlerinnen, von sog. Schreibfrauen geschaffen. Eine hervorragende Künstlerin war Bori Kisjankó, deren Motive durch eine abgeklärte, edle Linienführung, durch die Harmonie der Farben charakterisiert sind.

Die Stickereien der Umgebung von Kalocsa wurden zur Mitte des 20. Jahrhunderts faszinierend bunt und formenreich. Den Hintergrund der auf einen weißen Grund geträumten Rosen, Maiglöckchen, Gänseblümchen, Ritterblumen und Kornblumen füllte man mit feiner Lochstickerei aus.

Die Anfertigung von Spitzen war ursprünglich eine Kunst der Adelshäuser. In Bauernhaushalten wurden lange Zeit nur der Spitze verwandte Lochstickereien, Fadenschneidmuster gemacht. Dass die genähten Spitzen auch in der Volkskunst Raum gewannen, ist einem Lehrer in Kiskunhalas, Árpád Dékáni zu verdanken. An der Wende zum 20. Jahrhundert schufen er und seine Helferin Mária Markovits diese speziell ungarische Form der Spitze, deren Merkmal die wie ein Spinnennetz feine Ausfüllung der Muster ist. 1937 gewann die Spitze von Halas bei der Pariser Weltausstellung einen Großen Preis, überflügelte damit die berühmte Brüsseler Spitze, so verdient sie es, zu den schönsten Spitzen der Welt gezählt zu werden.

Kodály Zoltán

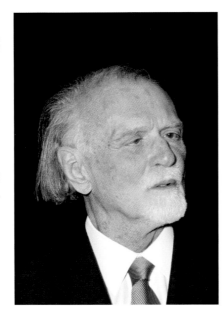

Zoltán Kodály

Den Komponisten und Musikwissenschaftler Zoltán Kodály machen seine Werke und vor allem seine musikpädagogischen Arbeiten zu einem bedeutenden Vertreter der klassischen Musik. Mit der nach ihm benannten Kodály-Methode wird in zahlreichen Ländern der Welt Kindern Musik beigebracht. Dieser Methode nach bilden die Grundlage für den Musikunterricht das Singen, die Solmisation und das Notenlesen, womit man schon im Kindergartenalter beginnen soll.

Kodály wurde 1882 in Kecskemét geboren. Die Kindheit verbrachte er in Galánta und Nagyszombat (heute Slowakei), er lernte Klavier, Geige und Violoncello spielen. Die Musikakademie besuchte er in Budapest, und lehrte dort ab 1907.Inzwischen erwarb er auch das Diplom eines Lehrers für Ungarisch und Deutsch. Ab 1905 sammelte er Volksmusik, fast gleichzeitig mit seinem Freund Béla Bartók beginnend. Er bereiste das Oberland, Siebenbürgen und suchte auch die Tschangos in der Bukowina auf, schrieb daneben Musikstücke, Artikel und Abhandlungen. In den 1910-er Jahren wurden seine Werke schon weltweit gespielt. Den ersten durchbrechenden Erfolg hatte er 1923 mit Psalmus Hungaricus, darauf folgten János Háry, Tänze von Galánta, Sekler Spinnstube und das Concerto.

Nach dem Zweiten Weltkrieg verließ Kodály das Land nicht, er trat in der Öffentlichkeit auf, hielt Vorträge und Konzertreisen. Er erlebte noch, dass seine Methode sich verbreitete und in Ungarn an 120 Schulen die tägliche Musikstunde eingeführt wurde. Er starb 1967 in Budapest.

Kodály Zoltán zeneszerző, zenetudós művei, és főleg zenepedagógiai munkái miatt a komolyzene egyik legjelentősebb alakja. A róla elnevezett ún. Kodály-módszerrel tanítják a világ számos országában zenére a gyermekeket. Eszerint a zenei oktatás alapja az ének, a szolmizáció és a kottaolvasás, amit már óvodás korban el kell kezdeni.

Kodály Kecskeméten született 1882-ben. Gyermekkorát Galántán és Nagyszombatban töltötte, zongorázni, hegedülni, gordonkázni tanult. Pestre kerülvén a Zeneakadémia diákja, majd 1907-től tanára volt, közben magyar–német szakos tanári diplomát is szerzett. A népzenei anyagok gyűjtését 1905-ben kezdte meg, szinte egyszerre barátjával, Bartókkal. A Felvidéken, Erdélyben, és a bukovinai csángóknál is járt, közben írta zeneműveit, cikkeit, értekezéseit. Az 1910-es években már világszerte játszották zenedarabjait. Az első kitörő sikert a Psalmus Hungaricus hozta meg 1923-ban, ezt követte a többi között a Háry János, a Galántai táncok, a Székelyfonó, a Concerto.

A második világháború után Kodály itthon maradt, közszereplést, előadásokat, koncertkörutakat vállalt. Megérte, hogy módszere elterjedt, és itthon 120 iskolában bevezették a mindennapos énekoktatást. 1967-ben halt meg Budapesten.

Zoltán Kodály

The musical pieces and educational works of composer and musicologist, Zoltán Kodály makes him one of the most significant figures of classical music. The so-called Kodály Method named after him is used in countless countries of the world to teach music to children. The basis of this method is to use singing, solmization and reading sheet music starting from nursery school age.

Kodály was born in Kecskemét, in 1882. He spent his childhood years in Galánta and Nagyszombat, learning how to play the piano, violin and cello. After moving to Budapest, he became a student and later, from 1907, a teacher at the Academy of Music, while also gaining a Hungarian-German teacher's degree. He began collecting folk music in 1905 at the same time as his friend, Béla Bartók. He visited Upper Hungary, Transylvania and the Csángó people of Bukovina, while writing musical compositions, articles and dissertations. His works were widely played across the world by the 1910s; however, he only gained his first major success with Psalmus Hungaricus in 1923, later followed by Háry János, the Dances of Galánta, Spinning Room and Concerto amongst others.

Following World War II, Kodály remained in his home country, undertaking a number of public appearances, performances and concert tours. He lived to see his method spreading as well as music becoming an everyday, compulsory subject in 120 Hungarian schools. He passed away in Budapest in 1967.

Bartók Béla

Bartók Béla a XX. század egyik legnagyobb zeneszerzője és zongoraművésze volt. Műveinek az adott sajátos jelleget, hogy felhasználta a népzenei hagyomány elemeit, a maga gyűjtötte népdalok motívumait. Számtalan zenemű mellett olyan zseniális színpadi alkotásokat köszönhetünk neki, mint A kékszakállú herceg vára vagy A fából faragott királyfi.

Nagyszentmiklóson született 1881-ben. Zenei érzéke korán kitűnt, első zongoratanára édesanyja volt, akivel apja halála után (1888) Pozsonyba költözött. 1899-ben felvették a Zeneakadémia zeneszerzés és zongora szakára. A népzenét 1904-ben kezdte el gyűjteni: fonográffal járta a magyar, a román, a szlovák falvakat, és a rögzített több ezer anyagot elemezte, rendszerezte. Bartók kezdetben előadóként nagyobb sikereket ért el, mint komponistaként. Művei főként a disszonáns hangzások miatt nem arattak osztatlan sikert, később az expresszív hangvételük miatt. Az 1930-as években művészete letisztult, klasszicizálódott.

1940-ben az USA-ban telepedett le. Tanított a Columbia Egyetemen, mellette ritkán komponált. A leukémia 1942-től keserítette meg életét. 1945-ben hunyt el New Yorkban. Földi maradványait 1988-ban helyezték örök nyugalomra a Farkasréti temetőben.

Béla Bartók

Béla Bartók was one of the greatest composers and pianists of the 20th century. His works were unique in the way he utilised certain elements of traditional folk music and the motifs of folk songs, which he collected and researched himself. Apart from his musical compositions, he is also responsible for such magnificent scenic works as Bluebeard's Castle and the Wooden Prince.
Bartók was born in the town of Nagyszentmiklós in 1881. His musical talent was recognised early on and his mother was his first piano teacher, with whom he moved to Bratislava following his father's death in 1888. In 1899, he was admitted to the composition and piano department of the Royal Academy of Music in Budapest. In 1904, he began collecting folk music, travelling through Hungarian, Romanian and Slovakian villages with a phonograph, later studying and organising the recorded material.
Initially, Bartók was more successful as a pianist than as a composer. His works were not readily embraced because of their dissonant tones and later because of their expressive nature. However, by the 1930s, his compositions became refined and took on a more classical quality.
In 1940, he emigrated to the USA, where he gained a teaching position at Columbia University. From 1942, he suffered from increasing symptoms of leukaemia. He died in New York in 1945. In 1988, his remains were laid to eternal rest in the Farkasréti cemetery in Budapest.

Béla Bartók

Béla Bartók war einer der größten Komponisten und Pianisten des 20. Jahrhunderts. Den besonderen Charakter verlieh seinen Werken, dass er Elemente der Tradition der Volksmusik, die Motive von selbst gesammelten Volksliedern verwendete. Neben unzähligen musikalischen Werken verdanken wir ihm auch geniale Bühnenstücke, Herzog Blaubarts Burg oder Der holzgeschnitzte Prinz.
Er wurde 1881 in Nagyszentmiklós geboren. Schon früh zeigte sich sein musikalisches Talent, seine erste Klavierlehrerin war seine Mutter, mit der er nach dem Tode des Vaters (1888) nach Pressburg zog. Ab 1904 sammelte er Volksmusik: er bereiste ungarische, rumänische, slowakische Dörfer mit dem Phonograph und analysierte, systematisierte das aufgezeichnete Material.
Anfangs hatte Bartók als Vortragskünstler größere Erfolge, denn als Komponist. Seine Werke fanden vor allem wegen der dissonanten Klänge keinen ungeteilten Beifall, später wegen des expressiven Tons. In den 1930er Jahren klärte sich seine Kunst ab, sie wurde klassischer.
1940 ließ er sich in den USA nieder. Er lehrte an der Columbia Universität und komponierte wenig. Ab 1942 wurde sein Leben durch die Leukemie beschattet. Er starb 1945 in New York. Seine sterblichen Überreste wurden 1988 auf dem Budapester Farkasréti Friedhof zur lezten Ruhe gebettet.

Munkácsy Mihály

A „romantikus realizmus" mestere Lieb Mihályként szerepelt az anyakönyvben, bajor eredetű családnevét csak 1866-ban, 22 évesen cserélte a közismertté lett másikra (amelyet szülővárosáról választott).

Korán elárvult asztalosinasból és vándorpiktorból egy csapásra ismert, sőt felkapott festővé lett, mikor 1870-ben aranyérmet nyer a párizsi Salon kiállításán Siralomház című képével. Felfedezte Pestet, belekóstolt a bécsi és müncheni képzőművészeti életbe, 1867-ben tanulmányútra indult Párizsba, majd Düsseldorfban, a példaképül választott Ludwig Knaus mellett csiszolódik.

Mihály Munkácsy

The master of "romantic realism" was listed in the birth register as Mihály Lieb, and only in 1866, at 22 years of age, did he decide to swap his Bavarian surname for his more commonly known name (which he chose after his home town). In 1870, from an early orphaned carpenters apprentice and vagabond painter, he quickly became a well-known and in fact popular painter, after he won the Gold Medal of the Paris Salon with his painting entitled The Last Day of a Condemned Man. He visited Pest, briefly delved into the fine arts scenes of Vienna and Munich, and in 1867, he travelled to Paris and then to Düsseldorf to learn from his idol, Ludwig Knaus. He developed his artistic style at this time, which was influenced by the bitumen-based German tonal schemes (as it later turned out, this determined his relationship with eternity due to the materials he used, since his paintings would irrevocably darken in time). His most characteristic pieces portray scenes from rural Hungarian life (Pluckmakers, Dusty Road, Harvesters Homeward Bound), whilst his years spent in France focused on the world of the Parisian salons. He drew on the inspirations of his own life for these works, since thanks to his marriage, he became a member of the upper crust. Still, in his home country he became "the greatest Hungarian painter" by virtue of his large, religious paintings – the works referred to as the Trilogy, comprising of Ecce homo, Christ before Pilate and Golgotha – which were crowned by The Conquest, a huge piece encompassing several hundred figures, commissioned for the Hungarian Parliament. Munkácsy's paintings are highly rated commodities in the international art trade, considered to be prestigious works of art.

Mihály Munkácsy

Der Meister des „romantischen Realismus" hieß eigentlich Mihály Lieb, seinen Familiennamen bayrischen Ursprungs änderte er erst 1866, mit 22 Jahren in den anderen, allgemein bekannt gewordenen (gewählt nach seiner Geburtsstadt). Aus einem früh verwaisten Tischlerlehrling und Wandermaler wurde er auf einen Schlag zum bekannten, sogar modischen Maler, als er 1870 mit seinem Gemälde Armesünderhaus eine Goldmedaille des Pariser Salons gewann. Er entdeckte Pest, lernte das Kunstleben in Wien und München kennen, ging 1867 auf Studienreise nach Paris und Düsseldorf und wählte dort Ludwig Knaus zum Vorbild. Da entstand sein Malstil, der dem deutschen Farbgebrauch mit Bitumen folgt, (wie es sich später herausstellen sollte, besiegelt dies sein Verhältnis zur Ewigkeit, denn seine Bilder verdunkeln unrettbar wegen des verwendeten Materials). Seine typischsten Werke zeigen das Leben auf dem ungarischen Dorf (Scharpie Zupfende, Staubiger Weg, Heimwärts), während der Jahre in Frankreich legt er den Akzent auf die Welt der Salons. Zu diesen Gemälden wird er vom eigenen Leben inspiriert, denn er kam durch die Heirat in die oberen Zehntausend. Zum „größten ungarischen Maler" wird er in seiner Heimat mit den großformatigen Gemälden religiöser Thematik – mit der als Trilogie erwähnten Ecce homo, Chistus vor Pilatus und Golgatha-, was durch „Landnahme", das für das im Bau befindliche Parlament bestellt wurde und mehrere hundert Figuren zeigt, nur noch gekrönt wird. Die Munkácsy-Bilder erzielen auf dem internationalen Kunstmarkt hohe Preise, seine Werke besitzen Prestigewert.

Ekkor alakult ki festői stílusa, ami a bitumenalapozású németes színhasználatot követi (mint később kiderül, ez megpecsételi az örökkévalósággal fennálló viszonyát, hiszen az alkalmazott anyagtól képei idővel menthetetlenül elsötétülnek). Legjellemzőbb művein a vidéki magyar élet elevenedik meg (Tépéscsinálók, Poros út, Hazafelé), majd franciaországi évei során a szalonok világa kap nagyobb hangsúlyt. E vásznaihoz az ihletet saját életéből meríti, hiszen házasodása révén a felső tízezerbe kerül. Idehaza mégis vallási tárgyú, nagyméretű művei avatják „a legnagyobb magyar festővé" – a trilógiaként emlegetett Ecce homo, Krisztus Pilátus előtt és a Golgota –, amit már csak megkoronáz az épülő Parlament számára megrendelt, több mint száz alakot felvonultató Honfoglalás. Munkácsy festményeit a nemzetközi műkincspiacon is magasan jegyzik, alkotásai presztízsértékűek.

Csontváry Kosztka Tivadar

Csontváry a magyar festészet egyik kiemelkedő, tragikus sorsú képviselője, akinek alkotásait kortársai nem értették meg. Nem tartozott egyik irányzathoz sem, magát a „Napút festők" közé sorolta. Írásai különös, egyéni világnézetről tanúskodnak, amelyben elmeállapotának romlásával párhuzamosan egyre kevésbé választható szét a zsenialitás és az őrület. Festményeit halála után több mint egy évtizeddel kezdték el értékelni.

Kisszebenben született 1853-ban. Patikussegéd volt, amikor 1880-ban egy sugallatot kapott: „Te leszel a világ legnagyobb napút-festője, nagyobb Raffaelnél!" Ennek ellenére csak 41 éves korában kezdett el rendszeresen festeni. 1894-ben Münchenben Hollósy Simontól, majd 1895-től Karlsruhében, Düsseldorfban és Párizsban tanult, lényegében autodidakta volt. Az 1890-es évek végén kezdte meg sok nélkülözéssel együtt járó utazgatásait: Dalmáciában, Olasz- és Németországban, a Hortobágyon, Egyiptomban, Palesztinában, Athénban, Szíriában, Libanonban járt és festett.
1919-ben halt meg Budapesten. Legjelentősebb képei: Római híd Mosztárban, Görög színház Taorminában, Nagy-Tarpatak a Tátrában, Naptemplom Baalbekben, Magányos cérdus, Zarándoklás a libanoni cédrusokhoz, Mária kútja.

Tivadar Kosztka Csontváry

Csontváry was a celebrated Hungarian painter with a tragic fate, whose works were misinterpreted by his contemporaries. He didn't belong to any school of painting, identifying himself with the painters of the "Way of the Sun". His writings reveal his odd, unique world-view, with his genius and madness blending as his condition deteriorated. His paintings were only properly appreciated decades after his death.
Born in Kisszeben in 1853, he later worked as an assistant pharmacist when he had a vision in 1880: "You will be the greatest painter in the world, greater even than Raphael!" Still, he only began painting on a regular basis when he was 41 years old. Although he studied under Simon Hollósy in Munich from 1894 and later in Karlsruhe, Düsseldorf and Paris from 1895 onwards, he was basically a self-taught painter. At the end of the 1890s, he departed on an arduous journey through Dalmatia, Italy, Germany, the Hortobágy plain, Egypt, Palestine, Athens, Syria, and Lebanon while working on his paintings.
He died in 1919 in Budapest. His greatest paintings include the following: Roman Bridge at Mostar, The Ruins of the Greek Theatre at Taormina, Tarpatak in the Tatra, Great Temple at Baalbek, Lonely Cedar, Pilgrimage to the Cedars of Lebanon and Mary's Well at Nazareth.

Tivadar Csontváry Kosztka

Csontváry war ein hervorragender Vertreter der ungarischen Malerei, der ein tragisches Schicksal erlebte und dessen Werke seine Zeitgenossen nicht verstanden. Er gehörte keiner Stilrichtung an, er selbst zählte sich zu den „Malern des Sonnenweges". Seine Schriften zeugen von einer merkwürdigen, eigenartigen Weltsicht, in der parallell zur Verschlimmerung seines mentalen Zustandes, Genialität und Wahnsinn immer weniger voneinander zu trennen sind. Erst mehr als ein Jahrzehnt nach seinem Tode begann man seine Gemälde zu schätzen.
Er wurde 1853 in Kisszeben geboren. Er war Apothekergehilfe, als er 1880 die Eingebung hatte: „Du wirst der größte Maler des Sonnenweges in der Welt, größer als Raffaello!" Trotzdem begann er erst mit 41 Jahren regelmäßig zu malen. 1894 lernte er in München bei Simon Hollósy, ab 1895 in Karlsruhe, Düsseldorf und Paris, war aber im Wesentlichen Autodidakt. Ende der 1890er Jahre ging er auf Reisen, die ihm auch viele Entbehrungen brachten: er fuhr nach Dalmatien, Italien und Deutschland, Ägypten, Palestina, Athen, Syrien und in den Libanon und in die Puszta Hortobágy, und malte dort.
Er starb 1919 in Budapest. Seine wichtigsten Gemälde sind: Römische Brücke in Mostar, Griechisches Theater in Taormina, Der Große Tarbach in der Tatra, Sonnentempel in Baalbek, Einsame Zeder, Pilgerfahrt zu den Zedern im Libanon, Marias Brunnen.

Márai Sándor

„Ha akarnám, se lehetnék más, mint magyar, keresztény, polgár és európai" – vall magáról az előző század egyik legnagyobb írója.

Márai Sándor Kassán, 1900. április 11-én látta meg a napvilágot egy szász polgárcsalád első gyermekeként. Minden megtörtént vele, ami egy magyar íróval megtörténhetett: korai siker, elkapkodott, több kiadást megélt művek, a világégés, elhallgattatás, emigráció és elszigeteltség. Életének közel felét volt kénytelen idegen földön tölteni – előbb Svájcban, majd Olaszországban és az Egyesült Államokban –, s lelkét éppen akkor lehelte ki, amikor szeretett hazája, Magyarország felszabadult a kommunizmus igája alól. A nyelvvel való, sírig tartó viszonyát újságíróként kezdte (már húszévesen dolgozott a Thomas Mannt is foglalkoztató Frankfurter Zeitungnál), és verseket írt (első kötete, az Emlékkönyv verseskönyv). Alkotott színművet

Sándor Márai

"I could never be anything but a Hungarian, Christian, civic and European individual." This was the confession of one of the greatest writers of the last century. Sándor Márai was born in Kosice (Kassa) on 11 April 1900 as the eldest child of a Saxon bourgeois family. He went through all the phases a Hungarian writer could possibly experience: early success, works which flew off the shelf and which had to be reprinted on several occasions, the tribulations of the World War, being silenced, forced into emigration and becoming isolated from his homeland. He was forced to spend approximately half his life abroad – first in Switzerland, then in Italy and the United States – and passed away just when his beloved homeland, Hungary, was freed from the yoke of communism. His lifelong interest in language began as a journalist (at twenty years of age, he was already working for the Frankfurter Zeitung, which also employed Thomas Mann amongst others), and his work as a poet (his first volume entitled Scrapbook is a book of poetry). He wrote plays (including Magic and Adventure, the latter of which was published 351 times) and dramas (The Citizens of Kassa), still he was best known for his novels and diaries. Perhaps the most important of these is his work entitled Embers, which went on to achieve international acclaim, and the Confessions of a Haut-Bourgeois. A little-known fact about Sándor Márai is that he fell in love with actress Klári Tolnay during the stage adaptation of Magic; this is recorded in the posthumously published string of poems penned by the Unknown Chinese poet.

(ilyen a Varázs és a Kaland, utóbbi 351 előadást élt meg) és drámát (A kassai polgárok). Ismertté mégis regényei, illetve naplói tették. Ezek sorában élre kívánkozik az utólag világsikert elért A gyertyák csonkig égnek, és az Egy polgár vallomásai. Kevesen tudják Márai Sándorról, hogy a Varázs színpadi próbái kapcsán szerelemre lobbant Tolnay Klári iránt; ennek megörökítése az Ismeretlen kínai költő köntösébe bújva írott, s csak halála után kiadott versfüzér.

Sándor Márai

„Würde ich es auch wollen, ich könnte nichts anderes sein als Ungar, Christ, Bürger und Europäer", bekannte über sich einer der größten ungarischen Dichter des zwanzigsten Jahrhunderts. Sándor Márai wurde am 11. April 1911 in Kaschau (heute Kosice, Slowakei) geboren, als erstes Kind einer sächsischen Bürgerfamilie. Was einem ungarischen Dichter passieren kann, das ist ihm passiert: früher Erfolg, unfertige, aber in mehreren Auflagen erschienene Werke, der Weltkrieg, erzwungene Verstummung, Emigration und Isoliertheit. Er war gezwungen, mehr als die Hälfte seines Lebens in fremden Ländern zu verbringen – erst in der Schweiz, dann in Italien und in den Vereinigten Staaten –, und er tat gerade dann seinen letzten Atemzug, als seine geliebte Heimat Ungarn vom Joch des Kommunismus befreit worden ist. Sein Verhältnis zur ungarischen Sprache, das bis ans Grab anhalten sollte, entwickelte sich als er als Journalist arbeitete (schon mit zwanzig Jahren schrieb er für die Frankfurter Zeitung, für die auch Thomas Mann tätig war), später schrieb er Gedichte (sein zuerst publizierter Band waren die Gedichte „Poesiealbum"). Er schuf ein Bühnenstück („Magie und Abenteuer", das 351mal aufgeführt wurde) und das Drama „Kaschauer Bürger". Bekannt wurde er jedoch durch seine Romane bzw. seine Tagebücher. An der Spitze dieser zu erwähnen ist „Die Glut", das später zum Welterfolg wurde, sowie „Die Bekenntnisse eines Bürgers". Nur wenige wissen von Sándor Márai, dass er sich bei den Theaterproben zu „Magie" in die berühmte schöne Schauspielerin Klári Tolnay verliebte und diese Liebe in den nur posthum herausgegebenen „Gedichten eines unbekannten chinesischen Dichters" verewigte.

Neumann János

John von Neumann

The greatest achievement of Hungarian-born mathematician, physicist John von Neumann was the invention of the computer. All the computers in the world still function according to his theories to this very day.

He was born in Budapest in 1903. His exceptional talent was noticed as early as his student years at the Fasori Lutheran secondary school. He had a gift for languages and his mental computation skills almost exceeded those of the calculators at the time. He simultaneously majored in mathematics in Budapest and chemical engineering in Zurich, while also pursuing studies in Berlin. He received his PhD at 23 years of age and began teaching at the University of Berlin. In 1930, he travelled to America at the invitation of Princeton University, where he taught and conducted his research work for the rest of his life.

Neumann fashioned the computer after the mechanism of the human brain, first the EDVAC in 1944, which was the first machine capable of storing a program in its memory, and later the faster and cheaper IAS model. He was responsible for composing the so-called Neumann algebras in 1945 (binary numeral system, the arithmetic and central processing units, memory, internal program and data storage) which he wasn't willing to patent, since he felt: "The computer isn't the possession of any single man, but rather the property of humanity."

He passed away in Washington in 1957 with Princeton serving as his final resting place.

Neumann János magyar származású matematikus, fizikus legnagyobb érdeme, hogy feltalálta a számítógépet. Máig az ő elvei alapján működik a világ összes komputere.

1903-ban született Budapesten. Rendkívüli tehetsége már a Fasori Evangélikus Gimnáziumban megmutatkozott. Kiváló nyelvérzéke volt, fejszámolásban pedig csaknem lehagyta a korai elektronikus számológépeket. Egyszerre végezte a matematika szakot Pesten és a vegyészmérnökit Zürichben, mellette Berlinben is hallgatott stúdiumokat. 23 évesen ledoktorált, és elkezdett tanítani a berlini egyetemen. 1930-ban a princetoni egyetem meghívására Amerikába utazott, és ott tanított, végezte kutatásait élete végéig.

Neumann 1944-ben az emberi agy működésének mintájára alkotta meg a számítógépet, az EDVAC-ot, az első olyan gépet, amely már a programot is a memóriában tárolta, majd a gyorsabb és olcsóbb IAS-t. Az 1945-ben megfogalmazott ún. Neumann-elveket (kettes számrendszer, aritmetikai egység és központi vezérlőegység alkalmazása, memória, belső program- és adattárolás) nem engedte szabadalmaztatni, mert mint mondta: „A számítógép nem egy vagy több ember tulajdona, hanem az egész emberiségé."

Washingtonban halt meg 1957-ben, nyughelye Princetonban van.

John von Neumann

Das größte Verdienst von János Neumann, dem Mathematiker und Physiker ungarischer Herkunft ist es, dass er den Computer erfunden hat. Alle Computer in der Welt funktionieren bis heute noch auf Grund seiner Theorien. Er wurde 1903 in Budapest geboren. Sein außerordentliches Talent zeigte sich bereits als er das Gymnasium besuchte. (Das Budapester Evangelische Gymnasium „Fasori"). Er besaß einen hervorragend guten Sinn für Fremdsprachen und im Kopfrechnen war er fast schneller als die damaligen Kalkulatoren. Er studierte gleichzeitig Mathematik in Budapest und Chemie in Zürich, nebenbei besuchte er auch Vorlesungen in Berlin. Mit 23 Jahren erwarb er den Doktortitel und unterrichtete von da an an der Berliner Universität. 1930 flog er auf eine Einladung der Princeton Universität nach Amerika, wo er bis ans Ende seines Lebens unterrichtete und seine Forschungsarbeit durchführte.

Neumann schuf seine Computer: den EDVAC (1944), der das Programm in der Memorie speicherte und später den schnelleren und billigeren IAS nach der Analogie des menschlichen Gehirns. Die 1945 formulierten, sog. Neumann-Theorien ließ er nicht patentieren, denn – wie er selbst meinte – „Der Rechner ist nicht Eigentum eines oder mehrerer Menschen sondern das der ganzen Menschheit."

Rubik Ernő

Ernő Rubik

*Ernő Rubik d. J. ist Architekt und Konstruk-
teur, seine erfolgreichste Erfindung ist das
1967 patentierte räumliche Logikspiel, das
später unter den Benennungen „Zauberwür-
fel" oder „Rubik-Würfel" weltweit bekannt war.
1980 wurden davon allein in Ungarn eine
Million Stück verkauft. Ursprünglich wollte der
Erfinder damit räumliche Bewegungen veran-
schaulichen, erst später stellte es sich heraus,
dass es auch als Spielzeug ausgezeichnet ist:
die kleineren Würfel sollen so gedreht wer-
den, dass auf alle Seiten des großen Würfels
Würfel in derselben Farbe kommen.
Ernő Rubik wurde 1944 in Budapest gebo-
ren. Auch sein Vater war Erfinder und Flug-
zeugkonstrukteur, seine Mutter Dichterin. Erst
erwarb er das Architektendiplom, dann stu-
dierte er Bildhauerei und Innenarchitektur. Er
arbeitete bis 1975 als Architekt, unterrichtete
danach an der Kunstgewerbehochschule. In
den achtziger Jahren entwarf er Möbelstücke
und Spielzeug. Ab 1987 war er Titularprofes-
sor, wurde 1990 Präsident der Ungarischen
Ingenieurakademie, später Ehrenpräsident.
Gegenwärtig führt er das Rubik Studio und
beschäftigt sich mit der Entwicklung von
Spielsoftwares und mit Architektur. Ernő Rubik
entwarf auch andere Logikspiele („Schlan-
ge", „Zaubervierecke", „Zauberdomino",
„Rubik-Uhr"), aber keines von ihnen er-
reichte den Erfolg des Würfels.*

Ifj. Rubik Ernő építész, tervező legsikeresebb találmá-
nya az 1976-ban szabadalmazott térbeli logikai játék,
amely később „Bűvös kocka" vagy „Rubik-kocka" né-
ven terjedt el. 1980-ban csak Magyarországon egymil-
lió darab kelt el belőle. Eredetileg a térbeli mozgásokat
akarta vele szemléltetni a feltaláló, csak később derült
ki, hogy játéknak is kitűnő: a színes kis kockákat úgy
kell forgatni, hogy a nagy kocka minden lapjára azonos
színűek kerüljenek. Nehéz kirakni, ügyesség, jó térlátás
és türelem kell hozzá.

Ernő Rubik

*The most successful invention of architect Ernő Rubik was the spatial
logical puzzle patented in 1976, known as the "Magic Cube" or "Rubik's
Cube". In 1980, they sold over one million of the puzzles in Hungary
alone. Originally, the inventor intended to use it for demonstrat-
ing spatial movement, but it later turned out that his in-
vention is also a source of a lot of fun: the coloured
cubes have to be arranged in a way in which
the individual tiles of a single side are all
the same colour. It's hard to solve the
puzzle, which requires skill, spatial
sense and patience.
Ernő Rubik was born in Bu-
dapest in 1944. His father
was also an inventor and
an aircraft designer,
whilst his mother
was a poet. He
first achieved a
degree in architec-
tural engineering,
and later studied
sculpting and inte-
rior architecture. He
worked as an engineer
until 1975 and later taught
at the Budapest College of
Applied Arts. He designed
a wide range of furniture and
toys in the eighties. In 1987, he be-
came a professor with full tenure as well as the
president of the Hungarian Engineering Academy in
1990, later serving as its honorary president. He cur-
rently manages the Rubik Studio and also focusing on the
development of game software and architecture.
Ernő Rubik designed a number of other logic puzzles ("Rubik's Snake",
"Rubik's Magic", "Domino Cube", "Rubik's Clock"), but none of these
proved to be as successful as the original Rubik's Cube.*

Rubik Ernő Budapesten szüle-
tett 1944-ben. Édesapja szin-
tén feltaláló, repülőgép-terve-
ző, édesanyja költő volt.
Előbb építészmérnöki
diplomát szerzett, majd
szobrászatot és bel-
sőépítészetet tanult.
1975-ig építészként
dolgozott, azután
az Iparművészeti
Főiskolán taní-
tott. A nyolc-
vanas években
bútorokat és
játékokat ter-
vezett. 1987-
től címzetes
e g y e t e m i
tanár, 1990-
ben a Magyar Mér-
nökakadémia elnöke,
később tiszteletbeli
elnöke lett. Jelenleg
a Rubik Stúdiót vezeti,
valamint játékszoftverek
fejlesztésével és építészet-
tel foglalkozik.
Rubik Ernő több logikai játékot
is tervezett („Kígyó", „Bűvös négy-
zetek", „Bűvös dominó", „Rubik-
óra"), de egyiknek sem lett olyan
sikere, mint a kockának.

Szabó István

Szabó István a magyar filmművészet kortalan alakja, örökbecsű mozgóképek alkotója. Viszonylag keveset forgatott, de magasan kiemelkedett a közép-európai mezőnyből: 1982-ben Mephisto című filmje Oscar-díjat nyert, rendezői talentumát pedig harmincnál is több díjjal ismerték el a világ filmfesztiváljain.

Szabó István – bár magánemberként derűs, életvidám gentleman – rendszerint komor sorsdrámákat forgatott, amelyek az egyén és a történelem, a művész és a társadalom viszonyát boncolgatják. Leghíresebb alkotása, a Mephisto egy trilógia nyitódarabja. A folytatásaként felfogható, s úgyszintén Klaus Maria Brandauer színészi alakjára épülő Redl ezredest és Hanussent már nem érte utol a világhír, de semmiben sem maradnak el elődjüktől. Ugyancsak trilógiát alkotnak Szabó István meghatározó korai művei (Álmodozások kora, Apa, Szerelmesfilm), amelyek a fentiekkel szemben nem a világháborúk előtti és alatti emberi helyzeteket, hanem a háború utáni magyar valóságot festik elénk. Ismertebb művek még az életműből a nagyon szűk térben játszódó Bizalom (1980), és a rendszerváltás visszásságait megörökítő Édes Emma, drága Böbe (1992). Mielőtt újra hazatalált volna rendezőnk (Úri muri, 2006), komoly nemzetközi koprodukciók kerültek ki kezei közül. Így a Találkozás Vénusszal, a Szembesítés, és a hazai témát világsztárok bevonásával feldolgozó Napfény íze, amit az amerikai kritikusok Arany Glóbusz-díjra is jelöltek.

István Szabó

István Szabó is a timeless figure of Hungarian film art and a maker of valuable films. Although he has made relatively few films, he still towers over the rest of the Eastern European scene: in 1982, his film entitled Mephisto won an Oscar, whilst his directing skills have gained him over thirty awards at various film festivals all over the world. István Szabó – a cheerful, light-hearted gentleman in private – usually shot films which portrayed sullen dramas of fate, which focus on the relationships of individuals and history, as well as artists and society. His most famous piece, Mephisto, is the first in a trilogy of films. The following two pieces which serve as its continuation, Colonel Redl, also based on the acting of Klaus Maria, and Hanussen were not nearly as famous as the first film, even though they were no worse than their predecessor. István Szabó's early films also constitute a trilogy (The Age of Illusions, Father, Lovefilm), which – as opposed to the previously mentioned films – are not concerned with personal relations before and during the First and Second World War, depicting instead the Hungarian reality following the wars. His other well-known films include Confidence (1980) focusing on a very constricted space and Dear Emma, Sweet Böbe (1992), which deals with the peculiarities of the change of regime. Before returning to his home country, he was involved in a number of major international co-productions, including Meeting Venus, Taking Sides and Sunshine, the latter of which dealt with Hungarian subject-matter with the involvement of international stars and was later nominated for a Golden Globe award by the Hollywood Foreign Press Association.

István Szabó

István Szabó ist eine zeitlose Gestalt der ungarischen Filmkunst, Schöpfer vieler wertvoller Filme. Er drehte zwar relativ wenig, ragt aber aus dem mitteleuropäischen Feld weit heraus: 1982 erhielt sein Film „Mephisto" einen Oscar-Preis, und sein Talent wurde bei internationalen Filmfestspielen mit über dreißig Preisen anerkannt. Als Privatmensch ist er ein heiterer, lebensfroher Gentleman, seine Filme behandeln in der Regel düstere Schicksalsdramen, die das Verhältnis von Individuum und Geschichte, Künstler und Gesellschaft schildern. Sein bekanntestes Werk, „Mephisto" ist das erste Stück einer Trilogie. Die als seine Fortsetzung geltende Filme, „Oberst Redl" und „Hanussen", deren Hauptdarsteller ebenfalls Klaus Maria Brandauer war, wurden nicht weltberühmt, obwohl sie in nichts hinter ihrem Vorgänger zurückbleiben. Auch die wichtigen Filme seines Frühwerks (Zeit der Träume, Vater, Ein Liebesfilm) bilden eine Trilogie, die abweichend von den oben erwähnten nicht menschliche Situationen vor und während der Weltkriege, sondern das ungarische Leben nach dem Zweiten Weltkrieg darstellen. Zu seinen bekannteren Werken gehören noch der in sehr engem Raum spielende „Vertrauen" (1980) und „Süße Emma, liebe Böbe" (1992), der die Widrigkeiten des Systemwechsels schildert. Große internationale Koproduktionen waren „Zauber der Venus" und „Taking Sides – Der Fall Furtwängler". Mit Heranziehen von Weltstars verarbeitet „Ein Hauch von Sonnenschein" ein ungarisches Thema. Amerikanische Filmkritiker nominierten den Film für den Golden Globe.

Victor Vasarely

Vasarely a leghíresebb XX. századi magyar festők egyike. Művészetét az op-art (optikai művészet) határozta meg, az a stílusirányzat, amelynek ő a legnagyobb képviselője. Festészetének kulcsszavát, a mozgást úgy értelmezte, mint „azt az erőszakot, amellyel a szerkezetek szemünk recehártyáján közvetlen ingert okoznak".

1908-ban született Pécsett. Eredeti neve Vásárhelyi Győző volt. A budapesti orvostudományi egyetemen kezdte érdekelni a festészet. Bortnyik Sándor alkotói csoportjához csatlakozva eszmélt rá arra, hogy a művészet nem kell, sokkal inkább elvárandó, hogy használható legyen. 1930-ban Párizsba költözött, és reklámgrafikai munkákból élt. Festeni csak 1944-ben kezdett. Korai művei szürrealisták, kedvelte a fekete-fehér kontrasztot, a párhuzamosokat, a perspektíva-ábrázolást. Sok képe optikai csalódást okoz, ilyenek például a zebrákat ábrázolók. 1951-től az ún. Denfer-korszakban kezdte vizsgálódásait az optika, a kinetika terén. Utolsó, Egyetemes struktúrák korszakában a geometriai formák egymásba alakulnak, a nyolcszögek körökké, gömbökké, a négyszögek hatszöggé, majd oválissá válnak.

Vasarely Párizsban halt meg 1997-ben. Pécsi szülőházában állandó kiállítás őrzi emlékét.

Victor Vasarely

Vasarely gehört zu den berühmtesten ungarischen Malern im 20. Jahrhundert. Für seine Kunst war die Op Art (die optische Kunst) bestimmend, die Stilrichtung deren namhaftester Vertreter er war. Als zentralen Begriff seiner Malerei betrachtete er die Bewegung als „die Gewalt, mit der die Strukturen auf der Netzhaut unserer Augen einen direkten Reiz herbeiführen".

Er wurde 1908 in Pécs geboren. Sein ursprünglicher Name war Győző Vásárhelyi. Während seiner Studien an der Budapester Medizinischen Universität erwachte sein Interesse für die Malerei. Er schloss sich der Künstlergruppe um Sándor Bortnyik an, und entdeckte, dass die Kunst nichts darzustellen hat, vielmehr ist von ihr zu erwarten, dass sie brauchbar ist. 1930 zog er nach Paris und lebte von werbegrafischen Arbeiten. Mit dem Malen begann er erst 1944. Anfangs schuf er surrealistische Werke, mochte den Kontrast schwarz-weiß, die Parallellen und die Darstellung der Perspektive. Viele Bilder von ihm führen zu optischen Täuschungen, so z.B. die Zebra-Bilder. Ab 1951, in der sog. Denfer-Periode führte er Untersuchungen zur Optik und zur Kinetik durch. In seiner letzten Periode, in der der Universellen Strukturen gehen die geometrischen Formen ineinander über, die Achtecke werden zu Kreisen und Kugeln, die Vierecke zu Sechsecken und dann zu Ovalen.

Vasarely starb 1997 in Paris. In seinem Geburtshaus in Pécs ist eine ständige Ausstellung zum Andenken an ihn eingerichtet.

Victor Vasarely

Vasarely was one of the most famous Hungarian painters of the 20th century. His style was defined by the so-called op-art (optical art), of which he was the greatest proponent. Movement was a key element of his work, which he defined as "the violence which structures cause as a direct stimulus on our retina".

He was born in Pécs in 1908. His original name was Győző Vásárhelyi. He became interested in painting while studying at the Medical University of Budapest. Once joining Sándor Bortnyik's workshop, he realised that art doesn't necessarily have to portray anything and can instead serve a purpose. He moved to Paris in 1930 and made a living from graphic advertising. He only began painting in 1944. His early works were surrealistic and he favoured the use of black-and-white colours, parallels and perspective portrayal. Many of his works create an optical illusion, for example, his works depicting zebras. From 1951, during his so-called Denfert period, he began investigating optic and kinetics. In his final period of Universal Structures, the geometric shapes blend into one another, with octagons turning into circles and spheres, squares turning into hexagons and then later morphing into ovals.

Vasarely died in Paris in 1997. The permanent exhibition at his birthplace in Pécs serves as a monument to his life's work.

Sebestyén Márta

Sebestyén Márta hazánk legismertebb népdalénekese, Magyarország kulturális nagykövete. Több mint 30 éve szerepel a világ minden táján, énekelt a japán császár, a spanyol király és az angol uralkodócsalád tagjai előtt. Csengő hangjában megszólal a múlt, és életre kelnek a népdalokba rejtett, ősidők óta változatlan emberi érzések.

1957-ben született Budapesten. Édesanyja Kodály Zoltán tanítványa volt, így érthető, hogy a kis Márta életét a zene töltötte ki. Érdeklődése azonban sokrétű volt, művészi tornázott, és szenvedélyesen rajzolt (hobbija ma is a képzőművészet). Végül mégis a népdalok bűvölték el legjobban. Énekhangjára, különleges előadói tehetségére már kislány korában felfigyeltek. Hatévesen készült első lemezfelvétele, azóta 70 lemeze jelent meg. Énekel Az angol beteg című filmben, amely a kilencből az egyik Oscar-díjat a legjobb filmzenéért kapta (Szerelem, szere-

Márta Sebestyén

Márta Sebestyén is Hungary's most famous folk singer and a true cultural ambassador. She has performed all over the world for the past 30 years, singing for the Japanese emperor, the Spanish king and members of the English royal family. Her captivating voice evokes the past, bringing to life the century-old human emotions captured in the folk songs.

She was born in Budapest in 1957. Her father was a disciple of Zoltán Kodály, so it's no wonder the life of the young Márta revolved around music. She had a number of wide-ranging interests, including artistic gymnastics and drawing (fine art is still one of her hobbies); still, the world of folk songs captivated her the most. Her voice and unique performance skills were noticed at an early age. Her first recording was made at six years of age, which has since been followed with over 70 additional recordings. She sang in the film "The English Patient", one of whose nine Oscar awards was for the best music and original dramatic score (Szerelem, szerelem...), as well as Deep Forest's Grammy Award-winning world music album.

Sebestyén Márta performs both as a soloist and with musical accompaniment. The Bolya-Donga Duo are her constant partners, but she also often performs with the Gryllus brothers as well as the Söndörgő, Muzsikás and Vujicsics ensembles. She not only performs regional songs of Hungary, but also a number of European folk songs in their original language.

Márta Sebestyén

Márta Sebestyén ist eine der bekanntesten Volksliedsängerinnen Ungarns, eine Botschafterin der ungarischen Kultur.

Seit mehr als 30 Jahren tritt sie auf Bühnen der ganzen Welt auf, sie hat schon für den japanischen Kaiser, den spanischen König und für Mitglieder der britischen Herrscherfamilie gesungen. Mit ihrer klaren Stimme ruft sie die Vergangenheit wach, und besingt Gefühle, die mit den Volksliedern seit Jahrhunderten unverändert besungen werden.

Sie wurde 1957 in Budapest geboren. Ihre Mutter war Schülerin von Zoltán Kodály gewesen, so ist es kein Wunder, dass ihre Kindheit von der Musik geprägt war. Ihr Interesse galt aber nicht nur der Musik. Sie war Turnerin und hat leidenschaftlich gemalt. (Bildende Kunst ist bis heute noch ihr Hobby.) Am Ende waren es aber doch die Volkslieder, die sie am meisten begeisterten. Ihre Stimme und ihr besonderes Talent fielen bereits in ihrer Kindheit auf. Mit 6 Jahren wurde ihre erste Platte aufgenommen, auf die 70 weitere folgten. Sie singt „Szerelem, szerelem..." im Film „Der englische Patient", der einen seiner 9 Oscar-Preise eben für den besten Soundtrack erhielt. Man kann sie aber auch auf der Grammy-Preisgewinner Worldmusic Platte von Deep Forest hören.

Márta Sebestyén tritt sowohl solo als auch mit Begleitung auf. Ihr ständiger Partner ist das Bolya-Dongó Duo, aber sie tritt auch oft mit den Gebrüdern Gryllus oder mit Gruppen wie die Söndörgő, die Muzsikás oder die Vujisics auf. Sie singt nicht nur ungarische Volkslieder, sondern auch Volkslieder anderer europäischer Länder, sogar in der Originalsprache.

lem...), és a Deep Forest Grammy-díjas világzene albumán.

Sebestyén Márta szólóban és zenei kísérettel is fellép. Állandó partnere a Bolya-Dongó Duó, de gyakran szerepel a Gryllus testvérekkel, a Söndörgővel, a Muzsikással és a Vujicsics Együttessel is. Nemcsak a magyar tájegységek dalait énekli, hanem az európai népekét is eredeti nyelven.

Liszt Ferenc

Az 1811-ben, Doborjánban született Liszt Ferenc egyszerre volt virtuóz zongoraművész, legendás zeneszerző és nagyszerű zenepedagógus. Csodagyerekként került Bécsbe, 11 évesen már komponált, ragyogó tehetségével elkápráztatta környezetét. Később családjával Párizsba költözött, ahol a gyerekzsenit új Mozartként méltatták a korabeli újságok.

Felnővén saját maga tervezte kocsijával – amelyben egy zongora is helyet kapott – több ízben is beutazta Európát. Koronás királyok és dúsgazdag arisztokraták csábították, de a tömegekhez is szólni kívánt, ezért ingyenes hangversenyeket is adott. 1848-ban Weimarba költözött, és udvari karmesterként kezdett el tevékenykedni. Művei újítások sokaságát mutatták, rendkívüli műveltsége zenéjéből is kitetszett. 1870-től idejét Budapest, Weimar és Róma között osztotta meg. A mester 1886-ban bekövetkezett haláláig aktívan foglalkozott a zenével, töretlenül népszerűsítve a kortárs szerzőket (Berlioz és Chopin baráti köréhez tartoztak, Wagnert anyagilag is támogatta). Mítosza kikezdhetetlennek bizonyult: sokan a romantika korszakának legnagyobb komponistájaként méltatják, mások minden idők legnagyszerűbb zongoraművészeként említik nevét.

Ferenc Liszt

Der 1811 in Doborján geborene Ferenc Liszt war zugleich virtuoser Pianist, legendärer Komponist und großartiger Musikpädagoge. Er kam als Wunderkind nach Wien, mit 11 Jahren hat er schon komponiert und faszinierte seine Umgebung mit seinem brillanten Talent. Später zog er mitsamt der Familie nach Paris, wo das Kindergenie von den zeitgenösssichen Blättern als neuer Mozart gepriesen wurde. Als Erwachsener bereiste er mehrmals Europa im eigens entworfenen Wagen, in dem auch ein Klavier untergebracht war. Gekrönte Häupter und steinreiche Aristokraten lockten ihn an, er wollte jedoch auch die großen Massen unterhalten und gab deshalb auch Konzerte mit freiem Eintritt. 1848 zog er nach Weimar und begann dort eine Tätigkeit als Hofdirigent. Seine Werke wiesen eine Reihe von Neuerungen auf, er war auch außerordentlich gebildet, was auch an seiner Musik zu merken war. Ab 1870 teilte er seine Zeit zwischen Budapest, Weimar und Rom. Bis zu seinem Tode im Jahr 1886 beschäftigte er sich aktiv mit der Musik, und tat viel für die Popularisierung zeitgenössischer Komponisten (Berlioz und Chopin gehörten zu seinem Freundeskreis, Wagner unterstützte er auch finanziell). Liszts Mythos erwies sich als unanfechtbar: viele würdigen ihn als größten Komponisten der Romantik, andere bezeichnen ihn als den großartigsten Pianisten aller Zeiten.

Franz Liszt

Franz Liszt, born in 1811, in the village of Raiding (Doborján) was simultaneously a virtuoso pianist, a legendary composer and a superb teacher of music. As an infant prodigy, he was taken to Vienna, and began composing at 11 years of age, dazzling those around him with his amazing talent. Later on, he moved to Paris with his family, where the contemporary critics referred to the child genius as the new Mozart. As an adult, he travelled all across Europe in a car of his own design – which housed a piano. He was lured by crowned kings and aristocrats, yet he longed to address the masses, and therefore gave a number of free concerts. In 1848, he moved to Weimar and began his work as the royal composer. His works were very innovative and his exceptionally erudite nature was echoed in his compositions. From 1870, he spent his life travelling between Budapest, Weimar and Rome. The master actively worked on music until his death in 1886, while indefatigably popularising a number of contemporary composers (his friends included Berlioz and Chopin, whilst he financially supported Wagner). His myth proved to be untarnishable: many refer to him as the greatest composer of the romantic period, whilst others consider him to be greatest pianist of all time.

100 Tagú Cigányzenekar

A 100 Tagú Cigányzenekar hagyományápoló művészeti tevékenysége felbecsülhetetlen érték, nincs párja a világon. Tagjai főleg cigány muzsikusok, akik komolyzenét és tradicionális magyar cigányzenét játszanak.

100-Member Gypsy Orchestra

The traditional, artistic work of the 100-Member Gypsy Orchestra is a highly unique, unparalleled cultural asset. The orchestra mainly consists of Roma musicians, who play both classical and traditional Hungarian gypsy music. The 100-Member Orchestra was originally established with 138 musicians and currently has 140 members.

79

Az együttes valójában nem 100 tagú, eredetileg 138 zenésszel alakult meg, ma 140 tagja van. A zenekar egyesületként működik, eredeti neve Budapest Cigányzenekar, a szakma adta neki a 100 Tagú nevet. 1985-ben jött létre a fővárosban, fél évvel azután, hogy Járóka Sándor prímáskirály temetésén összeállt egy nagy létszámú alkalmi együttes, és megmutatta: érdemes összefogni a hazai tehetséges roma zenészeket. Az ország legjobb muzsikusaiból verbuválódott zenekar első művészeti igazgatója Berki László, elnöke Gyenes József, alelnöke Boross Lajos volt. A bemutatkozó koncertet 1986-ban a Budapesti Kongresszusi Központban tartották: a siker hatalmas volt. Azóta 21 lemezt, köztük 3 platina, 5 arany albumot jelentetett meg és több mint ezer hangversenyt adott a zenekar világszerte. Emlékezetes az 1998-as fellépés a Lisszaboni Világkiállítás megnyitóján, és a monte-carlói szabadtéri koncert az ezredforduló éjszakáján.

Az egyesület elnöke most „Buffó" Rigó Sándor, alelnöke Lendvai „Csócsi" József, főtitkára „Beke" Farkas Nándor.

The orchestra functions as an association, originally called the Budapest Gypsy Symphony Orchestra, which was later dubbed the 100-Member Orchestra by their colleagues. The ensemble was established in 1985 in Budapest, six months after the funeral of renowned first violinist Sándor Járóka, where a large, ad hoc band was formed, proving that it's worth joining forces for the sake of talented, local Roma musicians. László Berki was the first artistic director of the orchestra, which recruited the country's most talented, with József Gyenes serving as its director and Lajos Boross as its deputy director. Their first, hugely successful concert was held at the Budapest Congress & World Centre in 1986. The orchestra has since released 21 albums, including 3 platinum and 5 gold albums and has given over a thousand concerts all around the world. This long list of events includes their memorable performance at the opening ceremony of the 1998 Lisbon World Exhibition and the open-air concert in Monte Carlo in the year 2000.

The association's current director is Sándor „Buffó" Rigó, with József „Csócsi" Lendvai serving as its deputy director and Nándor „Beke" Farkas as its secretary-general.

Das Orchester der 100 Zigeunermusiker

Das Orchester der 100 Zigeunermusiker erfüllt eine weltweit einmalige Aufgabe, indem es mit seiner künstlerischen Tätigkeit die Traditionen der Zigeunermusik pflegt und damit einen unschätzbaren Wert schafft. Die Mitglieder sind Zigeunermusiker, die klassische Musik und traditionelle ungarische Zigeunermusik spielen. Eigentlich besteht das Ensemble nicht aus 100 Mitgliedern, gegründet wurde es mit 138 Mitgliedern, zur Zeit hat es 140 Mitglieder.

Das Orchester funktioniert als Verein, sein ursprünglicher Name war Zigeunerorchester Budapest, die Benennung Orchester der 100 Zigeunermusiker erhielt es von den Kollegen. Das Orchester ist 1985 in Budapest entstanden, ein halbes Jahr danach, als sich anlässlich der Beisetzung des Primaskönigs Sándor Járóka ein Gelegenheitsensemble mit vielen Mitgliedern formierte, was gezeigt hat, dass es sich lohnt, die begabten Romamusiker

Ungarns zusammenzufassen. Der erste künstlerische Direktor dieses aus besten Musikern des Landes bestehenden Orchesters war László Berki, sein Vorsitzender József Gyenes und dessen Stellvertreter Lajos Boross. Das Orchester hielt sein Vorstellungskonzert 1986 im Budapester Kongresszentrum, mit Riesenerfolg. Es gab inzwischen 21 Platten heraus, darunter 3 Platin- und 5 Goldalben und gastierte weltweit mit tausenden Konzerten. Denkwürdig ist ihr Auftritt bei der Eröffnungsfeier der Weltausstellung in Lissabon sowie ihr Open-air-Konzert in der Nacht der Jahrtausendwende in Monte Carlo. Vorsitzender des Vereins ist gegenwärtig Sándor „Buffó" Rigó, sein Stellvertreter József Lendvai „Csócsi", der Generalsekretär Nándor „Beke" Farkas.

Semmelweis Ignác

Az „anyák megmentője" teljes egészében választott hivatásának áldozta életét. Gondossága, önzetlensége és szakmai felkészültsége miatt páciensei csodálattal tekintettek rá, de a korabeli orvostársadalom sokáig értetlenséggel vegyes rosszindulattal fogadta újszerű nézeteit.

Pályafutását a bécsi közkórházban kezdte, majd a pesti Szt. Rókus Kórház szülészeti osztályán vállalt főorvosi állást. Felfedezte, hogy a gyermekágyi lázként leírt betegséget maguk az orvosok okozzák, akik a boncteremből mennek át a szülészeti osztályra, nem fertőtlenítik

Ignác Semmelweis

„Der Retter der Mütter" opferte sein ganzes Leben vollständig dem Beruf, den er sich gewählt hatte. Von den Patienten wurde er wegen seiner Gründlichkeit, Uneigennützigkeit und seines fachlichen Könnens bewundert, aber die zeitgenössische Ärzteschaft nahm seine neuartigen Ansichten lange Zeit mit Unverständnis und Böswilligkeit auf. Die Laufbahn von Semmelweis begann im Wiener Allgemeinen Krankenhaus, später wurde er Chefarzt an der Entbindungsstation des St. Rochus Krankenhauses in Budapest. Er entdeckte, dass die als Kindbettfieber beschriebene Krankheit von den Ärzten selbst verursacht wird, wenn sie vom Seziersaal in die Entbindungsabteilung gehen, die Hände nicht desinfizieren und so die gefährlichen Krankheitserreger übertragen. Semmelweis führte daher strenge antiseptische Verfahren ein, durch die er den Anteil an Todesfällen wegen Kindbettfieber unter ein Prozent drücken konnte. Mit seiner gewissenhaften Arbeit rettete er das Leben von Tausenden Frauen, die Arztkollegen lehnten seine in deutscher und ungarischer Sprache publizierten Studien trotzdem lange Zeit ab. Ignác Semmelweis war seiner Zeit eindeutig voraus: seine Methoden wurden erst ab 1877, 12 Jahre nach seinem Tode in breiten Kreisen angewendet. Heute trägt die Budapester Medizinische Universität seinen Namen, und sein antiseptisches Verfahren bildet einen unerlässlichen Teil der täglichen medizinischen Praxis.

Ignaz Semmelweis

The "saviour of mothers" devoted his entire life to his chosen profession. His patients were amazed by his diligence, selflessness and professional knowledge, although for a long time, his contemporary medical colleagues treated his innovative theories with a mixture of incomprehension and animosity. He began his career at the General Hospital in Vienna, later becoming the head physician of the obstetric ward at the St Rochus Hospital in Budapest. He discovered that the incidence of childbed illness was actually caused by the doctors themselves, by walking from the dissection lab to the maternity ward without disinfecting their hands and thus carrying with them a number of lethal pathogens. Semmelweis thus introduced a number of strict antiseptic measures, enabling them to keep the fatalities caused by childbed illness below one percent. His conscientious work saved the lives of thousands of mothers, yet his studies published in German and Hungarian were dismissed by his colleagues for a long time. Ignaz Semmelweis was clearly ahead of his time: his methods were only broadly adopted from 1877, 12 years after his death. Today, a medical university is named after him, whilst his antiseptic procedures have become an indispensable part of medical practice.

kezüket, ily módon hurcolva át a veszélyes kórokozókat. Semmelweis ezért szigorú antiszeptikus eljárásokat vezetett be, amelyek segítségével sikerült egy százalék alá csökkentenie a gyermekágyi láz okozta halálesetek arányát. Lelkiismeretes munkájával anyák ezreinek mentette meg az életét, német és magyar nyelven publikált tanulmányait mégis sokáig elutasították orvostársai. Semmelweis Ignác egyértelműen megelőzte a korát: módszereit csak 1877-től kezdődően, halála után 12 évvel kezdték el szélesebb körben alkalmazni. Ma már orvosi egyetem viseli nevét, antiszeptikus eljárása pedig a mindennapos orvosi gyakorlat elengedhetetlen része.

Teller Ede

A XX. század egyik legnagyobb fizikusa Budapesten született 1908-ban. Műszaki egyetemre járt, majd 18 évesen elhagyta Magyarországot. Lipcsében Werner Heisenberg, a Nobel-díjas fizikus volt a professzora, doktorátusát 1930-ban nála szerezte meg. Már ekkor kitűnt a fizikusok közül zsenialitásával, így a rákövetkező években Enrico Fermi, illetve Niels Bohr mellett dolgozott forradalmian újszerű kutatásokban.

1934-ben el kellett hagynia Németországot, majd Anglia érintésével az Egyesült Államokba emigrált. Szilárd Leóval segített Ferminek megépíteni az első atommáglyát, ily módon igazolva a szabályozott láncreakció elméletét. Részt vett a Manhattan-programban, támogatva az USA háborús erőfeszítéseit, de a második atombomba ledobását határozottan bírálta. A hidegháború éveiben kulcsszerepet játszott a hidrogénbomba kifejlesztésében, és az atomenergia polgári célú felhasználásával is foglalkozott, a nukleáris reaktorok biztonsága volt a szakterülete. 1958-ban Albert Einstein-díjjal tüntették ki, négy évre rá Kennedy elnöktől vehette át a Fermi-díjat. A lángelméjű tudós 2003-ban távozott közülünk; halála előtt két hónappal adta át neki Bush elnök a Szabadság Elnöki Medálja kitüntetést.

Ede Teller

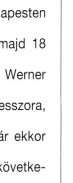

Einer der größten Physiker des 20. Jahrhunderts wurde 1908 in Budapest geboren. Er besuchte die Technische Universität, und verließ Ungarn mit 18 Jahren. In Leipzig war der Nobelpreisträger Werner Heisenberg sein Professor und 1930 sein Doktorvater. Schon damals ragte Teller unter den Physikern mit seiner Genialität hervor, so arbeitete er in den folgenden Jahren an revolutionär neuartigen Forschungen an der Seite von Enrico Fermi, bzw. Niels Bohr. 1934 musste er Deutschland verlassen, emigrierte zunächst nach England und dann in die Vereinigten Staaten. Zusammen mit Leó Szilárd half er Fermi den ersten Atommeiler zu bauen, und wies auf diese Weise die Theorie der kontrollierten Kettenreaktion nach. Er beteiligte sich am Manhattan-Programm, unterstützte die Kriegsbestrebungen der USA, kritisierte aber entschieden den Abwurf der zweiten Atombombe. In den Jahren des kalten Krieges spielte Teller bei der Entwicklung der Wasserstoffbombe eine Schlüsselrolle, und beschäftigte sich auch mit der Verwendung der Atomenergie im Zivilleben, sein Fachgebiet war die Sicherheit der Nuklearreaktoren. 1958 wurde Teller mit dem Albert Einstein-Preis ausgezeichnet, vier Jahre später übernahm er den Fermi-Preis aus der Hand von Präsident Kennedy. Der geniale Wissenschaftler verstarb 2003; zwei Monate vor seinem Tode überreichte ihm Präsident Bush die Freiheitsmedaille des Präsidenten der USA.

Edward Teller

The greatest physician of the 20th century was born in Budapest in 1908. He studied at the Technical University and then left Hungary when he was 18 years old. In Leipzig, he studied under the Nobel-prize-winning professor Werner Heisenberg, gaining his PhD in 1930. His genius quickly set him apart from other physicians; therefore he studied alongside Enrico Fermi and Niels Bohr in the years that followed and was involved in a number of revolutionary research programmes. He was forced to leave Germany in 1934 and emigrated to the United States after a brief stay in England. Together with Leó Szilárd, he assisted Fermi in constructing the first nuclear pile, thus confirming his controlled chain reaction theory. He took part in the Manhattan project, supporting the USA's war efforts, although he firmly criticised the decision to drop the second atomic bomb. In the cold war years, he played a key role in developing the hydrogen bomb, as well as focusing on the peaceful use of atomic energy, specialising in the field of nuclear reactors. In 1958, he received the Albert Einstein award and four years later, he received the Fermi award from President Kennedy. This giant of a scientist left us in 2003; President Bush awarded him with the Presidential Medal of Freedom just two months before his death.

Aggteleki karszt

Magyarország északkeleti csücskén, Aggtelek, Jósvafő környezetében járva lankás dombokat, a fű közül kivillanó fehér mészkősziklákat, kis patakokat láthat az utazó. A szelíd táj láttán nem is hinnénk, hogy ezen egyszerű felszín alatt a mesék legcsodálatosabb, ragyogó birodalma húzódik meg!

Az Aggteleki karszthegység vizek vájta mészkőgyomra hétszáznál is több barlangot rejt, melyek közül legnagyobb és legnevezetesebb a Baradla-barlang. A 25 km hosszú barlangrendszer a Föld mérsékelt égövének legnagyobb föld alatti képződménye. A 220–240 millió éve keletkezett mészkőhegy belsejében kétmillió éve vájják járataikat a patakok, a szivárgó vizek. Egyrészt elmosva pusztítják a kőzetet, máshol a csepegő vízből kioldódó sók építik a barlangrendszer fantasztikus alakulatait, a cseppköveket. Ha bemerészkedünk a barlang járataiba, szavakkal csak nehezen leírható csodavilágba kerülünk. A rendkívül szűk, vagy éppen hatalmas termekké táguló üregek falán kicsapódott kristályok a lámpafényben gyémántként csillognak, a fehér vagy színes cseppkövek káprázatos alakzatokat formáznak. Láthatunk itt cseppkő-erdőből álló

Aggtelek

Im nordöstlichen Winkel von Ungarn, in der Umgebung von Aggtelek und Jósvafő sieht der Wanderer sanfte Hügel, aus dem Rasen hervorblinkende weiße Kalkfelsen, kleine Bäche. Angesichts dieser sanften Gegend würde keiner ahnen, dass unter dieser anspruchslosen Fläche ein wunderschönes, prächtiges Märchenreich verborgen ist!

Im Aggteleker Karstgebirge gibt es über siebenhundert Höhlen, deren größte und berühmteste die Baradla Höhle ist. Das 25 km lange Höhlensystem ist das größte unterirdische Gebilde des gemäßigten Klimagürtels der Erde. Im Inneren des vor 220 – 240 Millionen Jahren entstandenen Kalksteingebirges waschen die Bäche und die sickernden Gewässer seit zwei Millionen Jahren ihre Läufe heraus. Sie zerstören das Gestein, an anderen Stellen bauen aus dem tröpfelnden Wasser herausgelöste Salze die fantastischen Gebilde des Höhlensystems, die Tropfsteine. Wer in die Höhlengänge eintritt, kommt in eine mit Worten nur schwer zu beschreibende Wunderwelt. Die sich an den Wänden der mal sehr engen, mal saalgroßen Höhlen ausschlagenden Kristalle glänzen beim Lampenlicht wie Diamanten, die weißen oder farbigen Tropfsteine ergeben faszinierende Gebilde. Es gibt eine aus Tropfsteinsäulen bestehende „Säulenhalle", einen „Spitzenraum" in hellen, funkelnden Farben, eine schneeweiße „Türkische Moschee", den „Schwarzen Saal", den das Lagerfeuer des Urmenschen geschwärzt hat, aber auch besondere Gebilde, denen man Benennungen gab, wie „Der schiefe Turm von Pisa", „Sofa des Sultans", „Minervas Helms", „Drachenkopf", „Papagei" oder gar „Unterhose des Räubers Sándor Rózsa". An der Wand der Höhle laufen wie schlängelnde Pfade Bäche herunter, und leise, doch überall ist das Geräusch des tropfenden Wassers zu hören.

In einem großen Saal der Höhle wurde wegen der hervorragenden Akustik ein Konzertsaal ausgestaltet, wo es ein unvergleichliches Erlebnis ist, in dem Millionen Jahre alten Märchenpalast Musik zu hören.

Wegen des faszinierenden geologischen Spektakels merkt man kaum, dass das Höhlensystem von Aggtelek an die fünfhundert Tierarten beheimatet. Darunter auch solche, die ausschließlich in diesem unterirdischen Reich zu finden sind, wie einzelne Fledermäuse und der Feuersalamander.

Die Baradla Höhle und ihr bis in die Slowakei reichender Zweig, die Domica Höhle sind seit 1995 Teil des Weltkulturerbes. In der ganzen Welt gibt es nur vier ähnliche, geschützte Höhlen. Das Höhlensystem von Aggtelek ist ein unvergleichbarer Schatz, es ist eine besondere Pflicht des Naturschutzes, es in unberührter Schönheit zu bewahren.

Oszlopcsarnokot, élénk színű, szikrázó Csipketermet, hófehér Törökmecsetet, az ősember tábortüzétől besötétedett Fekete-termet, de Pisai ferdetoronyra, Szultán pamlagjára, Minerva sisakjára, Sárkányfejre, Papagájra emlékeztetőt vagy épp Rózsa Sándor gatyájaként emlegetett, különleges alakzatokat is. Utunkat a barlang falán lecsorgó, kanyargó ösvényként futó patakok kísérik, és halkan, de mindenütt hallható a cseppenő víz neszezése.

A barlang egyik kitűnő akusztikájú nagytermében koncerttermet alakítottak ki, ahol páratlan élmény a millió éves, megkövült mesepalotában felcsendülő zenét hallgatni.

A lenyűgöző geológiai látványosság mellett szinte észre sem vesszük, hogy az aggteleki barlangrendszer közel ötszázféle állatfajnak is otthont nyújt! Közöttük nem egy olyan fajnak is, mely kizárólag e föld alatti birodalomban lelhető fel, mint egyes denevérek, és a tűzszalamandra.

A Baradla-barlang és Szlovákiába átnyúló ága, a Domica-barlang 1995 óta a világörökség része. Szerte a világban mindössze négy hasonló, védett barlang található. Az aggteleki barlangrendszer páratlan kincs, melynek megőrzése, érintetlen szépségének megóvása természetvédelmünk kiemelt kötelessége.

Aggtelek

On travelling through the north-eastern region of Hungary, you may notice a number of gently sloping hills and white limestone rocks jutting out from the turf in the vicinity of the villages of Aggtelek and Jósvafő, surrounded by a number of small rivulets. It's hard to believe that this benign landscape hides a wondrous, fairy-tale-like realm beneath its surface!

The water-gouged limestone of the Aggtelek Karst mountain is home to over seven hundred caves, the largest and most famous of which is the Baradla Cave. This 25 kilometre-long cave system is the greatest underground formation in the temperate latitudes of the Earth. The interior of the limestone mountain formed 220-240 millions years ago has been shaped by the flow of streamlets and seeping water for over two million years. Their flow partly erodes the rock, whilst the salt deposits of the water form fantastic features and stalactites and stalagmites. On entering the cave system, we walk into an amazing world which words can hardly describe. The crystals deposited on the walls of the extraordinarily confined corridors and wide-open caverns glitter like gemstones in the glare of flashlights, whilst the white or colourful stalactites and stalagmites assume amazing shapes. The sights range from colonnades consisting of groups of stalactites, the brightly coloured, scintillating Hall of Lace, the snow-white Turkish mosque, the Black Hall stained with the soot of the fires of cavemen, as well as a range of peculiar features with names like the Leaning Tower of Pisa, the Sultan's Couch, Minerva's Helm, the Parrot, or Sándor Rózsa's Trousers. Our path is accompanied by a number of meandering streamlets running down the walls of the caves, as well as the quiet, omnipresent sound of dripping water.

A concert hall has been fashioned out of one of the larger caves and has exceptional acoustics; it's a unique experience to hear music played in such an amazing, million year-old stone palace.

The dazzling array of geomorphic features may make us to forget that the caves of Aggtelek are home to approximately five hundred different species of animals! These include a number of species which solely inhabit this subterranean world, such as certain species of bats and fire salamanders.

The Baradla Cave, along with its Slovakian branch, the Domica Cave, have been part of the World Heritage since 1995. There are only four other similarly protected caves in the whole world. The Aggtelek caves are a unique treasure and the preservation of their untouched beauty is one of the major tasks of Hungarian conservation efforts.

Hortobágy

Mintegy 25 ezer évvel ezelőtt állandósult a Tisza mai medre, az Alföld északi pereme elvesztette természetes víz-utánpótlását, és ezért szikesedési folyamat indult el. Így alakult ki Európa legnagyobb szikes pusztája, a Hortobágy. Az asztallap simaságú rónán füves rétek és vizes tocsogók, tavacskák váltják egymást, ahol az ott élő lakosság a legeltetésen kívül más megélhetést nem talált. A nagytestű állatok taposása, és különösen a juhok legeltetése tovább erősítette a szikesedést.

Ez a gyönyörű, végeláthatatlan puszta ma Magyarország legjelentősebb természeti büszkesége. Itt alakult meg 1973-ban első nemzeti parkunk, melynek feladata ennek a páratlan kincsnek a megőrzése. A Hortobágy sehol másutt nem található növénytársulások otthona, őshonos és vándormadarak tízezreinek búvóhelye. A vizes réteken ritka madarak fészkelnek; az észak felől vonuló darucsapatok 95 százaléka itt áll meg pihenni (számoltak már egyszerre 55 ezer darut a Hortobágyon!). Téli időszakban akár 60-70 rétisas is szárnyal méltóságteljesen a puszta felett – itt él Európa legnagyobb rétisas-populációja. A Hortobágy egyes részei olyan szigorú védelmet élveznek, hogy madárvonulási és költési időszakban még kutatók számára sem látogathatók, hogy senki se háboríthassa az élővilág nyugalmát.

Hortobágy

Das heutige Flußbett der Theiß stabilisierte sich vor etwa 25tausend Jahren, der Nordrand der Großen Tiefebene verlor seinen natürlichen Wassernachschub und damit begann der Prozess der Versalzung. So entstand die größte Salzsteppe Europas, die Hortobágy. Auf der wie eine Tischplatte flachen Ebene wechseln sich Grassteppen und Tümpel, kleine Teiche ab, die Bevölkerung dort konnte sich allein von der Weidewirtschaft ernähren. Durch das Trampeln der großen Tiere und besonders durch das Weiden der Schafe ging die Alkalisierung noch weiter voran.

Die wunderschöne, unendliche Puszta ist heute der bedeutendste Naturstolz Ungarns. Hier wurde 1973 der erste ungarische Nationalpark gegründet, mit der Aufgabe, diesen einmaligen Schatz zu bewahren. In der Hortobágy befinden sich anderswo nicht existierende Pflanzengesellschaften, es nisten dort zehntausende autochtone und Wandervögel. Auf den wässrigen Wiesen nisten seltene Vögel; 95 Prozent der von Norden her ziehenden Kranichgruppen halten hier eine Ruhepause (einmal wurden schon gleichzeitig 55 tausend Kraniche auf der Hortobágy gezählt!) Im Winter fliegen manchmal 60 – 70 Seeadler würdevoll über der Puszta – die größte Seeadlerpopulation Europas lebt hier. Einzelne Teile der Hortobágy genießen so starken Schutz, dass sie in der Periode von Vogelzügen und Brüten nicht einmal von Forschern besucht werden können. Die Hortobágy ist aber viel mehr als nur ein Naturparadies. Dank der urtümlichen Lebensweise der hiesigen Bevölkerung konnten die letzten Exemplare des Graurindes und des Zackelschafes gerettet werden. Das berühmte Gestüt ist zwar während des Krieges vernichtet worden, aber es wurde wieder angesiedelt. Die unberührte Landschaft birgt auch unberührte Kulturdenkmäler: Die Große Hortobágyer Schenke bewirtet seine Gäste seit 1699 in demselben Gebäude, und an der Wand der Kleinen Hortobágyer Schenke zeigt eine Tafel an, dass die Hortobágy Anfang des 19. Jahrhunderts zu ihrer Schwelle libelliert wurde (Beide Schenken führen auch heute eine ausgezeichnete Küche). Ähnlich alt ist die Meggyes Tscharda mit einem Museum, und seit 1832 werden auf der längsten Steinbrücke des Landes, auf der Neunlochbrücke Jahrmärkte abgehalten. All diese Naturschönheiten und Sehenswürdigkeiten können mit ausgebildeten Wanderführern besucht werden, in diesem unberührtesten Winkel Europas wandert man zwischen sorgfältig gebauten Vogelwarten, auf Lehrpfaden. Dieser unersetzliche ökologische Schatz ist heute schon in Sicherheit, seine Flora und Fauna wurden zum Biosphärenreservat erklärt und er ist seit 1999 Weltkulturerbe.

Hortobágy

The current basin of the River Tisza was formed approximately 25 thousand years ago, while the northern edges of the Great Plains lost their natural water reserve, initiating a process of alkalisation. This led to the formation of the largest alkaline plains in Europe, the Hortobágy. This tabletop wasteland is home to a range of grassy plains and wet wallows, where the local population was solely occupied with grazing and animal herding. The treading of the heavy animals and grazing sheep further speeded up the alkalisation of the soil.

This magnificent, endless wasteland is now the most prominent natural wonder in Hungary. The first Hungarian National Park was established here in 1973, the goal of which was to preserve this unparalleled treasure. The Hortobágy is home to unparalleled associations of plants as well as a being as a sanctuary for thousands of both native and migratory birds. A number of rare birds nest on the wet plains – 95% of cranes migrating from the north stop here to rest (over 55 thousand cranes have been counted on the Hortobágy!). Up to 60-70 white-tailed eagles are spotted flying majestically over the plains in the winter – the region is home to the largest population of white-tailed eagles in Europe. Some sections of the Hortobágy are so strictly protected that, during migration and nesting periods, they can't even be visited by researchers, to ensure that nobody disturbs the peace of the wildlife.

But the Hortobágy is much more than a nature reserve; thanks to the lifestyle of the locals, the Hortobágy is also home to the last known specimens of the Hungarian Grey Cattle and the Racka sheep, whilst although the Hortobágy Stud perished during the war, it was later repopulated. The untouched landscape is also home to a number of cultural treasures: the Great Inn of Hortobágy has been functioning on the same site since 1699, whilst the sign on the wall of the Kishortobágyi Inn declares that the elevation of the Hortobágy was recorded as being equal to the level of the inn's doorstep in the 19th century (both are fully functioning establishments with superb cuisine). The Meggyes Inn is just as old and is currently home to a museum, whilst the longest stone bridge in Hungary, the Nine-Arch Bridge has been the site of a regular fair since 1832. These magnificent sites and natural wonders can be visited with the help of guides; you can explore one of the most untouched corners of Europe with the help of carefully constructed bird-watching towers and study paths. This irreplaceable ecological treasure is now safely preserved: its flora and fauna were declared a Biosphere Reserve, later becoming a World Heritage Site in 1999.

85

De a Hortobágy sokkal több természeti látnivalónál. Az itt lakók ősi életmódjának köszönhetően a Hortobágyon mentették meg a szürke marha és a rackajuh utolsó példányait, nevezetes ménese elpusztult ugyan a háború alatt, de újratelepítették. Az érintetlen táj érintetlen kulturális emlékeket is rejt: 1699 óta működik ugyanabban az épületben a Hortobágyi nagycsárda, a Kishortobágyi csárda oldalán pedig tábla hirdeti, hogy a XIX. század elején küszöbéhez szintezték be a Hortobágyot (mindkettő működik, konyhájuk kitűnő). Hasonló korú a Meggyes csárda, ahol múzeum található, 1832 óta pedig rendszeresen tartanak vásárt az ország leghosszabb kőhídján, a Kilenclyukú hídon. Ezeket a páratlan látványosságokat, természeti csodákat képzett túravezetők segítségével járhatjuk végig, gondosan kiépített madárlesek között, tanösvényeken bolyonghatunk Európa legérintetlenebb szegletében. Ez a pótolhatatlan ökológiai kincs ma már biztonságban van: flóráját és faunáját Bioszféra Rezervátummá nyilvánították, 1999 óta pedig a világörökség része.

Fertő-tó

Magyarországnak van egy különös pontja, ahol egy tenyérnyi területen találkoznak egymással az alföldi, a magas hegyvidéki, a mediterrán, és a sztyeppei szikes vidék éghajlatának elemei. Ez a különleges mikroklíma a Fertő-tó környezetében alakult ki.

A Fertő-tó (osztrák nevén Neusiedlersee) Európa legnagyobb sós vizű tava, területén háromnegyed részben Ausztriával osztozunk. Ez a sajátságos képződmény a sztyeppei tavak legnyugatibb képviselője, mintegy 20 ezer évvel ezelőtt, a földkéreg helyi mozgása során jött létre. Rendkívül sekély, legmélyebb pontja sem haladja meg a 180 cm-t; a történeti időkből feljegyzések tanúsítják, hogy többször is kiszáradt (utoljára az 1860-as, 70-es években).

Ez a sekély, nádasokkal sűrűn benőtt, iszapos pocsolyákkal, sziki tocsogókkal tarkított vadvíz hihetetlenül gazdag madárvilágnak ad otthont. Százezerszám költenek, pihennek itt kócsagok, gémek, ludak, vöcskök, lilikek, cankók, récék, énekes és ragadozó madarak. E madártömeget a halak, kétéltűek, hüllők, rovarok nyüzsgő sokasága vonzza.

Lake Fertő

There is a special place in Hungary, where the elements of the lowland, mountainous, Mediterranean and continental steppe climates mix on a tiny patch of land. This is the special microclimate surrounding Lake Fertő.

Lake Fertő (or Neusiedlersee, as the Austrians refer to it) is the largest salt-water lake in Europe, with three-quarters of its territory lying in the neighbouring Austria. This unique feature is the westernmost steppe lake, which took shape nearly 20 thousand years ago, as a result of the local movements of the earth's crust. The lake is exceptionally shallow, with a greatest depth of no more than 180 centimetres; a number of historical records indicate that the lake has dried up on many occasions (the last such occurrence took place in the 1860-70s).

The shallow waters of the lake partly covered with thick reeds, mires and saline wallows, are home to an incredibly diverse range of birds. Hundreds of thousands of birds rest here or use the lake as their nesting place, including aigrettes, herons, geese, grebes, white-fronted geese, sandpipers, mallards and a number of other song and predatory birds. This huge mass of birds is attracted by throngs of fish, amphibians, reptiles and insects.

Not only does Lake Fertő have a varied wildlife, but also a storehouse of unique cultural treasures. The region is home to two remarkable palaces, the Esterházy stately home of Fertőd and the Széchenyi stately home of Nagycenk. Both are magnificent baroque edifices with rich interiors and superb French gardens. Joseph Haydn lived and composed at Fertőd for nearly thirty years, whilst Nagycenk was the funeral site of the Széchenyi family. Going even further back in time, we can visit the fantastic "colonnade" of the Fertőrákos quarry, where they have mined limestone deposited by the Pannon Sea since the Roman period. We can also step into the world of fables by visiting the marshlands of the Hanság and recalling the 18th century tale of Istók Hanyi, the boy fished out of the waters.

Lake Fertő – Neusiedlersee has now been established as a Biosphere Reserve and a World Heritage site. Hungary and Austria are both dedicated to preserving this untouched paradise, providing a fine example of caring for our natural, cultural heritage over borders and nations.

De a Fertő-tó nemcsak sokszínű élettér, hanem páratlan kulturális kincsek rejteke is. Itt áll két nevezetes kastélyunk, a fertődi Esterházy-, és a nagycenki Széchenyi-kastély. Mindkettő a barokk építészet remeke, gazdag berendezéssel, pompás francia kerttel. Fertődön majd harminc évig élt és alkotott Joseph Haydn, Nagycenk pedig a Széchenyi-család temetkezési helyéül is szolgált. Messzebbre tekintve az időben felkereshetjük a fertőrákosi kőfejtő fantasztikus „oszlopcsarnokát", ahol a római idők óta bányászták a pannon tenger üledékéből származó mészkövet. A mesék ösvényét tapossuk, amikor a Hanság lápi világában felidézzük Hanyi Istóknak, a vízből kifogott kisfiúnak XVIII. századi történetét.

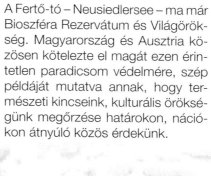

A Fertő-tó – Neusiedlersee – ma már Bioszféra Rezervátum és Világörökség. Magyarország és Ausztria közösen kötelezte el magát ezen érintetlen paradicsom védelmére, szép példáját mutatva annak, hogy természeti kincseink, kulturális örökségünk megőrzése határokon, nációkon átnyúló közös érdekünk.

Neusiedlersee

Auf einem ganz besonderen kleinen Fleck Erde Ungarns treffen alpine und mediterrane Klimaelemente, sowie die der Tiefebene und der Steppe zusammen. Dieses spezielle Mikroklima bildete sich im Umland des Neusiedlersees heraus.

Fertő-tó (mit dem österreichischen Namen Neusiedlersee) ist Europas größter Salzwassersee, dessen Dreiviertel in Österreich, ein Viertel in Ungarn liegt. Dieses eigenartige Gebilde ist der westlichste Vertreter der Steppenseen, es entstand vor etwa zwanzigtausend Jahren, durch einen tektonischen Einbruch. Der See ist sehr seicht, sogar sein tiefster Punkt liegt nicht unter 180 cm, es ist historisch belegt, dass er mehrmals völlig austrocknete (zuletzt in den 1860-70er Jahren).

Das seichte, mit Schilf dicht bewachsene Wildwasser mit schlammigen Tümpeln und salzigen Pfützen beherbergt eine unglaublich reiche Vogelwelt. Es nisten und ruhen darin hunderttausende Reiher, Gänse, Taucher, Zwerggänse, Wasserläufer, Sing- und Raubvögel. Angezogen sind all diese Vögel von der sich tummelnden Menge von Fischen, Amphibien, Reptilien und Insekten.

Fertő-tó ist aber nicht nur ein bunter Lebensraum, sondern auch Stätte unvergleichlicher Kulturschätze. Zwei schöne Schlösser stehen dort, das Esterházy-Schloss in Fertőd und das Széchenyi-Schloss in Nagycenk. Beide sind Meisterwerke barocker Baukunst, reich möbliert, mit prächtigem französischem Garten. In Fertőd lebte und wirkte dreißig Jahre lang Joseph Haydn und in Nagycenk sind mehrere Mitglieder der Széchenyi- Familie beigesetzt. Will man weiter in der Zeit zurückgehen, besucht man die fantastische „Säulenhalle" des Steinbruchs in Fertőrákos, wo seit der Römerzeit aus dem Sediment des Pannonischen Meeres stammender Kalkstein abgebaut wird. Im Moorgebiet des Hanság erinnert man sich an die Geschichte aus dem 18. Jahrhundert von dem kleinen Jungen Istók Hanyi, der aus dem Wasser gefischt wurde.

Fertő-tó – Neusiedlersee ist heute Biosphärereservat und Weltkulturerbe. Österreich und Ungarn haben sich gemeinsam verpflichtet, dieses unberührte Paradies zu schützen, ein schönes Beispiel dafür zeigend, dass die Bewahrung der Naturschätze und des Kulturerbes im gemeinsamen, über Grenzen und Nationen reichenden Interesses liegt.

Balaton

A Balaton egy tenger nélküli ország örök nosztalgiája a nyílt víztükör iránt. Magyar tengernek hívjuk, pedig át lehet úszni egyik partjáról a másikra. Szeretjük kicsinységében is, népdalok, mondák szólnak róla, mindig változó arcát költők örökítették meg, festők álmodták vászonra.

Valójában a Balaton nem is olyan kicsi, felszíne majd 600 km², Közép-Európa legnagyobb tava. Földtörténeti szempontból egészen fiatal, hiszen 20–22 ezer évvel ezelőtt alakult ki egy törésvonal mentén, mai méretét pedig mindössze 7–8000 éve nyerte el. Kedves tavunk nagyon sekély, átlagos mélysége 3–5 méter. Legmélyebb pontja a tihanyi kút, de itt is csak 11 méteres. Kis mélységének tudható be, hogy a Balaton ökológiai egyensúlya rendkívül törékeny, még a kisebb vízszintingadozás is pusztító katasztrófává nőhet. Bár szelíd tavacskának látszik, az északi hegyekről váratlanul lezúduló szél óriási viharokat gerjeszthet, méteres hullámokkal, veszedelmes széllökésekkel. A békés, smaragd színű felszín megtévesztő, a Balatont nem szabad félvállról venni.

Balaton

Lake Balaton captures an landlocked country's nostalgia for a stretch of open water. It is also known as the Hungarian sea, even though you can easily swim from one shore to the other. The Hungarians still adore it, capturing its ever-changing beauty in a number of folk songs and fables, as well as poems and paintings.

Actually, the lake is not really so small: with a surface area of nearly 600 square kilometres, the Balaton is the largest lake in Central Europe. Geologically speaking, the lake is fairly young, since it took shape 20-22 thousand years ago along a fault-line, assuming its current shape 7-8 thousand years ago. The lake is shallow, with an average depth of 3-5 metres. Its deepest point is the Tihany well – however, this only lies 11 metres beneath the surface of the water. Due to its shallowness, the ecological balance of the Balaton is extremely fragile, with even the slightest change in water levels resulting in potential catastrophe. Although it is usually a gentle, calm lake, sudden winds sweeping down from the northern hills can generate huge storms with metre-high waves and perilous gusts of wind. The lake's benign, emerald-green surface can be misleading, since the Balaton is not to be taken lightly.

The beauty of the lake was first discovered in earnest in the 19th century. Bathing became fashionable at that time, leading to the establishment of the currently favoured bathing resorts as well as regular boat traffic and ferries; with the region's expanding rail network, not only did the Balaton become easily accessible for the Hungarians, but also a destination for many international travellers.

A growing number of tourists discovered the hidden treasures of the lakeshore: the archaic settlements of the Tihany peninsula and its famous abbey, as well as the castles flanking the northern entrance to the valley, and the quaint folk-art of the Upper Balaton region. The region's rare natural beauty later became a protected treasure, including the basalt buttes of Badacsony, the cave lake of Tapolca, Szigliget, the St George hill, the remnant hills of Csobánc and Gulács, and the lavender of Tihany. The marshy reeds of the Small Balaton, constantly fed by the silt of the river Zala, have been designated as a bird reserve. Those tourists tired with bathing and hiking can relax by tasting the sumptuous, unparalleled wines of Badacsony, Tihany, and Csopak, grown on the volcanic slopes bordering the lake.

All visitors are sure to cherish some unforgettable image of the Balaton: the warm waters lapping on the shores on summer evenings, the memories of the lead-coloured surface in the autumn, the taste of a chilled glass of wine, the bluish silhouette of Badacsony or the fish wriggling amongst the stones. All of this guarantees the return of the visitors, wishing to immerse themselves in the homely beauty of the Balaton time after time.

A tó szépségeire igazából a XIX. században figyeltek fel. Ekkor vált divatossá a fürdőzés, sorra létesültek a ma is kedvelt üdülőhelyek, megindult a rendszeres hajóforgalom, révátkelőket alakítottak ki; a kiépülő vasúthálózattal a Balaton bekapcsolódott nemcsak a magyar, de a nemzetközi forgalomba is.

Am Balaton zeigt sich die ewige Nostalgie eines Landes ohne Meer nach der offenen Wasserfläche. Ungarn nennen ihn das ungarische Meer, wobei man das eine Ufer von dem anderen schwimmend erreichen kann. Man liebt den See bei aller seiner Kleinheit, es handeln Volkslieder und Sagen von ihm, sein stets wechselndes Antlitz ist von Dichtern und Malern verewigt worden. So klein ist der Balaton überhaupt nicht, seine Fläche beträgt an die 600 km², er ist der größte See in Mitteleuropa. Aus geologischer Sicht ist der Balaton ganz jung, denn er bildete sich vor etwa 20 bis 22 tausend Jahren einer Bruchlinie entlang heraus, und gewann seine heutige Größe nur vor 7 bis 8000 Jahren. Der geliebte See der Ungarn ist sehr seicht, seine Durchschnittstiefe beträgt 3-5 m. Die tiefste Stelle ist der sog. Tihanyer Brunnen, aber auch der ist nur 11 m tief. Der geringen Tiefe ist zuzuschreiben, dass das ökologische Gleichgewicht des Balatons äußerst empfindlich ist, sogar eine kleine Schwankung des Wasserpegels kann zu einer verheerenden Katastrophe werden. Er scheint ein sanfter kleiner „Teich" zu sein, aber ein von den nördlichen Bergen unerwartet herunterstürzender Wind kann zu furchtbaren Stürmen führen, mit meterhohen Wellen und gefährlichen Windstößen. Die friedliche, smaragdfarbige Oberfläche täuscht, man darf den Balaton nicht unterschätzen.

Aufmerksam wurde man auf die Schönheit des Sees erst im 19. Jahrhundert. Zu dieser Zeit kam das Baden im See in Mode, es entstanden nacheinander die heute noch beliebten Uralubsorte, die Linienschifffahrt und Fähren wurden eingerichtet, durch den Ausbau des Eisenbahnnetzes wurde der Balaton in den ungarischen, wie auch in den internationalen Verkehr eingeschaltet.

Der zunehmende Touristenstrom entdeckte auch verborgene Schätze am Balaton-Ufer: die altertümlichen Siedlungen auf der Tihany-Halbinsel, die berühmte Abtei, die Burgen an den Nordtälern, die stimmungsvolle Volksbaukunst des Balaton-Oberlandes. Die seltenen Naturschätze, die Basaltorgeln in Badacsony, die Teichhöhle in Tapoca, Szigliget, der Szent-György-Berg, die Zeugenberge Csobánc und Gulács, die Lavendelfelder von Tihany wurden unter Naturschutz gestellt. Das Moorgebiet das mit den Ablagerungen des Flusses Zala kontinuierlich aufgefüllt wird, ist zu einem Vogelreservat erklärt worden. Von Baden und Wandern erschöpfte Touristen laben sich an dem unvergleichlichen Aroma der an den vulkanischen Hängen gereiften Weinen aus Badacsony, Tihany, Csopak.

Wer ihn einmal besucht hat, bewahrt unvergessliche Bilder vom Balaton: Erinnerungen an das streichelnd lauwarme Wasser der Sommerabende, an den bleifarbenen Wasserspiegel im Herbst, den Geschmack eines Glases kühlen Weins, die blaue Silhouette des Badacsony, das Spiel der kleinen Fische zwischen den Steinen. So wird er immer wieder zurückkehren, um immer wieder den lieblichen See erleben zu können.

Az egyre gyarapodó turista-áradat felfedezte a Balaton-part rejtett értékeit is: a Tihanyi-félsziget ódon településeit, nevezetes apátságát, az északi völgyek bejáratát őrző várakat, a Balaton-felvidék hangulatos népi építészetét. Védelem alá kerültek a természet ritka kincsei, a badacsonyi bazaltorgonák, a tapolcai tavasbarlang, Szigliget, Szent-György-hegy, Csobánc és Gulács tanúhegye, a tihanyi levendulás. A Zala folyó hordalékával folyamatosan töltődő Kis-Balaton mocsaras nádasát madár-rezervátummá nyilvánították. A fürdésbe, kirándulásba belefáradt utazó pedig a vulkáni lejtőkön termett, páratlan zamatú badacsonyi, tihanyi, csopaki borok kóstolgatásával pihenhette ki magát.

Mindannyian őrzünk egy-egy felejthetetlen képet a Balatonról: a nyári estéken simogató langyos víz, az őszi, ólomszínű víztükör emlékét, egy pohár hűvös bor ízét, a Badacsony kéklő sziluettjét, a kövek között fickándozó halacskák játékát. És visszatérünk, hogy újra és újra megmerülhessünk a Balaton szívünknek kedves, otthonos szépségében.

Nemzeti parkok

Magyarországon tíz nemzeti park működik, mindegyik európai hírű növény- és állattársulások, egyedülálló természeti kincsek otthona. A parkok feladata, hogy ezeket a pótolhatatlan ökológiai csodákat eredeti, bolygatatlan állapotukban őrizzék – lehetőség szerint az idők végezetéig.

Világraszóló jelentőségüket mi sem mutatja jobban, mint hogy a tízből három világörökség, kettő pedig Bioszféra Rezervátum – ez jelenleg a bolygónkon adható legmagasabb fokú védettség és elismerés.

Legkorábbi parkunk a Hortobágy, másik rezervátumunk a Fertő–Hansági Nemzeti Park, földtani világörökséget élvez az Aggteleki Nemzeti Park – mindhárómról külön is olvashatunk e kötetben.

A Bükki Nemzeti Park területének 94 %-a erdő – érthető hát, hogy itt a flóra érdekességei élveznek elsőséget. De a park területén találhatók a világhírű ősember-maradványokat, táborhelyeket rejtő barlangok is: Subalyuk, Szeleta, Istállóskő, valamint a nevezetes ősállat-lábnyomokat, megkövült erdőmaradványt bemutató ipolytarnóci kiállítóhely is.

A Duna–Ipoly Nemzeti Park védi Budapest kedvelt kirándulóhelyeit, a Dunakanyart, a Pilisi Parkerdőt, az Ipoly folyó völgyét.

A Duna–Dráva Nemzeti Park elsősorban a folyók érintetlen völgyét, galériaerdejét őrzi – itt található a gemenci erdő is –, hasonlóan a Körös–Maros Nemzeti Parkhoz. Mindkét helyen szép számmal találhatók egyedi, különösen védett növények, állatok.

National parks

There are ten different national parks in Hungary, all of which are home to unique plants and animals, renowned all across Europe. The task of these parks is to preserve these irreplaceable ecological wonders in their original, undisturbed state – if possible, forever.

Their importance is clearly shown by the way three of these parks are World Heritage Sites whilst two are Biosphere Reserves – this is currently the highest level of protection and recognition on our planet.

The Hortobágy was Hungary's first National Park, the second was the Fertő-Hanság National Park, with the geologically important Aggtelek National Park taking third place – all of which have a separate entry in the current volume.

94% of the Bükk National Park is covered with forest – it's no wonder that the fauna of this region is particularly important. The park is also home to a number of world-renowned caves which hide the remains and campsites of primitive men: Subalyuk, Szeleta, Istállóskő, and the famous exhibition of Ipolytarnóc, displaying a range of prehistoric animal and plant fossils.

The Duna-Ipoly National Park guards the popular hiking grounds of Budapest, the Danube Bend, the Pilis Park Forest and the valley of the river Ipoly.

The Duna-Dráva National Park is mainly focused on preserving an untouched river valley and a number of forests – including the Gemenc forest – similar to the Körös-Maros National Park. Both include a wide range of unique, highly protected plants and animals.

The Kiskunság National Park was established to preserve the saline flat habitat and resting place of migrating birds unique to Europe. The shifting dunes of Bugac were stabilised when the grazing stopped, creating a peculiar, sandy habitat.

The Őrség National Park is mainly focused on preserving the region's cultural landscape. This is the only place in the country where Hungary's thousand-year old structure of settlements, – the so-called 'szeres' settlement structure – characteristic of the establishment of the nation, has been preserved. This loose structure consists of a number of small districts which include a few houses and farm buildings.

The Upper Balaton National Park has the wide-ranging task of preserving a number of unique geological formations – the basalt buttes of Badacsony, the remnant hills, the stone sea of the Kál-basin and the cave lake of Tapolca. The park also incorporates the rich wildlife of the Small Balaton – this is so protected that certain sections of it can't be visited at all. The national parks protect the country's natural and cultural treasures – not just around the Balaton, but throughout the entire country.

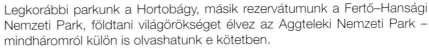

A Kiskunsági Nemzeti Parkot az Európában sehol sem található szikes pusztai élőhely védelmére hozták létre, sziki tavai madárvonulási pihenőhelyek. Bugac futóhomok buckái a legeltetés megszüntetése óta megálltak, és különös, homoki élővilágnak adnak otthont.

Az Őrségi Nemzeti Park elsősorban a kultúrtáj védelmére alakult. Ma már csak itt található az az ezeréves települési rend, mely államunk alapítására volt jellemző, a szeres település. A szer néhány házból, és a hozzájuk csatlakozó gazdasági épületekből álló laza tanyaszerkezet.

Nationalparks

In Ungarn gibt es zur Zeit zehn Nationalparks, jeder beherbergt Pflanzen- und Tiergesellschaften von europäischem Ruf, einzigartige Naturschätze. Die Aufgabe der Parks ist diese unersetzlichen ökologischen Wunder im ursprünglichen, unberührten Zustand zu bewahren – möglichst bis ans Ende aller Zeiten.

Von der weltweiten Bedeutung der Natioanlparks zeugt, dass drei von den zehn zum Weltkulturerbe gehören und zwei Bisophärenreservate sind – das ist gegenwärtig die höchste Anerkennung und der größte Schutz, der auf unserem Planeten zu bekommen ist.

Der früheste Nationalpark Ungarns ist die Puszta Hortobágy, das andere Reservat ist der Nationalpark Fertő-Hanság und der Nationalpark Aggtelek ist ein geologisches Welterbe – in unserem Buch werden alle drei auch einzeln behandelt.

94% der Fläche des Nationalparks Bükk sind Wälder – verständlicherweise haben dort die besonderen Pflanzen Priorität. Es gibt aber auch Höhlen, mit weltberühmten Überresten und Lagerstätten des Urmenschen: Subalyuk, Szeleta, Istállóskő, sowie die Ausstellungsstätte in Ipolytarnóc, wo die berühmten Fußspuren von Urtieren und versteinerte Reste eines Waldes zu sehen sind.

Der Nationalpark Donau-Ipoly umfasst die beliebten Ausflugsorte der Budapester, das Donauknie, den Parkwald Pilis und das Tal des Flusses Ipoly.

Der Nationalpark Donau-Drau bewahrt in erster Linie die unberührten Flusstäler und die Galeriewälder – unter ihnen den Gemencer Wald, – ähnlich wie der Nationalpark Körös-Maros. In beiden sind viele besonders geschützte Pflanzen und Tiere zu finden.

Der Nationalpark Kiskunság wurde zum Schutz des sonst nirgends in Europa existierenden Biotops der salzigen Puszta geschaffen, die Teiche dort sind Ruheplätze von Zugvögeln. Die Laufsand-Hügel von Bugac bewegen sich seit Einstellung der Weidewirtschaft nicht mehr und bieten Lebensraum für eigenartige Pflanzen und Tiere auf dem Sand.

Der Nationalpark Őrség wurde vor allem zum Schutz der Kulturlandschaft geschaffen, denn heute ist nur noch hier die tausendjährige Siedlungsordnung zu finden, die für die Gründungszeit des ungarischen Staates bezeichnend war, nämlich die Siedlung mit sog. „szer". Die „Szer" sind aus einigen Häusern und sich ihnen anschließenden Wirtschaftsgebäuden bestehende lockere Gehöfte.

Der Nationalpark Balaton-Oberland bekam die vielfältige Aufgabe, geologische Raritäten, die Basaltorgeln in Badacsony, die Zeugeberge, das Steinmeer im Káli-Becken, den kleinen See in der Höhle von Tapolca zu schützen. Auch die wimmelnde Pflanzen- und Tierwelt des Kleinen Balatons gehört dazu, der ist so stark geschützt, dass einzelne Teile überhaupt nicht besucht werden dürfen. Die Harmonie von Natur- und Kulturlandschaft schützen ebenfalls die Nationalparks – nicht nur am Balaton, sondern im ganzen Land.

A Balaton-felvidéki Nemzeti Park sokrétű feladata a geológiai különlegességeknek – a badacsonyi bazaltorgonáknak, a tanúhegyeknek, a Káli-medence kőtengerének, a tapolcai tavas barlangnak – védelme. De hozzá tartozik a Kis-Balaton nyüzsgő élővilága is – ez olyannyira védett, hogy egyes részei nem is látogathatók. A természeti és kultúrtáj összhangja felett is a Nemzeti Parkok őrködnek – nemcsak a Balaton mellett, de az egész országban.

Tanyavilág

A török hódoltság másfél évszázada alatt a megfogyatkozott magyar lakosság igyekezett falvak, városok védelmébe húzódni. A török kiűzése után azonban e kisszámú lakosságnak újból birtokba kellett vennie a termőföldeket. A településektől távol eső szántók megművelése miatt az emberek szétköltöztek, így létrejött a Magyarországra oly jellemző települési rendszer, a tanyák laza hálózata.

Bár tanya az országban mindenütt található, a legtöbb az Alföldön jött létre. Ez a szétköltözési folyamat különösen a legeltető életmódról a földművelésre való áttérés során erősödött, de lendületet adott neki az alföldi szőlőtelepítés is. Példaként említsük, hogy a XIX. század végén Szeged lakosságának több mint harmada, Kecskemétnek a fele élt tanyákon. A tanyáknak két típusa alakult ki: a teljesen magányos szórványtanyák mellett csoportba rendeződött tanyabokrok is létrejöttek.

Farmsteads

During the 150 years of Turkish occupation, the decimated Hungarian population sought its solace in a number of villages and towns. However, once the Turks were chased away, the country's smaller population had to reoccupy the agricultural lands. Since the plough-lands were often far away from the settlements, people spread out into the country, creating a system of settlements unique to Hungary – a loose chain of farmsteads.

Although farmsteads are found throughout the country, most of them were established on the Great Plains. The spread of the population was particularly articulated in the course of the shift from grazing to farming and was further boosted by the establishment of vineyards on the plains. For example, at the end of the 19th century, one-third of the population of Szeged and half of the population of Kecskemét were living on farms. Two different types of farmsteads were established: the so-called sporadic farmsteads and the various groups of farm-clusters.

Despite its apparent romanticism, living on a farmstead has never been easy. The distance to the better supplied villages which provided education, the lack of public utilities and the difficulties of transportation were all impeding factors. The liquidation of farmsteads has been a re-emerging problem of the Hungarian public administration in recent centuries, which has only resulted in a handful of positive developments, one of which was the establishment of a network of farm schools in the early 20th century.

Still, the most serious blow came in the 1950s, when the unmanageable farmsteads were forcefully condensed into agricultural co-operatives. The number of farmsteads and their population were decimated in under a decade.

The situation has greatly improved again now. The important role of farms in the modern world has been recognised and instead of eliminating them, an attempt has been made to attract people back to the farmsteads by making their life easier. There are a number of flourishing farming estates which produce highly sought-after organic foodstuffs, carry out traditional herding as well as providing tourist services for those seeking the simple charm of farm-life. These viable, properly functioning farmsteads have become an intrinsic part of rural Hungary.

A tanyasi élet látszólagos romantikája ellenére sosem volt könnyű. A jobb ellátást, oktatást biztosító falvaktól való távolság, a közművek hiánya, a közlekedési nehézségek egyaránt sújtották az ott élőket. A tanyák felszámolása az elmúlt évszázadokban többször is visszatérő gondja volt a magyar közigazgatásnak, és csak kevés pozitív intézkedés született. Ezek közé tartozott a XX. század elején a tanyasi iskolahálózat kiépítése.

A tanyák a legsúlyosabb veszteséget az 1950-es években szenvedték el, amikor az erőszakos kolhozosítás során egyesített csapást mértek a nehezen kordában tartható és kezelhetetlen tanyákra. Egy évtized leforgása alatt töredékére csökkent a tanyák és az ott élők száma.

Mára sokat javult a helyzet. Felfedezték, hogy a tanyáknak fontos szerepük van a modern világban, nem felszámolni kell azokat, hanem az élet megkönnyítésével oda kell csalogatni az embereket. Ma már számos virágzó tanyagazdaságunk van, ahol a keresett biotermékek előállítása, hagyományos rideg állattartás, és a vidéki élet bájára vágyók üdültetése zajlik. Az életképes, helyüket megtalált tanyák ma már szerves részét képezik a vidéki Magyarországnak.

Gehöfte

In den anderthalb Jahrhunderten der türkischen Besetzung war die verminderte ungarische Bevölkerung bestrebt, sich in den Schutz von Dörfern und Städten zu begeben. Nachdem die Türken das Land verlassen hatten, musste diese verminderte Bevölkerung die Ackerländer wieder in Besitz nehmen. Um die Felder bearbeiten zu können, die von den Ortschaften entfernt lagen, zogen die Menschen in die Nähe dieser Felder, und so entstand die für Ungarn so typische Siedlungsordnung, das lockere Netz der Gehöfte. (Gehöft heißt ungarisch tanya).

Obwohl es überall im Land Gehöfte gibt, sind die meisten in der Tiefebene entstanden. Dieser Prozess der Zersiedlung nahm besonders zu, als man von der Weidewirtschaft auf den Ackerbau überging, aber später auch durch das Anpflanzen der Weingärten in der Tiefebene. Als Beispiel sei erwähnt, dass Ende des 19. Jahrhunderts über ein Drittel der Bevölkerung von Szeged in Gehöften lebte, von der Kecskeméter Bevölkerung die Hälfte. Es bildeten sich zwei Typen von Gehöften aus: neben völlig einsamen zerstreuten Gehöften Gehöftegruppen.

Trotz seiner anscheinenden Romantik war das Leben in den Gehöften nie leicht. Die dort Lebenden waren entfernt von den Dörfern, die eine bessere Versorgung und besseren Unterricht hätten bieten können, es fehlte an Kanalisation und Strom, der Verkehr war mit Schwierigkeiten verbunden. Die Abschaffung des Gehöftesystems bedeutete in den vergangenen Jahrhunderten für die ungarische Verwaltung ein mehrfach wiederkehrendes Problem und es wurden nur sehr wenige positive Maßnahmen ergriffen.

Den größten Verlust erlitten die Gehöfte in den 1950er Jahren, als die Bauern in die Kolchose gezwungen wurden, was ein schwerer Schlag für die Gehöfte war, die schwer im Zügel zu halten waren. In einem Jahrzehnt verminderte sich die Anzahl der Gehöfte und der dort Lebenden auf einen Bruchteil. Die Situation ist schon viel besser geworden. Man erkannte, dass die Gehöfte in der modernen Welt eine wichtige Rolle spielen, sie sollen nicht abgeschafft werden, sondern durch Erleichterung des dortigen Lebens sollen die Menschen dorthin gelockt werden. Heute gibt es in Ungarn schon viele blühende Gehöftbetriebe, wo gefragte Bioprodukte hergestellt werden, das Vieh traditionell das ganze Jahr hindurch im Freien gehalten wird und Städter die Freuden des Dorftourismus genießen können. Die lebensfähigen, ihren Stellenwert gefundenen Gehöfte sind heute integrer Teil des ländlichen Ungarn.

Tisza

A 962 kilométer hosszan tekergőző Tisza Közép-Európa legnagyobb folyóinak egyike, hazánk területén közel 600 kilométert tesz meg. Forrása a Kárpátok északkeleti részében található; az egymástól félszáz kilométerre eredő Fekete-Tisza és Fehér-Tisza találkozásával születik meg. A Szamos betorkollásával lezáruló felső szakasza hegyvidéki jellegű, középső szakaszát a Maros zárja, az Alsó-Tisza pedig Titelnél ömlik a Dunába.

A Tisza teljes hossza egykoron meghaladta az 1400 kilométert. Szabályzása a reformkorban, 1846-tól kezdődött meg Széchenyi István kezdeményezésére, Vásárhelyi Pál tervei alapján. A híresen szeszélyes folyót, amely hol méltóságteljesen kanyargott, hol pedig tört előre medrében, gigászi munka árán sikerült megzabolázni.

A Tisza élővilága igencsak változatos. A tiszafüredi madárrezervátum területén mintegy 200 madárfaj él, az árterek gazdag állat- és növényvilágnak adnak otthont, a horgászok és vadászok számára pedig ezeregy lehetőség kínálkozik. A Tisza „kivirágzása" világszerte egyedülálló természeti jelenség: az iszapból kikelő, nagyméretű kérészek évenkénti kirajzása feledhetetlen látvány.

Tisza

The 962 kilometre-long Tisza, is the greatest river in Central Europe, with over 600 kilometres in Hungary. Its source lies in the north-eastern reaches of the Carpathian mountains; born by the influx of the Black and White Tisza rivers which originate approximately 500 kilometres apart. Its mountainous upper stretch ends at the tributary of the Szamos, its middle stretch runs until the river Maros, whilst the lower Tisza flows into the Danube at the town of Titel. The Tisza was previously over 1400 kilometres in length. The regulation of the river began in the age of reforms, on the initiative of István Széchény in 1846, based upon the plans of Pál Vásárhelyi. It was a huge effort to restrain the famously capricious river, which sometimes meandered majestically through the landscape and sometimes burst its banks.

The Tisza has a richly varied wildlife. The bird reserve of Tiszafüred is home to approximately 200 species of birds, whilst the flood plains are home to a richly diverse range of plants and animals, offering thousands of opportunities for fishermen and hunters alike. The 'flowering' of the Tisza is a unique natural wonder: the yearly swarming of the large may-flies is a truly unforgettable sight. The Tisza has always been a vital natural resource. Its water drove mills and served as the highway for the brisk traffic of goods, while its flood basins were later cultivated, harnessing the power of the river's flooding. The Tisza was also home to fishing, the regions lying along its banks were used for animal husbandry and the flood-basin forests also served the livelihood of the locals.

The beauty and capricious nature of the river Tisza has served as the inspiration for countless artists. There are a number of folk songs, legends, sayings, poems and paintings of the river – in Hungarian literature, Sándor Petőfi and Gyula Juhász were devotees of the river. Trips along the Tisza are still popular to this very day; thousands of people climb into boats every year to float along the stretches of the river.

The Kisköre Reservoir completed in 1975 was built to regulate the river, whilst the 127-square-kilometre, artificial Lake Tisza is an important tourist attraction. The region is equally frequented by fishermen, sailing and motorised water sports enthusiasts and people wishing to relax in thermal and medicinal baths, as well as tourists interested in its natural wonders. Many of these are sure to become regular visitors, since as the saying goes, "A taste of the river Tisza is sure to make the heart yearn and quiver."

Emellett a Tisza mindig is fontos természeti erőforrás volt. Vize malmokat hajtott meg, áruszállítás zajlott a folyón, az ártereket művelés alá vonták, az áradásokat a gazdálkodás szolgálatába állították. Széles körben zajlott a halászat, és jelentős volt az állattartás, az ártéri erdők is az itt élők boldogulását szolgálták.

A Tisza folyó szépsége és szeszélyessége sokakat megihletett. Népdalok, mondák, szólások, versek és festmények születtek róla, a magyar irodalomban legfőképpen Petőfi Sándor és Juhász Gyula voltak hű szerelmesei a folyónak. A mai napig népszerűek a Tisza-túrák; évente több ezren ülnek hajóba, hogy bebarangolják a folyó különböző szakaszait.

Die Theiß

Die sich auf einer Länge von 962 km schlängelnde Theiß ist einer der größten Flüsse Mitteleuropas, sie legt auf ungarischem Gebiet 600 km zurück. Ihre Quelle ist im nordöstlichen Teil der Karpaten zu finden, sie entsteht mit dem Zusammentreffen der Schwarzen Theiß und der Weißen Theiß. Die obere Strecke endet bei der Einmündung der Szamos und trägt Züge einer Berglandschaft, die Mittelstrecke endet mit der Maros und die Untere Theiß fließt bei Titel in die Donau. Die Theiß war einst insgesamt 1400 km lang. Die Regulierung der Theiß begann im Reformzeitalter, 1846, auf Anregung von István Széchenyi, nach Plänen von Pál Vásárhelyi. Der berüchtigt launische Fluss, der sich in seinem Bett mal würdevoll schlängelte, mal vorwärts brach, konnte mit gigantischer Arbeit gezähmt werden.

Die Theiß besitzt eine recht abwechslungsreiche Flora und Fauna. Auf dem Gebiet des Vogelreservats Tiszafüred leben etwa 200 Vogelarten, in den Überschwemmungsgebieten leben unendlich viele Arten von Tieren und Pflanzen, Anglern und Jägern eröffnen sich tausende Möglichkeiten. Das „Blühen" der Theiß ist ein weltweit einzigartiges Naturphänomen: das jährlich einmal vorkommende Ausschwärmen der großen Eintagsfliegen aus dem Morast bietet einen unvergesslichen Anblick. Außerdem war die Theiß immer schon eine wichtige Naturressource. Ihr Wasser trieb Mühlen an, auf dem Fluss wurden Waren befördert, in den Überschwemmungsgebieten wurde Ackerbau betrieben, und die Überschwemmungen in den Dienst der Bewirtschaftung gestellt. Es gab ausgedehnte Fischerei und Viehzucht, auch die Auwälder dienten dem Wohlstand der Bewohner.

Schönheit und launisches Wesen der Theiß gaben vielen Künstlern Inspiration. Es entstanden Volkslieder, Sagen, Redewendungen, Gedichte und Gemälde über sie, in der ungarischen Literatur waren besonders Sándor Petőfi und Gyula Juhász treue Liebhaber des Flusses. Theiß-Bootstouren sind immer noch beliebt, es setzen sich jedes Jahr Tausende ins Boot, um verschiedene Strecken des Flusses zu befahren.

Der 1975 übergebene Sperrsee bei Kisköre dient der Regulierung des Flusses, der 127 km² umfassende künstliche Theiß-See ist wichtig für den Tourismus. Es kommen Angler und Segler, Motorbootfahrer, wie auch Kranke, die in den Thermalbädern Heilung suchen, und Touristen, die Naturwunder bestaunen wollen. Viele werden wiederkehrende Gäste, es heißt ja: "Wer das Wasser der Theiß trinkt, dessen Herz sehnt sich zurück zu ihr."

Az 1975-ben átadott Kiskörei Víztároló a folyó szabályozását szolgálja, a 127 km² kiterjedésű, mesterséges Tisza-tó pedig fontos idegenforgalmi célpont. Horgászok és vitorlázni vágyók, a motoros vízi sportok szerelmesei, a termál- és gyógyfürdőkben enyhülést keresők, a természet csodáira kíváncsi turisták egyaránt megfordulnak itt. Sokan közülük visszatérő vendégekké válnak, hiszen miként a mondás is tartja: „Ki a Tisza vizét issza, vágyik annak szíve vissza."

Ópusztaszer

Az első országgyűlés helyszíne. Persze a szó valódi értelmében vett országgyűlésről szó sincs, nem is lehet, Ópusztaszer nevéhez köztudatunkban mégis ez a gondolattársítás fűződik. Anonymus Gestájában ugyanis azt hagyományozta, hogy a honfoglalás megtörténte után itt, ezen a helyen gyűlt össze a hét vezér, hogy „szerit ejtsék" a további teendőik megbeszélésének.

Jeles Névtelen történetírónk azt is tudni vélte, hogy ez alkalomból megerősítették a köztük lévő vérszerződést. Vagy így történt, vagy nem, de nagy jelentőséggel bírhatott e hely, mert a régészeti ásatások tanúsága szerint már István korában állhatott itt egy monostor, amely a XII. század végén háromhajós, impozáns méretű templommá bővült. Ezt a tatárjárás elpusztította, s nem is épült újjá. A tatár–török–labanc dúlta alföldi település aztán feledésbe is merült a nemzeti közgondolkodásban.

Ópusztaszer

The location of the first parliament. Although properly speaking we cannot talk about a national assembly, but still, people associations it with the name of Ópusztaszer, if they hear it. This is because Anonymus wrote in his 'Gesta' that after the Hungarians occupied the territory, the seven chiefs gathered here to discuss the further tasks. Our famous Nameless historian also seemed to know about them confirming their blood-contract on this occa-sion. Whatever happened, this place must have had a special significance, since according to the findings of the archaeological excavations, there was a monastery here even under the rule of István, which was extended into a huge, three-body church by the end of the 12th century. This structure was destroyed by the Tartars and it was never rebuilt. This lowland settlement, devastated by the Ottomans, Tartars and Labances, was forgotten for a long time. But later, amidst the great national enthusiasm of the millennium, it seemed only natural to raise a monument to the events and to chief Árpád in Pusztaszer, where the aforementioned meeting supposedly took place. After 1956, the construction works of the National Historic Monument Park were started. Today, this has an area of 22 000 hectares. Besides the old Árpád monument, the other well-known monument is the huge panorama painting of Árpád Feszty, finished in 1894. It is 15 m high, 115 m long and its area is 1725 square metres. It shows the history of the Hungarians in pageant style, starting with their leaving their ancient homeland, through the age of wandering and finishes with their arrival in the Carpathian Basin and with scenes of settling, putting the commanding figure of Árpád in the middle. The outdoor ethnographical collection (village museum) of Pusztaszer has been expanding since 1979. This tries to show the life of the 19th–20th century lowland farms, villages and towns.

A millennium nagy nemzeti lelkese-
dése közepette azonban szinte ter-
mészetesnek tűnt, hogy itt, Puszta-
szeren, a feltételezett gyűlés helyén
is emlékművet emeljenek az ese-
ménynek és Árpád vezérnek. 1956
után Nemzeti Történeti Emlékpark
kiépítése kezdődött a területen,
amely mára 22 000 hektáros terü-
letűvé duzzadt. A régi Árpád-emlék-
mű mellett a legismertebb a Feszty
Árpád által 1894-ben festett monu-
mentális körkép. A 15 méter magas,
115 méter hosszú festmény felülete
1725 m². Tablószerűen mutatja be

a magyarok felkerekedését az ős-
hazából, a vándorlást, a honfoglalás
és a megtelepedés mozzanatait,
középpontba állítva a győztes Ár-
pád méltóságteljes alakját. 1979-től
folyamatosan bővült a pusztasze-
ri szabadtéri néprajzi gyűjtemény
(skanzen) is, amely az alföldi tanyák,
falvak és kisvárosok XIX. századi
és XX. század eleji képét igyekszik
megmutatni.

Ópusztaszer

*Ort des ersten Landtags. Natürlich geht es
um keine richtige Landesversammlung in der
Chronik Gesta Hungarorum (Taten der Mag-
yaren) von Anonymus, Chronist und Notar an
König Bélas Hof (Bele Regis Notarius) Ende
des 12., Anfang des 13. Jahrhunderts, doch
es heißt darin, dass nach der Landnahme die
sieben Stammesführer der Magyaren sich
hier versammelt hatten, um sich über ihre
weiteren Aufgaben zu beraten. Der Chroni-
ker meint auch zu wissen, dass aus diesem
Anlass auch der zwischen ihnen bestehende
Blutvertrag erneuert wurde. Ob das tatsäch-
lich so geschah oder nicht, kann man nicht
nachweisen, fest steht aber, dass der Ort ein
wichtiger Ort war, archäologische Funde zeu-
gen davon, dass hier bereits zu Stephans I.
Zeiten ein Kloster gestanden hatte, das am
Ende des 12. Jahrhunderts zu einer impo-
santen Dreischiffkirche erweitert wurde. Die-
se ist im Mongolensturm verwüstet und nie
wieder aufgebaut worden. Die kleine Siedlung
in der ungarischen Tiefebene, verwüstet von
Mongolen, Türken und Labanzen ist dann
auch vergessen worden. Bei der großen Be-
geisterung beim Millenneum (1896) verstand
es sich von selbst, dass hier in Pusztaszer,
am Ort der vermeintlichen Versammlung der
Stammesfürsten den Ereignissen und Árpád
ein Denkmal erhoben werden soll. Nach 1956
begann man hier mit dem Bau eines Nationa-
len Historischen Gedenkparks, der heute eine
Fläche von 22 000 ha hat. Nebst dem Árpád-
Denkmal ist das monumentale Panoramabild
von Árpád Feszty, aus dem Jahre 1894 am
bekanntesten. Das insgesamt 1725 m² gro-
ße Panoramabild ist 15 Meter hoch und 115
Meter lang. Es zeigt die einzelnen Stationen
der Landnahme der Magyaren und stellt die
würdevolle Figur von Árpád, dem Sieger in
die Mitte. Seit 1979 werden auch Sammlung
und Territorium des hiesigen Freilichtmuse-
ums immer größer, es zeigt das Leben auf
den Gehöften, in den Dörfern und den Städ-
ten im 19. und 20. Jahrhundert.*

Puskás Ferenc és az Aranycsapat

A leghíresebb magyart Puskás Ferencként ismerik a világon, de itthon csak úgy hívjuk: Öcsi. 75. születésnapjára azt kapta tőlünk ajándékba, hogy róla neveztük el a Népstadiont – ő ennél jóval többet adott nekünk.

Puskás minden idők legjobb magyar focistája volt. Védhetetlenek voltak lövései. A '47–48-as évadban 50-szer talált a hálóba, a magyar válogatott tagjaként pedig 85 mérkőzésen 84 gólt szerzett, míg például Pelé a brazil válogatottban 92 meccsen „csak" 77-et. A magyar szurkolók legendákat szőttek alakja köré. Elterjedt, hogy azért használja a bal lábát kapura lövéskor, mert egyszer a jobbal úgy eltalálta a labdát, hogy a kapusnak minden bordája eltört. Az igazság az, hogy ballal jobban tudott lőni.

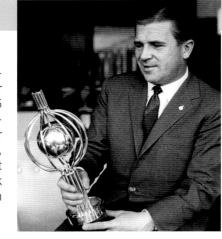

Öcsi Kispesten született 1927. április 1-jén. Születésnapját azonban mindig 2-án ünnepelte, elkerülendő a tréfákat. Édesapja futballedző volt, és korán felfigyelt a tehetségre, aki legjobb barátjával, Bozsik Józseffel minden szabadidejében a rongylabdát rúgta egy grundon. 15 (!) évesen bekerült a kispesti felnőtt csapatba, majd a Budapest Honvéd játékosa lett.

Ferenc Puskás und die Goldmannschaft

Der berühmteste Ungar ist in der Welt als Ferenc Puskás bekannt, seine Landsleute nennen ihn nur „Öcsi" (Brüderlein). Zum 75. Geburtstag bekam er von ihnen das Geschenk, dass das Volksstadion nach ihm benannt wurde – er gab ihnen viel mehr.

Puskás war der beste ungarische Fußballer aller Zeiten. Seine Schüsse konnte niemand abwehren. In der 1947-48er Saison traf er 50-mal ins Tor, als Mitglied der ungarischen Auswahlmannschaft schoss er in 85 Spielen 84 Tore, während Pelé das in 92 Spielen der brasilianischen Auswahl „nur" 77-mal gelang. Die ungarischen Fans erzählten wahre Legenden von ihm. Es hieß, er schieße aufs Tor deshalb mit dem linken Fuß, weil er den Ball einmal mit dem rechten so stark getroffen habe, dass dem Torwart alle Rippen gebrochen seien. In Wirklichkeit konnte er mit dem linken besser schießen.

Öcsi wurde am 1. April 1927 in Kispest geboren. Den Geburtstag feierte er jedoch stets am 2., um Hänseleien zu vermeiden. Sein Vater war Fußballtrainer und merkte schnell sein Talent. Mit seinem besten Freund József Bozsik kickte er in der Freizeit mit dem Stopfball. Mit 15(!) kam er in die Erwachsenenmannschaft Kispest, wurde später Spieler von Budapest Honvéd. Zwischen 1950 und 54 führte er die Goldmannschaft von Sieg zu Sieg. Grosics, Buzánszky, Lóránt, Lantos, Bozsik, Zakariás, Budai, Kocsis, Hidegkuti, Puskás, Czibor – diese Aufstellung wusste Jahrzehnte lang jeder auswendig. Sie spielten 32 Spiele in Serie ohne Niederlage. Ihr erster großer Sieg war, als sie 1952 in Helsinki Olympiasieger wurden. Das Jahr darauf gewannen sie den Europapokal. Für immer in Erinnerung bleibt das Treffen mit den Engländern 1953 im Wembley-Stadion: 6:3 Sieg der Ungarn gegen die englische Auswahl. Puskás, vom Gegner vor dem Spiel wegen seines kleinen Wuchses und Bäuchleins ausgelacht, schoss zwei Tore. Das eine nach seinem legendären „Rückziehertrick", der seit dem in jedem Fußballfilm zu sehen ist. Die Triumphe endeten 1954 bei der WM in der Schweiz. Im Finale niederlagen sie 3:2 den Deutschen.

Ferenc Puskás verpflichtete sich nach der Revolution 1956 zu Real Madrid. Er spielte bis 1966, um dann Anfang der 70-er Jahre als Trainer erfolgreich zu sein bei Panathinaikos Athen. 1991 kehrte er nach Ungarn zurück, wurde ein Direktor des Fußballverbandes und für kurze Zeit auch sein Kapitän. Er erhielt zahlreiche internationale und ungarische Auszeichnungen. Seit 2000 wurde er wegen der Alzheimerschen Krankheit behandelt und starb am 17. November 2006. Aus der Goldmannschaft überlebten ihn nur zwei, Gyula Grosics und Jenő Buzánszky.

Ferenc Puskás and the Golden Team

The most famous Hungarian in the world is known as Ferenc Puskás abroad, but in his home country, he's simply referred to as "Bub". For his 75th birthday, the People's Stadium (Népstadion) in Budapest was named after him – he gave his country a lot more in exchange.

Puskás was the greatest Hungarian football player ever, scoring some indefensible shots. In the season of 47'-48' he scored 50 goals, and as a member of the Hungarian league, he scored 84 goals in the course of 85 games, whilst, for example, in the Brazilian league, Pelé "only" scored 77 goals in the course of 92 games. The Hungarian supporters weaved legends about him – for example, it was rumoured that the reason why he used his left foot to shoot at goal, was because he once kicked the ball so hard with his right foot that he broke all the ribs of the goalkeeper. The truth is that he was better at scoring with his left foot.

Bub was born in Kispest, on 1 April 1927. However, he always celebrated his birthday on the 2nd, in order to avoid any jokes. His father was a football coach and he soon noticed that his son, who spent all his free time with his friend, József Bozsik, kicking a rag ball around on a empty piece of land, had talent. He joined the senior league of the Kispest team at 15 (!) years of age, later becoming a member of the Budapest Honvéd.

He led the Mighty Magyars to victory as the captain of the Hungarian league between 1950 and 1954. Grosics, Buzánszky, Lóránt, Lantos, Bozsik, Zakariás, Budai, Kocsis, Hidegkuti, Puskás, Czibor – everyone knew the team members by heart for decades. They played 32 consecutive matches without ever losing a game. As the first of their great victories, they won the 1952 Olympics in Helsinki, followed by the European cup a year later. Still, their most memorable fray was the game with England in 1953 at Wembley Stadium: the Hungarian boys beat the English team 6-3. Puskás, who was mocked by their opponents before the kick-off because of his short stature, scored two goals in the course of the game – one of these was scored after his legendary feint, during which he drew the ball back, shown in all every football documentary. Their list of triumphant victories ended with the 1954 World Cup in Switzerland, during which Hungary lost 3-2 against the Germans.

Following the Hungarian Revolution in 1956, Ferenc Puskás joined Real Madrid. He continued to play football until 1966, then achieving great success as a coach in the early seventies with Panathinaikos FC. He returned to his home country in 1991 and became one of the directors of the Hungarian Football Federation, and even a captain for a short period of time. He received a number of international and Hungarian awards. In the year 2000, he was diagnosed with Alzheimer's disease and passed away on 17 November 2006. He was outlived by only two other members of the Golden Team, Gyula Grosics and Jenő Buzánszky.

1950 és 1954 között a magyar válogatott kapitányaként sikerre vitte az Aranycsapatot. Grosics, Buzánszky, Lóránt, Lantos, Bozsik, Zakariás, Budai, Kocsis, Hidegkuti, Puskás, Czibor – az összeállítást évtizedekig mindenki fújta. 32 mérkőzést játszottak egymás után úgy, hogy nem kaptak ki. A nagy győzelmek sorában elsőként megnyerték az 1952-es helsinki olimpiát, majd egy év múlva az Európa Kupát. A legemlékezetesebb csata mégis az '53-as, angolok elleni találkozó volt a Wembley-stadionban: 6:3-ra verték meg a magyar fiúk az angol válogatottat. Puskás, akit az ellenfél a sípszó előtt kinevetett alacsony termete és pocakja miatt, két gólt lőtt. Az egyiket legendás „visszahúzós" csele után, amelyet minden futballról szóló film bemutat. A diadalmenet az 1954-es svájci VB-n ért véget. A döntőben 3:2-re kikaptunk a németektől.

Puskás Ferenc az '56-os forradalom után a Real Madridhoz szegődött. '66-ig futballozott, majd edzőként a Panathinaikosz Athénnál érte el a legszebb sikereket a '70-es évek elején. 1991-ben hazatért, és a labdarúgó szövetség egyik igazgatója, rövid ideig kapitánya lett. Számos nemzetközi és hazai kitüntetést kapott. 2000-től Alzheimer-kórral kezelték. 2006. november 17-én halt meg. Az Aranycsapatból ketten élték túl, Grosics Gyula és Buzánszky Jenő.

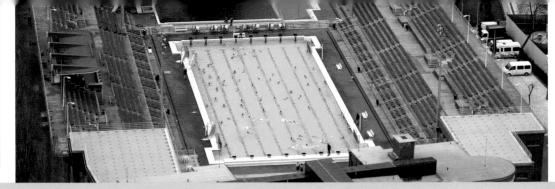

Hajós Alfréd

Hajós Alfrédot a legtöbben az első újkori olimpia hőseként ismerik, aki 1896-ban, Athénban a 100 és 1200 méteres úszásban is aranyérmet szerzett.

Azt viszont már kevesen tudják róla, hogy építészi végzettséggel bírt, és lakóházak, bankok és szállodák születtek munkaasztalán. Köztük a debreceni Arany Bika szálló, sőt vérbeli sportemberként ő fektette papírra a – majdan róla elnevezett – margitszigeti fedett uszoda és az újpesti Megyeri úti stadion terveit. Kipróbálta magát más sportágakban is, így síkfutásban és ötpróbában, ami pedig talán a leghihetetlenebb, hogy tagja volt az első magyar labdarúgó válogatottnak. Fő érdemeként fennmaradt úszósikereit az akkoriban újszerűnek számító kétkaros gyorsúszás, az úgynevezett „magyar tempó" bevezetésével aratta. Tudni kell, az ő idejében az úszás ugyancsak viszontagságos sport volt, az ellenfeleken kívül a zord körülményekkel is meg kellett küzdeniük a sportolóknak. Athénben, legfőbb diadalainak színhelyén egy tengeröböl adott helyet a megmérettetésnek, s olyan hideg volt a víz, hogy gyakorlatilag

Alfréd Hajós

Die meisten kennen Alfréd Hajós als Helden der ersten neuzeitlichen olympischen Spiele, der 1896 in Athen im 100 m- wie auch im 1200 m Schwimmen die Goldmedaille gewann. Nur wenige wissen, dass er Architekt war, der Wohnhäuser, Banken und Hotels entwarf. Darunter das Hotel zum Goldenen Stier in Debrecen, und sogar die Schwimmhalle auf der Margareteninsel – die später nach ihm benannt wurde -, und das Stadion in Újpest. Er erprobte sich auch in anderen Sportarten, im Laufen und im Fünfkampf, und was man vielleicht noch weniger glauben würde, er war auch Mitglied der ersten ungarischen Fußballauswahlmannschaft. Die Schwimmerfolge verdankte er dem damals als neu geltenden Kraulen mit beiden Armen, dem sog. „ungarischen Tempo". Zu bemerken ist, dass das Schwimmen zu seiner Zeit eine sehr schwierige Sportart war, die Sportler hatten außer den Gegnern auch mit den widrigen Umständen zu kämpfen. In Athen fand der Wettkampf in einer Meeresbucht statt, und das Wasser war so kalt, dass die Athleten praktisch um ihr Leben schwammen, und Alfréd Hajós, der halbtot gefrorene neue Meister von griechischen Matrosen aus dem 11 Grad kalten Wasser gezogen wurde. Kein Wunder, dass unser Held zitternd auf dem Siegertreppchen stand.

az életükért úsztak a versenyzők, és Hajós Alfrédot, a félholtra fagyott újdonsült bajnokot görög matrózok húzták ki a 11 fokos vízből… Nem csoda hát, hogy az első újkori olimpia hőse remegve állt fel a dobogó legfelső fokára.

Alfréd Hajós

Hajós Alfréd is most commonly known as the hero of the first modern Olympics of 1896 in Athens, winning two gold medals in swimming, including both the 100 and 1,200 metre freestyle events. Few know that he was also a qualified architect, designing a number of apartment buildings, banks and hotels. These included the Hotel Aranybika (Golden bull) in Debrecen, and as a true sportsman, he was even responsible for the design of the indoor swimming pool of Margitsziget (Margaret Island) – which was eventually named after him – and the Szusza Ferenc stadium of Budapest. He tried a number of different sports, including sprinting and the pentathlon, but what's even more amazing is the fact that he was also a member of the first Hungarian national football team. His most highly acclaimed accomplishments, his success in swimming, were achieved with the introduction of the so-called "Hungarian stroke" technique of two-armed swimming. We must note that at the time, swimming was a rather hard sport, since apart from their competitors, the swimmers also had to face somewhat harsh circumstances. In Athens, the scene of his greatest triumph, the competition took place in a bay, where the water was so cold that the swimmers were practically swimming for their lives; so Alfréd Hajós, the newly-fledged Olympic champion had to be pulled out of the 50 degrees Fahrenheit (11 degrees Celsius) cold water by Greek sailors… Therefore, it's no wonder that the champion of the first modern Olympics was shivering while standing on top of the podium.

Papp László

Papp László úgy vált a világ egyik legnagyobb ökölvívójává, hogy nem volt sem fekete, sem amerikai, sem nehézsúlyú, sem profi világbajnok – csak egy kis szocialista ország közép-, majd nagyváltósúlyban harcoló fia. Még az ökle is kicsi volt, éppen ezért tanult meg nagyon pontosan ütni.

Amatőrként háromszor szerzett olimpiai bajnoki címet; 1948-ban Londonban mindenkit kiütött, csak a döntőben maradt talpon ellenfele. A helsinki ötkarikás játékokon ismét verhetetlen volt, és Melbourne-ben is meglett az arany. 1949-ben és 1951-ben az Európa-bajnoki címet is megszerezte, majd profiként két döntetlen kivételével az összes meccsét megnyerte. Legnagyobb sikerét 1962-ben Bécsben aratta egy EB-címmérkőzésen, amikor a dán Christiansent a 8. menetben technikai KO-val legyőzte. Itthon azonban egyetlen profi mérkőzését sem közvetítették élőben.

László Papp

László Papp wurde zu einem der größten Boxkämpfer der Welt, obwohl er weder Schwarz, noch Amerikaner, noch Weltmeister im Schwergewicht, noch Profiweltmeister war – nur der Sohn eines kleinen sozialistischen Landes, der im Mittel- und Halbmittelgewicht kämpfte. Sogar seine Fäuste waren klein, erlernte deshalb sehr genau zu schlagen. Als Amateur gewann er dreimal den Titel des Olympiasiegers; 1948 schlug er in London jeden KO, erst im Finale blieb sein Gegner auf den Füßen. Bei den Olympischen Spielen in Helsinki war er wieder unschlagbar und holte sich auch in Melbourne die Goldmedaille. 1949 und 1951 war er Europameister, um dann als Profiboxer bis auf zwei unentschiedene Kämpfe alle andern zu gewinnen. Den größten Erfolg feierte er 1962 in Wien bei einem Kampf um den Europameistertitel, wo er den Dänen Christiansen im 8. Gang mit technischem KO bezwang. In Ungarn wurde aber kein einzelner seiner Profiboxkämpfe live übertragen. Die Politik zerbrach seine Karriere: eine Zeit lang gefördert, erhielt er im kritischen Moment das Verbot, um den Gürtel des Weltmeisters in den Ring zu treten. Ruhm und Geld zurücklassend kehrte er heim, arbeitete dann als Trainer und Verbandskapitän. Von seiner Größe als Sportler zeugt, dass er als einfacher Junge aus einem Arbeiterviertel aufbrach und allein durch seine Willenskraft auf den Gipfel kam.

László Papp

László Papp became one of the greatest boxers in the world, without being an Afro-, American, heavyweight or professional World Champion – just a middleweight, and later light middleweight, boxer from a small socialist country. Even his fists were small, which is why he learned to aim so precisely. As an amateur, he won three Olympic titles; in 1948, he knocked everyone out in London, only leaving his opponent in the final standing. He was unbeatable at the Olympic Games in Helsinki, and won yet another gold medal in Melbourne. He won two European Championship titles in 1949 and 1951, and won all of his matches as a professional, with the exception of two tie-breaking matches. He achieved his greatest success in 1962 at a European Championship title fight in Vienna, by defeating the Danish Christiansen with a technical KO in the 8th round. Still, none of his professional games were broadcast in his home country. His career was ruined by politics: although his career was supported for a while, in the crucial moment, he wasn't allowed to compete for the World Championship title. Following his retirement, he turned his back on fame and fortune and returned to his home country, becoming a trainer and a captain of the Hungarian national boxing team. László's sportsmanship is illustrated by the way he stepped into the ring as an average boy from a suburb of Budapest, fighting his way up to the top out of sheer willpower.

Karrierjét a politika törte derékba: egy ideig ugyan támogatták őt, de a kritikus pillanatban megtiltották neki, hogy ringbe szálljon a világbajnoki övért. Ő hírnevet és pénzt maga mögött hagyva tért vissza hazájába, visszavonulása után edző, és a válogatott szövetségi kapitánya lett. Papp Laci sportemberi nagyságát mutatja, hogy egyszerű angyalföldi srácként szállt ringbe, és puszta akaraterejéből jutott fel a csúcsra.

Egerszegi Krisztina

Egerszegi Krisztina a legjobb úszónőnk, és a legfiatalabb női olimpiai bajnokunk. Öt olimpiai arany-

érem birtokosa, nála több egyéni úszó olimpiai bajnokságot egyetlen nő sem nyert a világon.

Krisztina Egerszegi

*Krisztina Egerszegi ist die beste Schwimme-
rin und die jüngste Olympiasiegerin Ungarns.
Sie besitzt fünf olympische Goldmedaillen,
keine Frau der Welt hat mehr Goldmedaill-
en im Einzelschwimmen gewonnen als sie.
Zwischen 1988 und 1996 verwandelte sich
„Egér" (Maus), oder wie sie von Sportrepor-
tern genannt wurde, das „kleine Mädchen"
vor unseren Augen in Königin Krisztina, in die
erfolgreichste Athletin des Schwimmsports.
„Egér" wurde 1974 in Budapest geboren
und begann mit vier Jahren zu schwimmen.
In Sportchroniken könnte es heißen: schon
damals entdeckte man ihr Talent – dem war
aber nicht so. In dem Kindergarten wurde ihre
anderthalb Jahre ältere Schwester Klári von
dem Trainer ausgewählt. Kriszti machte aber
so lange Theater, dass auch sie schwimmen
will, bis der Vater dem Trainer mitteilte: er
wird Klári nur dann immer ins Schwimmbad
bringen, wenn auch Kriszti gehen kann. Dem
nachgiebigen Vater – und zehn Jahre hartem
Training – ist zu verdanken, dass das kleine
Mädchen mit vierzehn Jahren in Seoul im
200-m-Rückenschwimmen Olympiasiegerin
wurde. In derselben Disziplin stellte sie 1991
einen Weltrekord auf, der erst 2008 gebro-
chen wurde. 1992 brachte sie aus Barcelona
drei olympische Goldmedaillen heim, 1996
aus Atlanta noch eine, und hörte danach mit
dem Leistungssport auf. Kriszti ist heute eine
glückliche Mutter und ist nicht auf ihre Sport-
leistungen, sondern auf ihre drei Kinder am
meisten stolz.*

1988 és 1996 között Egér, vagy ahogy a riporterek hív-
ták, a „kicsi lány" a szemünk láttára változott át Krisz-
tina királynővé, az úszósport legeredményesebb ver-
senyzőjévé.
Egér 1974-ben született Budapesten, négyévesen kez-
dett el úszni. A sportkrónikák azt írhatnák: már akkor
meglátták benne a tehetséget – holott nem így volt.
Másfél évvel idősebb nővérét, Klárit választotta ki egy
edző az óvodában. Kriszti addig hisztizett, hogy ő is
úszni akar, míg az apja közölte a trénerrel: csak ak-
kor hordja Klárit az uszodába, ha Kriszti is járhat. Az
engedékeny apai szívnek, és tíz év kemény edzésnek
köszönhető, hogy a kicsi lány 14 évesen olimpiai baj-
nok lett Szöulban 200 m-es hátúszásban. Ugyanebben
a számban világcsúcsot állított fel 1991-ben, amelyet
csak 2008-ban döntöttek meg. 1992-ben Barceloná-
ból három olimpiai aranyérmet hozott haza, 1996-ban
Atlantából még egyet, majd abbahagyta a versenyzést.
Kriszti ma boldog családi életet él, és nem a sportered-
ményeire, hanem három gyermekére a legbüszkébb.

Krisztina Egerszegi

*Krisztina Egerszegi is the best Hungarian
female swimmer and the youngest Olympic
champion in the country's history. She won
five Olympic gold medals, there is no other
woman in the world who has won more in-
dividual Olympic championship titles than
her. Between 1988 and 1996, Krisztina,
also known as "Mouse" (Egér) or "Little girl"
(kicsi lány), turned into a real princess whilst
in the public's eye, becoming one of the most
successful competitors in the world of swim-
ming.
Krisztina was born in 1974 in Budapest and
began swimming when she was four years
old. The annals of sport history might say they
noticed her talent early on – but this is not
true. In kindergarten, a coach chose her sis-
ter Klári – who was one and half years older
than her – instead. Kriszti kept on throwing
tantrums, until her father finally told the trainer
that he could only take Klári swimming if
Kriszti could go along with her. Thanks to her
accommodating father and ten years of hard
training, the fourteen-year old girl became an
Olympic champion in Seoul in the 200 metre
backstroke. She later set a world record in
the same category in 1991, which was only
beaten in 2008. In 1992, she came home
with three gold medals from Barcelona, and
one more from Atlanta in 1996, then ending
her professional career. Nowadays, Kriszti is
leading a happy family life and her three chil-
dren make her even prouder than her sport-
ing achievements.*

Darnyi Tamás

Darnyi Tamás a magyar úszósport egyik élő legendája, a „vegyes-király".

200 és 400 m-es vegyesúszásban nyolc éven át volt veretlen a világverse-

nyeken.

Tamás Darnyi

Tamás Darnyi is one of the living legends of Hungarian swimming, the "king of medley swimming". At international levels, he was unbeaten in the 200 and 400 metre individual medley for eight consecutive years. His spectacular career began in '85 at the European Championship in Sofia, and ended in '93, following the European Championship in Sheffield. He was the first swimmer in the world to achieve times under two minutes in the 200 metre individual medley.

Tamás "Puci" Darnyi, was born on 3 June 1967 in Budapest. He began swimming at eight years old and soon became a junior champion. In 1982, his left eye was struck by an unfortunately aimed snowball and he lost the sight in his left eye. However, thanks to his own willpower and the hard work of his coach, Tamás Széchy, he joined the list of senior competitors and achieved success in 1985, in Sofia. He won two gold medals for the 200 and 400 metre individual medley. He won gold medals in the same categories at the 1988 Olympics in Seoul and the 1992 Olympics in Barcelona. In 1994, at the height of his professional career, he decided to call it quits. He later established a swimming school in Budapest, on Margaret Island (Margitsziget) and in the year 2000, he became the vice president of the Hungarian Swimming Association.

As a multiple world-record holder, Darnyi was an odd character in the world of sports: he almost always ruined his start, and, out of superstition, he never parted with his grey track suit, which accompanied him to all his races.

Páratlan pályafutása '85-ben, a szófiai EB-n kezdődött, és '93-ban, a sheffieldi EB után fejeződött be. Ő volt a világon az első, aki 200 m vegyesben két percen belüli időt ért el.

Darnyi „Puci" 1967. június 3-án született Budapesten. Nyolcéves korában kezdett el úszni, és hamar az ifjúsági bajnokok közé került. 1982-ben szerencsétlenül találta el egy hógolyó, és a bal szemére elveszítette a látását. Akaratereje és Széchy Tamás edző munkája azonban oda vezetett, hogy '85-ben már a felnőttek között indult, és nyert Szófiában. Két aranyat szerzett 200 és 400 m vegyesen. Ugyanezekben a számokban lett bajnok a '88-as szöuli és a '92-es barcelonai olimpián. '94-ben úgy döntött, hogy pályájának csúcsán befejezi a versenyzést. Úszóiskolát nyitott a Margitszigeten, 2000-ben pedig a Magyar Úszó Szövetség alelnöke lett.

A többszörös világcsúcstartó Darnyi különcnek számított a sportvilágban: általában mindig elrontotta a rajtot, babonából pedig soha nem vált volna meg a szürke melegítőjétől, amely hű társaként kísérte el a versenyekre.

Tamás Darnyi

Tamás Darnyi ist eine der lebenden Legenden vom ungarischen Schwimmsport, der „Lagenschwimmkönig". Acht Jahre lang blieb er ungeschlagen im 200- und 400- m- Lagenschwimmen bei allen Weltwettkämpfen. Seine beispiellose Karriere begann 1985, bei der EM in Sofia, und endete 1993, nach der EM in Sheffield. Als erster in der Welt erreichte er im 200-m-Lagenschwimmen eine Zeit innerhalb von zwei Minuten.

„Putzi" Darnyi wurde am 3. Juni 1967 in Budapest geboren. Mit acht Jahren begann er zu schwimmen, und wurde bald Jugendmeister. 1982 unglücklich von einem Schneeball getroffen, verlor er die Sichtkraft des linken Auges. Trotzdem konnte er dank seiner Willenskraft und der Arbeit seines Trainers Tamás Széchy 1985 schon zusammen mit Erwachsenen antreten und gewinnen in Sofia. Er gewann im 200- und 400-m-Lagenschwimmen die Goldmedaille. Auch bei den Olympischen Spielen 1988 in Soeul und 1992 in Barcelona gewann er in diesen Disziplinen. 1994 auf dem Gipfel seiner Laufbahn beschloss er, sich nicht mehr an Wettkämpfen zu beteiligen. Er eröffnete eine Schwimmschule auf der Budapester Margareteninsel, und wurde 2000 zum stellvetretenden Vorsitzenden des Ungarischen Schwimmverbands gewählt. Der mehrfache Weltrekordler Darnyi galt in der Welt der Sportler als Original: den Start hat er fast immer verpatzt, und trennte sich aus Aberglauben nie von seinem grauen Trainingsanzug, der ihn treu zu allen Wettkämpfen begleitete.

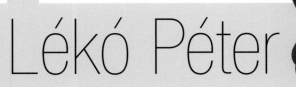

Lékó Péter

Lékó Péter kicsit későn, hétévesen kezdett el sakkozni, ám tizennégy évesen már minden idők legfiatalabb nagymestere volt, 1995-től pedig a szupertornák állandó résztvevője.

1979-ben született Szabadkán, de Szegeden nőtt fel, ahol díszpolgárrá avatták. Erős akaratereje mellé nagy céltudatosság társult: egy gyerekkorában készült interjún erélyesen kijelentette, hogy világbajnok akar lenni. 1995-ben Koppenhágában, Havannában, Yopalban nyert tornát, 1999-ben Dortmundban Kramnyik, Anand, Adams és Karpov előtt győzedelmeskedett. Sikerei ellenére Kaszparov úgy vélekedett róla, hogy túlságosan kockázatmentes a játéka, ezért soha nem lesz belőle világelső. Lékó nem vette szívére a sakkóriás bírálatát, ám stílust és edzőt váltott, és ezek után, óvatosnak egyáltalán nem mondható játékkal, 2001-ben legyőzte Adamst egy nyolcpartis meccsen, így lett belőle az első nem hivatalos Fischer Random Sakk világbajnok. 2002-ben Dortmundban megnyerte a világbajnok-jelöltek tornáját, majd a világbajnoki összecsapáson döntetlent játszott Kramnyik ellen, ami Kramnyik címvédését jelentette (a hetedik, Lékó által nyert parti az év legszebb partijai között szerepelt). Lékó végletekig kidolgozott, hidegvérű és taktikus játékával 2004-ben megnyerte a linaresi tornát, 2005-ben a Wijk aan Zee-i Corus szuperversenyen diadalmaskodott, a 2007-es világbajnokságon pedig a negyedik helyen végzett.

Péter Lékó

Péter Lékó took up chess at the slightly late age of seven, becoming the youngest grandmaster of all time at fourteen years of age, and a constant participant in tournaments from 1995. Born in Subotica in 1979, he grew up in Szeged, where he later became an honourable citizen of the city. His strong willpower was coupled with purpose: in the course of a childhood interview, he claimed he wanted to become a World Champion. In 1995, he won tournaments in Copenhagen, Havana and Yopal, whilst in 1999 he triumphed over Kramnik, Anand, Adams and Karpov in Dortmund. Despite his successes, Kasparov felt he played too safely, so he'd never become a World Champion. Lékó didn't take the chess giant's criticism to heart. However, he did change his style as well as his coach, defeating Adams in 2001 with some rather risky moves in the course of an eight-game match, becoming the first unofficial Fischer Random Chess World Champion. In 2002, he won the World Champion candidates tournament in Dortmund, which was followed by a tie-breaking World Championship match with Kramnik, which meant that Kramnik successfully defended his title (The seventh game won by Lékó, was one of the most beautiful games of the year). With his extremely planned, cold-blooded, tactical playing, Lékó came in second at the Linares chess tournament in 2004, winning the Corus Wijk aan Zee chess tournament in 2005, whilst achieving fourth place in the 2007 World Championship.

Péter Lékó

Péter Lékó begann etwas spät, mit sieben Jahren Schach zu spielen, war trotzdem schon mit vierzehn der jüngste Großmeister aller Zeiten, und seit 1995 ständiger Teilnehmer der Supertourniere. Er wurde 1979 in Subotica (ungarisch Szabadka) geboren, wuchs aber in Szeged auf, wo er zum Ehrenbürger der Stadt ernannt wurde. Seine starke Willenskraft ist mit großer Zielbewusstheit gepaart: bei einem Interview in der Kindheit erklärte er energisch, dass er Weltmeister werden will. 1995 gewann er Tourniere in Kopenhagen, Havana und Yopal, 1999 holte er sich den Sieg in Dortmund vor Kramnik, Anand, Adams und Karpow. Trotz seiner Erfolge meinte Kasparow über ihn, dass sein Spiel allzu risikolos sei, und er werde daher nie Welterster. Lékó nahm sich die Kritik des Schachriesen nicht zu Herzen, wechselte trotzdem den Stil und den Trainer und besiegte danach 2001 mit einem überhaupt nicht vorsichtig zu nennenden Spiel Adams in einem Kampf mit acht Partien, und wurde damit der erste nicht offizielle Fischer Random Schachweltmeister. 2002 gewann er in Dortmund das Tournier der Weltmeisterkandidaten, spielte dann Remis gegen Kramnik den Weltmeister, wodurch Kramnik seinen Titel verteidigen konnte (die siebte, von Lékó gewonnene Partie nannte man eine unter den schönsten Partien des Jahres). Mit einem extrem gut ausgearbeiteten, kaltblütigen und taktischen Spiel wurde Lékó erster beim Supertournier 2004 in Linares, wie auch 2005 beim Corus Supertournier in Wijk aan Zee. Bei der Weltmeisterschaft 2007 kam er auf den vierten Platz.

Polgár Judit

Polgár Judit a sakktörténelem legjobb női sakkozója, az egyetlen nő a szupernagymesterek között.

Judit, Zsuzsa, és a harmadik testvér, Zsófia különleges nevelésben részesültek. A lányok nem jártak iskolába, a pedagógus szülők otthon nevelték őket, amelynek köszönhetően pompás eredményeket értek el: voltak olyan évek, amikor a három Polgár-lány a női világranglista első három helyét foglalta el. Sikereit Judit agresszív stílusának, rendkívüli kreativitásának és bátor kockázatvállalásának köszönheti. Célja az abszolút világbajnoki cím; azzal, hogy ő vezeti a női sakk-világranglistát, soha nem elégedett meg.

Az 1976-os születésű Judit a férfi nemzetközi nagymester címet 1991-ben, 15 évesen szerezte meg, ami akkor világcsúcs volt (azóta Lékó Péter megdöntötte). 6-8 éves kora óta rengeteg játszmát nyert a világ legjobb játékosai ellen, és rendszeresen részt vett a szupertornákon, ahol férfiak ellen játszott. Örök riválisát, Kaszparovot 2002-ben rapidban sikerült legyőznie. Kaszparov korábban így nyilatkozott róla: „Fantasztikus sakktehetsége van, de csak egy nő" – veresége után azonban kénytelen volt átértékelni korábbi álláspontját. Judit gyermekei megszületése után sem hagyta abba a sakkot, presztízse ma is szilárd (14. helyen szerepel a FIDE ranglistáján), és jól szerepelt a 2005-ös Corus sakkversenyen.

Judit Polgár

Judit Polgár ist die beste Schachspielerin der Schachgeschichte, die einzige Frau unter den Supergroßmeistern. Judit, Zsuzsa und ihre dritte Schwester Zsófia genossen eine besondere Erziehung. Die Mädchen besuchten keine Schule, die Pädagogeneltern erzogen sie zu Hause, dank dem sie großartige Erfolge feierten: es gab Jahre, wo die drei Polgár-Töchter die ersten drei Plätze der Damenweltrangliste einnahmen. Judit verdankt die Erfolge ihrem aggressiven Stil, ihrer außerordentlichen Kreativität und ihrer mutigen Risikobereitschaft. Ihr Ziel ist der Titel des absoluten Weltmeisters; sie gab sich nie damit zufrieden, dass sie nur die Schachweltrangliste der Damen führt.

Die 1976 geborene Judit errang den Titel eines internationalen Großmeisters bei den Männern 1995, mit 15 Jahren, was damals den Weltrekord darstellte (inzwischen von Péter Lékó gebrochen). Seit dem Alter von 6 bis 8 Jahren gewann sie unzählige Partien gegen die besten Spieler der Welt, und beteiligte sich regelmäßig an Superturnieren, wo sie gegen Männer antrat. Ihren ewigen Rivalen Kasparow konnte sie 2002 im Rapidspiel besiegen. Davor äußerte sich Kasparow über sie: „Sie besitzt ein fantastisches Schachtalent, aber sie ist ja nur eine Frau" – nach seiner Niederlage musste er seinen früheren Standpunkt ändern. Judit hörte mit dem Schachspielen auch nach der Geburt ihrer Kinder nicht auf: bei der Weltmeisterschaft 2005 setzte sie sich wieder ans Schachbrett, zur Zeit steht sie auf dem 14. Platz der Rangliste der FIDE.

Judit Polgár

Judit Polgár is the best female player in chess history, the only woman to achieve the title of grandmaster. Judit, Zsuzsa and her third sister, Zsófia received a special upbringing. The girls didn't attend school, their teacher parents taught them at home, thanks to which they made superb achievements: some years, all three Polgár girls occupied one of the first three positions on the FIDE rating list. Judit's success is due to her aggressive style, extreme creativity and courageous risk-taking. Her goal was always to become the ultimate World Champion, never content with simply heading the list of female chess players.

Judit was born in 1976 and achieved her grandmaster title in 1991, at 15 years of age, which was a world record at the time (since bested by Péter Lékó). Between 6 and 8 years of age, she won many games against some of the best players in the world, regularly participating in tournaments, playing against men. She managed to defeat her arch rival, Kasparov, in a rapid chess game in 2002. Previously, Kasparov had had the following to say about her: "She has an amazing talent for chess, but she's just a woman." Still, he was forced to reevaluate his standpoint following his defeat. Judit still hasn't quit chess, even after giving birth to her children and still possesses a well-established prestige (no. 14 on the FIDE rating list), achieving a good performance at the 2005 Corus chess tournament.

Magyar vízilabda

Ami a braziloknak a foci, vagy az amerikaiaknak a kosárlabda, az nekünk a vízipóló: nincs még egy ország, amely olyan eredményes lenne a sportágban, mint Magyarország.

Nemzeti csapatunk a sportág nemzetközivé válása óta látványos, közönségszórakoztató játékot nyújtva a legjobbak közé tartozik. Dicsőségünk első korszaka 1926-ban kezdődött, hisz az ekkor első alkalommal megrendezett Európa-bajnokságot megnyerték pólósaink, s a következő négy EB-t is győztesen zárták. Az 1956-os melbourne-i olimpián a magyar játékosok a nemzetközi közvélemény szemében valóságos hősökké emelkedtek. A Szovjetunió ellen vívott véres összecsapást, amelyet csodálatos játékkal biztosan nyerték, úgy tekintették, mint revansot Magyarország szovjet megszállása miatt. A sportág jelenlegi királya is a magyar csapat, amelyik a pekingi olimpián sorozatban harmadik bajnoki címét gyűjtötte be. A férfiak csodálatos eredményei miatt háttérbe szorulnak a nők, holott már ők is rendelkeznek világbajnoki címmel. A vízilabdások csodálatos sportteljesítményük mellett megmutatják, hogy az élet más területein is kimagasló eredményt lehet elérni, hisz a játék mellett régen és ma is sokan komoly tanulmányokat folytatnak. Noha csapatsport, ahol a közös munka hozhat csak sikert, kiváló játékosok sora határozta meg a csapat játékát. A pólósok kiemelkedő alakjai a háromszoros olimpiai bajnokok: Gyarmati Dezső, Kárpáti György, Benedek Tibor, Biros Péter, Kásás Tamás, Kiss Gergely, Molnár Tamás, Szécsi Zoltán.

Water polo

Water polo means just as much to Hungarians as football means to Brazilians or basketball means to Americans: no other country in the world has gained the kind of achievements in this sport that Hungary has. The Hungarian national team has become one of the best groups of players with their spectacular, entertaining game play since water polo became an international sport. The first glorious period began in 1926, when the Hungarian team won the first European championship, along with the following four championships. The Hungarian water-polo players were regarded by the public as true heroes at the 1956 Olympic Games in Melbourne. The bloody fight against the Soviet Union, which the Hungarians won with ease, was considered to be their way of taking revenge on the Soviets for occupying Hungary. The Hungarians still lead the sport, winning their third Olympic title in a row at the Olympic Games in Beijing. The women are overshadowed by the men's staggering achievements, even though they won a World Championship title of their own. Apart from their amazing sporting achievements, the water-polo players have shown that they're capable of remarkable feats in other walks of life too, since they were always seriously dedicated to their studies. Although water polo is a team game, where you can only hope to win by cooperating with each other, the group's achievement is still defined by a series of superb players. The team's major figures include the three-time Olympic champions Dezső Gyarmati, György Kárpáti, Tibor Benedek, Péter Biros, Tamás Kásás, Gergely Kiss, Tamás Kásás, and Zoltán Szécsi.

Wasserball

Was für Brasilianer der Fußball, oder für Amerikaner der Basketball ist, das ist uns Ungarn der Wasserball: es gibt kein anderes Land, das in dieser Sportart so erfolgreich ist, wie Ungarn. Die Nationalauswahl bietet stets ein unterhaltsames, dem Publikum imponierendes Spiel und ist eine der besten Mannschaften. Die erste Periode des ungarischen Ruhms begann 1926, denn die ungarische Mannschaft gewann die damals erstmals veranstaltete Europa-Meisterschaft, und sie war auch bei den darauf folgenden vier Europa-Meisterschaften siegreich. Bei den Olympischen Spielen 1956 in Melbourne erhoben sich die ungarischen Spieler geradezu zu Helden in den Augen der internationalen Öffentlichkeit. Den blutigen Zusammenstoß mit der sowjetischen Mannschaft, den sie mit einem wunderbaren Spiel sicher gewannen, betrachtete man als Revanche für die sowjetische Besetzung Ungarns. Auch gegenwärtig ist die ungarische Mannschaft König der Sportart, sie gewann bei der Pekinger Olympiade nacheinander die dritte Goldmedaille. Wegen der fantastischen Leistung der Männer sind die Frauen etwas in den Hintergrund geraten, obwohl auch sie schon einen Weltmeistertitel haben. Außer ihrer wunderbaren Sportleistungen zeigen die Wasserballspieler, dass auch auf anderen Gebieten des Lebens hervorragende Leistungen möglich sind, denn sie betrieben früher und betreiben auch jetzt ernsthafte Studien. Wasserball ist zwar eine Mannschaftssportart, bei der nur gemeinsame Arbeit zum Erfolg führen kann, doch war eine Reihe von ausgezeichneten Spielern bestimmend für das Spiel der Mannschaft. Hervorragende Gestalten des ungarischen Wasserballs sind die dreifachen Olympiasieger: Dezső Gyarmati, György Kárpáti, Tibor Benedek, Péter Biros, Tamás Kásás, Gergely Kiss, Tamás Molnár, Zoltán Szécsi.

Magyar öttusa

Erős katonai múlttal rendelkező lovas nemzet vagyunk, így az öttusa kiváló-
an illeszkedik történelmi hagyományainkhoz.

Der Moderne Fünfkampf

Die Ungarn sind eine Reiternation mit starker militärischer Vergangenheit, so passt der moderne Fünfkampf ausgezeichnet zu den historischen Traditionen. An die Schaffung des Wettkampfs, der fünf Sportarten vereinigt, knüpft sich eine Legende. Ein Militärkurier hatte einen Brief über die Frontlinien des Feindes an das andere Ufer eines Flusses zu bringen. Er begann seinen Weg auf dem Pferd, aber der Feind entdeckte ihn, so musste er sich mit der Pistole, und dann mit dem Säbel Bahn brechen. Am Flussufer schoss man unter ihm das Pferd weg, so musste er ans andere Ufer schwimmen und von dort an den Weg laufend zurücklegen. Der Fünfkampf der modernen Olympiaden beharrte lange auf den militärischen Traditionen, lange Zeit wurde diese Sportart nur von Soldaten ausgeübt. Der erste Wettkampf in Ungarn wurde im April 1927 veranstaltet. Der Sieger wurde Tivadar Filótás, der auch der erste ungarische Olympiateilnehmer dieser Sportart wurde.

Nach der schwedischen Überlegenheit des ersten Jahrzehnts im Modernen Fünfkampf begann 1960 mit der Olympiade in Rom die Herrschaft der Ungarn. Die ungarischen Athleten erreichten 21 olympische Medaillenplätze, davon standen sie neunmal auf der obersten Stufe des Siegertreppchens. Die größte Persönlichkeit in der Geschichte des Modernen Fünfkampfs ist András Balczó, der zehnfache Weltmeister und dreimalige Olympiasieger. Sein Talent und die unvergleichliche Willenskraft brachten ihre Früchte 1972 bei den Olympischen Spielen in München, wo der damals 34 Jahre alte Sportler neben seinen früheren Mannschaftssiegen auch Olympiasieger im Einzel wurde. Den Ruhm des ungarischen Fünfkampfs stärkten die Sportlerinnen weiter, 2004 erwarb auch Zsuzsa Vörös einen olympischen Titel für Ungarn.

Az öt sportágat egyesítő verseny megteremtéséhez egy legenda is fűződik. Egy katonai futárnak levelet kellett az ellenség vonalain átjuttatni egy folyó túlpartjára. Útjára lovon indult, ám az ellenség felfedezte, ezért pisztollyal, majd karddal vágott utat. A folyó partján lovát kilőtték, így át kellett úsznia a túlsó partra, majd onnan futva tette meg az utat. A modern olimpiák öttusája hosszú ideig ragaszkodott a katonás hagyományokhoz, sokáig csak katonák űzték e sportot.

Az első versenyt Magyarországon 1927 áprilisában rendezték. Győztese Filótás Tivadar lett, aki a sportág első olimpiai résztvevője is volt.

A sportág első évtizedének svéd fölénye után az 1960-as római olimpiától kezdődött a magyar uralom. Versenyzőink 21 olimpiai érmes helyezést értek el, köztük kilenc alkalommal a dobogó legfelső fokára állhattak. Az öttusa történetének legnagyobb egyénisége a tízszeres világ- és háromszoros olimpiai bajnok Balczó András. A tehetség és a páratlan akaraterő az 1972-es müncheni olimpián hozta meg gyümölcsét, a 34 éves sportoló a korábbi csapatgyőzelmek mellé egyéni olimpiai bajnoki címet is szerzett.

A magyar öttusa hírét a női versenyzők tovább erősítették, 2004-ben Vörös Zsuzsa is olimpiai címhez juttatta Magyarországot.

Pentathlon

Since Hungary has a strong military past as a horse-riding nation, pentathlon blends in perfectly with the Hungarian historical traditions. There's even a legend surrounding the establishment of the event, which combines five separate sporting disciplines. An army messenger had to get a message across enemy lines to the far side of a river. He left on horseback, yet was soon spotted by the enemy, so he was forced to cut his way through their defences with a rifle and a sword. His horse was shot at the riverbank, so he was forced to swim across the river and then continue his journey on foot, running. The pentathlon of the modern day Olympics adhered to the military tradition and was performed exclusively by soldiers for quite some time.

The first Hungarian competition took place in April 1927. Tivadar Filótás won the competition and thus became Hungary's first athlete to participate in the pentathlon at the Olympic Games.

Following the Swedish domination in the first decade of the competition, the Hungarians took over from the Olympic Games in Rome in 1960. Hungarian athletes won a total of 21 Olympic Medals, including nine Gold Medals. The greatest athlete in the history of the pentathlon is the ten-time World and three-time Olympic champion, András Balczó. His talent and unrivalled will-power came to fruition at the Olympic Games in Munich in 1972, when the 34-year-old athlete won his first solo Olympic title to accompany his previous group achievements. The prestige of the Hungarian pentathlon athletes was further increased by the female athletes, when Zsuzsa Vörös won an Olympic title for Hungary.

Magyar vívás

Katonai gyökerei miatt a vívás a Monarchia idején vált népszerűvé, a hazafias légkörben működő klubokban honvédtisztek és úriemberek mérkőztek meg egymással – ma már azonban éppoly híresek a női vívóink, mint a férfiak.

A kifinomult technikai tudást, erős idegzetet igénylő sportág klasszikus száma a kardvívás. Bátran mondhatjuk, hogy a magyar kard a sporttörténelemben mindig fényesen csillogott. Számos világés olimpiai bajnoki cím, helyezés mutatja sportolóink erejét, tudását. Első vívó olimpiai bajnoki címünket Fuchs Jenő szerezte, kétszer egyéniben, kétszer csapatban. A jogászi végzettségű, nagyszerű vívó sokoldalú sportolóként élt, hisz a vívás mellett versenyszerűen evezett és szánkózott is. Az 1930-as évek kiemelkedő vívója volt Kabos Endre, aki összesen három olimpiai aranyérmet szerzett kardjával. Érdekesség, s ez jól mutatta a korabeli magyar vívósport erejét, hogy számos nemzetközi sikere ellenére magyar bajnoki címet nem tudott szerezni.

Csodálatos teljesítményt nyújtott az elsősorban kardvívó Gerevich Aladár, a vívósport egyik legnagyobb alakja. Hat olimpiai részvétele alkalmával – az utolsó, római olimpián ötvenévesen szerepelt – hét aranyérmet szerzett. A közelmúltban az elhalványult kard fényét a párbajtőré váltotta fel, s ott is a női szakág. A magyar sport 150. olimpiai aranyérmét szerző Nagy Tímea 2000-ben és 2004-ben is a dobogó legfelső fokára állhatott.

Fencing

Due to its military past, fencing grew in popularity at the time of the Monarchy, with military officers competing against gentlemen in the patriotic atmosphere of fencing clubs – however, nowadays the female fencers are just as famous as the men. Sabre fencing is the classic discipline of the sport, requiring refined technical knowledge and a strong set of nerves. It's safe to say that the Hungarian sabres have always flashed brightly in the history of the sport. The achievements and skill of Hungarian athletes can be clearly shown by a number of World and Olympic championship titles. Jenő Fuchs won the first Hungarian Olympic championship title – twice in singles and once as part of a team. Fuchs, who was originally a lawyer, was a superb, multi-talented sportsman, since he also competed in rowing and sledding. Endre Kabos was an outstanding fencer of the 1930s, who won a total of three Olympic Gold Medals with his sabre. A peculiarity that shows the strength of the Hungarian fencing sport at the time is that despite his series of international achievements, he was still unable to win a Hungarian championship title.

Aladár Gerevich – who was mostly known as a sabre fencer – also achieved spectacular results and became one of the greatest figures of fencing. He won seven Gold Medals over the course of six Olympic Games – his final performance at the Olympic Games took place in Rome, at 50 years of age. The recent lack of glorious achievements in sabre fencing was replaced by those of the épée, with special emphasis on the female fencers. Tímea Nagy won the 150th Hungarian Gold Medal by her participation in the Olympic Games in 2000 and 2004.

Fechten

Wegen seiner militärischen Wurzeln wurde das Fechten in der Epoche der Österreichisch-Ungarischen Monarchie populär, in den Klubs mit patriotischem Flair fochten Honvédoffiziere und feine Herren – heute sind aber unsere Fechterinnen genauso berühmt, wie die Männer. Die klassische Disziplin dieser, ein verfeinertes technisches Können und starke Nerven erfordernden Sportart, ist das Säbelfechten. Man kann getrost behaupten, dass der ungarische Säbel in der Sportgeschichte immer hell geglänzt hat. Von der Kraft und dem Können ungarischer Sportler zeugen zahlreiche Weltmeistertitel, olympische Gold- und andere Medaillen. Der erste ungarische Sieger im Fechten bei einer Olympiade war Jenő Fuchs, er gewann die Goldmedaille zweimal im Einzelkampf und zweimal mit der Mannschaft. Dieser großartige Fechter, der Jura studiert hatte, lebte als vielseitiger Sportler, denn neben dem Fechten ruderte und rodelte er auch bei Wettkämpfen. Ein hervorragender Fechter der dreißiger Jahre war Endre Kabos, der sich mit dem Säbel insgesamt drei olympische Goldmedaillen erfocht. Interessant ist, und zeigt die Kraft des damaligen Fechtsports, dass er trotz seiner vielen internationalen Erfolge niemals den Titel eines ungarischen Meisters erwerben konnte.

Wunderbares hat der vor allem als Säbelfechter bekannte Aladár Gerevich vollbracht, eine der größten Gestalten des Fechtsports. Bei sieben Teilnahmen an Olympischen Spielen – bei der letzten, der Olympiade in Rom war er fünfzig Jahre alt –, gewann er sieben Goldmedaillen. In der nahen Vergangenheit erblasste der Glanz des Säbels und der des Degenfechtens ersetzte ihn, besonders bei den Frauen. Tímea Nagy erwarb die 150. olympische Goldmedaille des ungarischen Sports, und konnte 2000 und auch 2004 auf der obersten Stufe des Siegertreppchens stehen.

Magyar kajak-kenu

Amikor Wichmann Tamás, Kovács Katalin, vagy Janics Natasa megjelentek a startvonalnál, az ellenfeleknek megremegett a térde. Sportolóink gyakorta esélyt sem adtak a többi hajó számára, és fölényes győzelmeket aratva hódították el a csillogó aranyakat, Magyarország polgárai pedig egy emberként örvendtek sikereiknek.

A verseny a sportoló számára kellemes pihenés a felkészülés szenvedéseihez képest. A sportág első magyar olimpiai érme – ezüst – a helsinki olimpián született, majd a következő, melbourne-i már az aranykorszak kezdetét jelezte. Az ezt követő olimpiákon mindig biztosan számíthattunk valamelyik számban győztesre.

A kajak-kenu nagyjai közül azok a kiváló sportolók váltak közismertté, akik magával ragadó személyiségükkel a média sztárjaivá lettek. Kőbán Rita, Kovács Katalin vagy Janics Natasa személyiségük ereje mellett csodálatos eredményeikkel, többszörös olimpiai bajnokként népszerűsítik sportágukat. A kajak-kenu egyik legnagyobb alakja Wichmann Tamás, aki tizenkilenc világbajnoki éremmel büszkélkedik, de olimpián nem tudott győzni. A magyar kajak-kenu tragikus hőse a kétszeres olimpiai bajnok Kolonics György, aki a pekingi olimpiára készülés közben veszítette életét.

Canoeing/Kayaking

When Tamás Wichmann, Katalin Kovács or Natasa Janics appear at the start line, their competitors start trembling in trepidation. The rest of the boats usually don't stand a chance against these fine athletes who confidently win the races along with the gold medals, while the people of Hungary come to together to celebrate their success. Racing is a pleasant pastime for athletes, compared to their gruelling preparation work. The first Hungarian Olympic – Silver – Medal was won at the Olympic Games in Helsinki, whilst the next Olympic Games in Melbourne proved to be the start of a golden age. At those Games, the Hungarians could always expect to win one of the disciplines.

Of all the athletes competing in canoeing/kayaking numbers, those with truly captivating personalities have become true media sensations. Apart from their strong personalities, Rita Kőbán, Katalin Kovács and Natasa Janics have done much to popularise the sport with their amazing achievements and multiple Olympic Medals. Tamás Wichmann is one of the greatest figures in canoeing/kayaking, winning a total of nineteen world championship titles, even though he was unable to win at any of the Olympic Games. Twice Olympic champion György Kolonics is the tragic hero of the Hungarian canoeing/kayaking sport, passing away during the preparations for the Olympic Games in Beijing.

Kanusport

Wenn Tamás Wichmann, Katalin Kovács oder Natasa Janics an der Startlinie erschienen, erzitterten den Gegnern die Knie. Diese Sportler(innen) gaben den anderen Booten oft nicht einmal eine Chance, sie gewannen mit überlegenen Siegen Goldmedaillen, und alle Bürger Ungarns freuten sich über ihre Erfolge. Im Vergleich zu den Anstrengungen in der Vorbereitungszeit bedeuten Wettkämpfe für die Sportler eine angenehme Erholung. Die erste olympische Medaille dieser Sportart – eine silberne – erwarben die Sportler bei den Olympischen Spielen in Helsinki, mit der nächsten Olympiade in Melbourne begann schon das goldene Zeitalter. Bei den darauf folgenden Olympiaden konnte stets mit einem ungarischen Sieg in einer der Disziplinen gerechnet werden.

Allgemein bekannt sind unter den Größen des Kanusports die ausgezeichneten Sportler und Sportlerinnen, die durch ihre mitreißenden Persönlichkeiten zu Medienstars wurden. Rita Kőbán, Katalin Kovács oder Natasa Janics werben für ihre Sportart außer mit der Kraft ihrer Persönlichkeit vor allem mit ihren wunderbaren Leistungen, als mehrfache Olympiasiegerinnen. Eine der größten Gestalten des ungarischen Kanusports ist Tamás Wichmann, der neunzehn Mal Weltmeister wurde, aber bei keiner Olympiade siegen konnte. Der tragische Held des ungarischen Kanusports ist der zweifache Olympiasieger György Kolonics, der während der Vorbereitung auf die Pekinger Olympiade tragisch ums Leben kam.

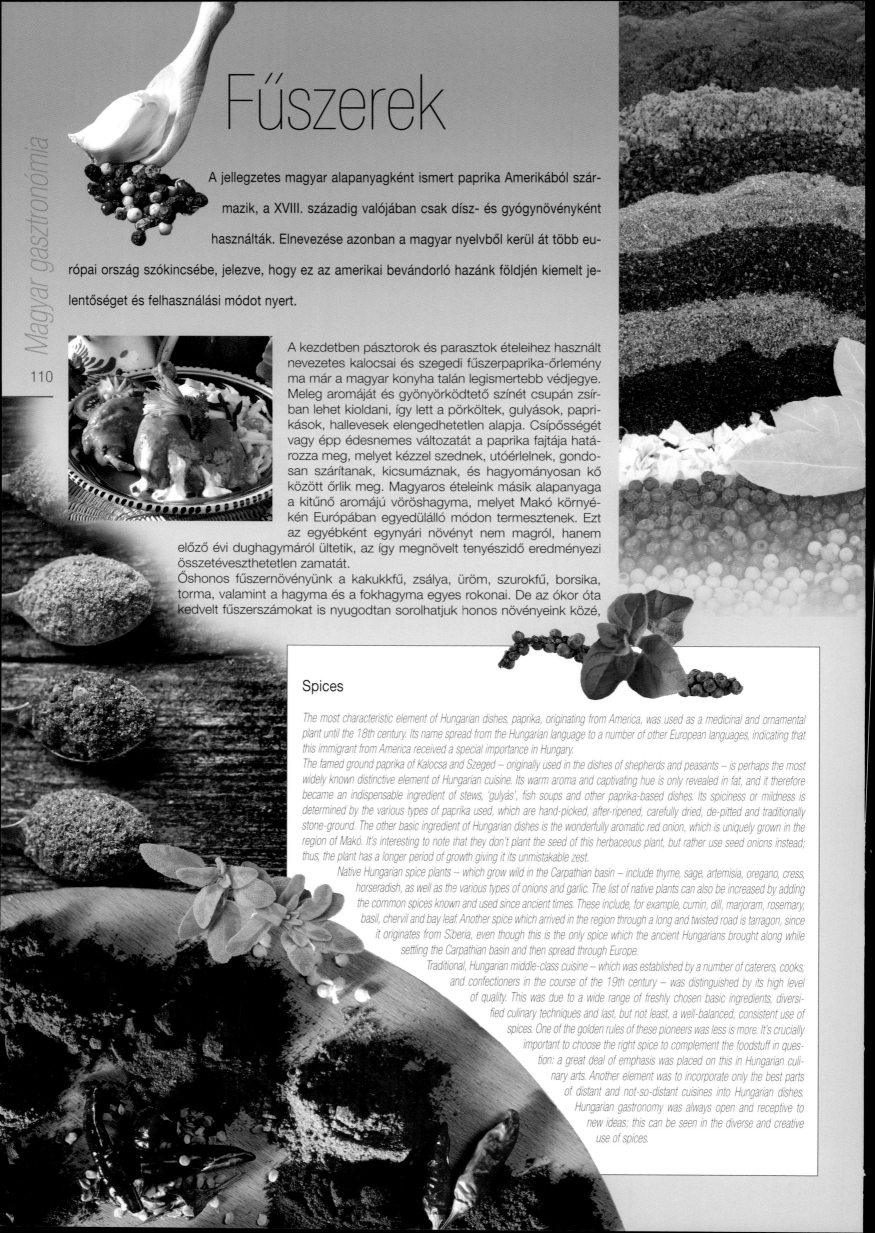

Fűszerek

A jellegzetes magyar alapanyagként ismert paprika Amerikából szár-
mazik, a XVIII. századig valójában csak dísz- és gyógynövényként
használták. Elnevezése azonban a magyar nyelvből kerül át több eu-
rópai ország szókincsébe, jelezve, hogy ez az amerikai bevándorló hazánk földjén kiemelt je-
lentőséget és felhasználási módot nyert.

A kezdetben pásztorok és parasztok ételeihez használt
nevezetes kalocsai és szegedi fűszerpaprika-őrlemény
ma már a magyar konyha talán legismertebb védjegye.
Meleg aromáját és gyönyörködtető színét csupán zsír-
ban lehet kioldani, így lett a pörköltek, gulyások, papri-
kások, hallevesek elengedhetetlen alapja. Csípősségét
vagy épp édesnemes változatát a paprika fajtája hatá-
rozza meg, melyet kézzel szednek, utóérlelnek, gondo-
san szárítanak, kicsumáznak, és hagyományosan kő
között őrlik meg. Magyaros ételeink másik alapanyaga
a kitűnő aromájú vöröshagyma, melyet Makó környé-
kén Európában egyedülálló módon termesztenek. Ezt
az egyébként egynyári növényt nem magról, hanem
előző évi dughagymáról ültetik, az így megnövelt tenyészidő eredményezi
összetéveszthetetlen zamatát.

Őshonos fűszernövényünk a kakukkfű, zsálya, üröm, szurokfű, borsika,
torma, valamint a hagyma és a fokhagyma egyes rokonai. De az ókor óta
kedvelt fűszerszámokat is nyugodtan sorolhatjuk honos növényeink közé,

Spices

*The most characteristic element of Hungarian dishes, paprika, originating from America, was used as a medicinal and ornamental
plant until the 18th century. Its name spread from the Hungarian language to a number of other European languages, indicating that
this immigrant from America received a special importance in Hungary.*

*The famed ground paprika of Kalocsa and Szeged – originally used in the dishes of shepherds and peasants – is perhaps the most
widely known distinctive element of Hungarian cuisine. Its warm aroma and captivating hue is only revealed in fat, and it therefore
became an indispensable ingredient of stews, 'gulyás', fish soups and other paprika-based dishes. Its spiciness or mildness is
determined by the various types of paprika used, which are hand-picked, after-ripened, carefully dried, de-pitted and traditionally
stone-ground. The other basic ingredient of Hungarian dishes is the wonderfully aromatic red onion, which is uniquely grown in the
region of Makó. It's interesting to note that they don't plant the seed of this herbaceous plant, but rather use seed onions instead;
thus, the plant has a longer period of growth giving it its unmistakable zest.*

*Native Hungarian spice plants – which grow wild in the Carpathian basin – include thyme, sage, artemisia, oregano, cress,
horseradish, as well as the various types of onions and garlic. The list of native plants can also be increased by adding
the common spices known and used since ancient times. These include, for example, cumin, dill, marjoram, rosemary,
basil, chervil and bay leaf. Another spice which arrived in the region through a long and twisted road is tarragon, since
it originates from Siberia, even though this is the only spice which the ancient Hungarians brought along while
settling the Carpathian basin and then spread through Europe.*

*Traditional, Hungarian middle-class cuisine – which was established by a number of caterers, cooks,
and confectioners in the course of the 19th century – was distinguished by its high level
of quality. This was due to a wide range of freshly chosen basic ingredients, diversi-
fied culinary techniques and last, but not least, a well-balanced, consistent use of
spices. One of the golden rules of these pioneers was less is more. It's crucially
important to choose the right spice to complement the foodstuff in ques-
tion: a great deal of emphasis was placed on this in Hungarian culi-
nary arts. Another element was to incorporate only the best parts
of distant and not-so-distant cuisines into Hungarian dishes.
Hungarian gastronomy was always open and receptive to
new ideas; this can be seen in the diverse and creative
use of spices.*

olyan régóta ismerjük és használjuk, ezek pl. a kömény, kapor, majoránna, rozmaring, bazsalikom, turbolya, babér. Különös utat járt be a tárkony, mivel ennek a növénynek az őshazája Szibéria: meglehet, ez az egyetlen fűszerünk, melyet honfoglaló őseink hoztak magukkal, és terjesztettek el Európában. Nem véletlen, hogy a rendkívül archaikus erdélyi konyhának máig kedvelt fűszere.

A hagyományos magyar polgári konyha – melynek alapjait a XIX. századi vendéglősök, szakácsok, cukrászok fektették le – nevezetes volt kiemelkedő minőségéről. Ez a válogatott, friss alapanyagoknak, a változatos konyhatechnikai eljárásoknak, és nem utolsósorban a kiegyensúlyozott fűszerezésnek volt köszönhető. Az étellel harmonizáló fűszer megválasztása döntő jelentőségű, ehhez pedig a magyar szakácsművészet mindig is értett. Mint ahogy ahhoz is, hogy a közeli és távoli népek konyhájának legjavát hogyan lehet beilleszteni a magyaros ételek sorába. A magyar gasztronómia mindenkor befogadó és nyitott volt, ugyanez mutatkozik meg a fűszerek változatos, alkotó használatában is.

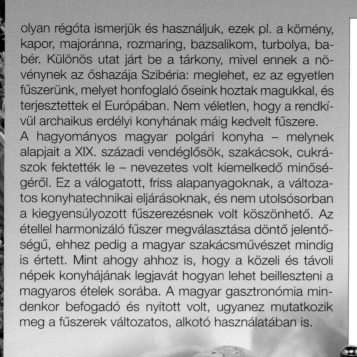

Gewürze

Der als typisches ungarisches Gewürz bekannte Paprika stammt aus Amerika und er wurde bis zum 18. Jahrhundert nur als Zier- und Heilpflanze verwendet. Seine Benennung entlehnten viele europäische Sprachen dem Ungarischen, was davon zeugt, dass dieser amerikanische Immigrant in Ungarn besondere Bedeutung und Verwendungsweise gewann.

Anfangs benutzten Hirten und Bauern zu ihren Gerichten das berühmte Gewürzpaprikapulver aus Kalocsa und Szeged. Es ist heute schon das wohl bekannteste Merkmal der ungarischen Küche. Sein gutes Aroma und seine wunderbare Farbe entwickelt es nur in Verbindung mit Schmalz und es wurde so zur unerlässlichen Grundlage von Pörkölt, Gulasch, Paprikasch und Fischsuppe. Seine Schärfe oder eben die edelsüße Variante bestimmt die Paprikasorte, die von Hand gesammelt wird, man lässt sie nachreifen, dann wird sie sorgsam getrocknet, das Gehäuse entfernt und die Paprikaschoten traditionell zwischen Steinen gemahlen. Eine andere Grundzutat der ungarischen Spezialitäten ist die Zwiebel mit dem ausgezeichneten Aroma, die in der Umgebung von Makó auf eine in Europa einzigartige Weise angebaut wird. Diese an sich einjährige Pflanze wird nicht ausgesät, sondern es werden Steckzwiebeln vom Vorjahr gepflanzt, und die so verlängerte Vegetationszeit ergibt das unverwechselbare Aroma der Zwiebel.

Einheimische, d.h. im Karpatenbecken auch wild wachsende Gewürzkräuter sind Thymian, Salbei, Wermut, Dost, Bohnenkraut, Meerrettich, sowie einige Verwandte der Zwiebel und des Knoblauchs. Auch andere, seit dem Altertum beliebte Gewürze sind getrost den einheimischen ungarischen Pflanzen zuzurechnen, so lange sind sie schon bekannt und gebraucht z.B. Kümmel, Dill, , Majoran, Rosmarin, Basilikum, Kerbel und Lorbeer. Wie allgemein bekannt, kamen Pfeffer, Vanille, Muskat aus fernen Ländern, zur Zeit der geographischen Entdeckungen nach Europa. Einen besonderen Weg legte der Estragon zurück, denn die Urheimat dieser Pflanze ist Sibirien, und möglicherweise ist Estragon das einzige in Ungarn gebräuchliche Gewürz, das von den Vorfahren der Ungarn bei der Landnahme mitgebracht und in Europa verbreitet wurde. Kein Wunder, dass Estragon bis heute ein beliebtes Gewürz der äußerst archaischen Siebenbürger Küche ist.

Die traditionelle bürgerliche ungarische Küche, deren Grundlagen die Gastwirte, Köche und Konditoren niedergelegt haben, war für ihre außerordentlich hohe Qualität bekannt. Dies verdankte sie den ausgewählten frischen Zutaten, den abwechslungsreichen küchentechnischen Verfahren und nicht zuletzt dem ausgeglichenen Würzen. Die Gastronome jener Zeit beachteten die Regel: Weniger ist manchmal mehr. Die Wahl eines mit der Speise harmonierenden Gewürzes ist von entscheidender Bedeutung und die ungarische Kochkunst verstand davon schon immer viel. Wie auch davon, wie das Beste in den Küchen naher und ferner Völker in die ungarischen Gerichte zu integrieren ist. Die ungarische Gastronomie war stets offen und aufnahmefähig, das zeigt sich auch im abwechslungsreichen, kreativen Gebrauch von Gewürzen.

Kolbász és szalámi

A magyar konyha ősidők óta kísérletezett a húsfélék tartósításával. Már honfoglaló eleink is szárított húst vittek magukkal kalandozásaikra, melyből pillanatok alatt ízletes egytálételt lehetett kanyarítani. Hasonlóan cselekedtek az év nagy részében otthonuktól távol élő pásztorok, juhászok, csikósok is. A paraszti háztartások legnagyobb ünnepe minden évben a disznóvágás. A hatalmasra hizlalt jószág húsát takarékosan be kellett osztani, tartósítani kellett. Ebből az igényből fejlődtek ki a modern kolbász- és szalámifélék.

A kitűnő minőségű paprika-őrlemények, és az Alföld déli peremén termesztett, európai fajtársait messze lehagyó zamatú vöröshagyma és fokhagyma csak növelték a kísérletező kedvet.

A hagyományos magyar kolbászfélék közül a leghíresebb a csabai kolbász és a gyulai kolbász. Emellett megkülönböztetünk füstölt és lángolt fajtákat, vastag és vékony, enyhén csípős vagy csípős kolbászokat (pl. „pokol tüze"), a vadhúsokkal készült kolbászok pedig ínyenc csemegék. A kolbász lehet friss vagy érett, páros vagy „magányos", a disznóvágások során készített házi kolbászok között pedig aligha akad két egyforma – az eredmény azonban minden esetben félreismerhetetlen és ízletes.

1869-ben egy Pick Márk nevű gabonakereskedő üzletének kínálatát egy tartós szalámifélével bővítette. Ilyen egyszerűen kezdődik egy majd 150 éves sikertörténet. Mára a Pick szalámi nemcsak nemzetközileg elismert árucikk, de védett hungarikum is. Hírnevét fantasztikusan eltalált ízének és töretlenül magas minőségének köszönheti, meg egy kicsit talán a téli szalámi körül lengő titokzatosságnak is: receptúrája máig szigorúan őrzött titok.

Sausages and salami

The ancient Hungarians living at the time of the conquest of the Carpathian basin carried dried meat on their adventures, which allowed them to quickly prepare a delicious stew. The same was true for the shepherds, herders and cowboys, who spent most of the year away from their homes. One of the greatest celebrations of rural farms was the slaughtering of the pigs. The meat of the fattened animals had to be preserved and portioned out carefully. This led to the development of modern sausages and salamis. The high-quality, ground paprika and the onions grown on the southern edges of the Great Hungarian Plains (Alföld), which far surpassed the quality of other European onions, increased the urge to experiment.

The most famous brands of traditional Hungarian sausages are the Csabai and Gyulai sausages. There are also a number of distinctive types of smoked and 'flamed' sausages, thick and thin sausages, slightly spicy or hot sausages (for example, the 'fires of hell'), whilst sausages made from game are considered gourmet delicacies. Sausages can be fresh or seasoned, single or in pairs, whilst homemade pork sausages are totally unique – however, the resulting flavour is always truly tasty.

In 1869, a merchant named Márk Pick decided to widen the range of his grain store with a long-lasting type of salami. This was the beginning of a nearly 150-year-long success story. Not only has Pick salami become an internationally renowned product, it is also a protected Hungarian brand. Its reputation is due to its amazing taste and consistently high level of quality, which is partially enhanced by the mystery surrounding the salami: its recipe is still a closely-guarded secret.

The second type of Hungarian sausage does not keep so long and is intended for quick consumption. In recent decades, this industry has undergone a number of major developments. The cold cuts traditionally prepared from pork have been supplemented with a wide range of products made from chicken, turkey, beef, and game. Although these receive less attention, the quality products can easily prove to be just as good as Mortadella, Tyrolean and Viennese sausages.

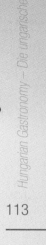

Szalámiféléink családjának másik nagy ágát a kevésbé tartós, gyors fogyasztásra szánt cikkek alkotják. Az utóbbi évtizedekben látványosan fejlődött ez az ágazat. A hagyományosan disznóhúsból készült felvágottak mellé felsorakozott a csirke- és pulykahúsból, marhából, vadból készült termékek széles választéka. Kevesebb megbecsülést kapnak, pedig a minőségi termékek bármikor felveszik a versenyt a nevezetes mortadellával, tiroli kolbásszal, bécsi virslivel.

Wurst und Salami

Die ungarische Küche experimentierte schon seit Urzeiten mit der Haltbarmachung von Fleischsorten. Schon zur Zeit der Landnahme nahmen die Vorfahren der Ungarn getrocknetes Fleisch auf ihre Streifzüge mit, aus dem sie in einigen Minuten ein schmackhaftes Eintopfgericht zaubern konnten. Ähnlich handelten auch die Hirten, die den großen Teil des Jahres fern ihres Heims verbrachten.

Das größte Fest der Bauernhaushalte ist jedes Jahr das Schweineschlachten. Das Fleisch des mächtig gemästeten Tieres musste sparsam eingeteilt, haltbar gemacht werden. Aus diesem Bedarf entstanden die modernen Wurst- und Salamisorten. Durch die Paprikapulversorten hervorragender Qualität und die am Südrand der Tiefebene angebauten Zwiebel- und Knoblauchsorten, die weitaus besser schmecken, als die anderswo in Europa angebauten Sorten, wurde die Lust zum Experimentieren nur noch erhöht.

Am berühmtesten von den traditionellen ungarischen Wurstsorten sind die Csabaer und die Gyulaer Wurst. Daneben unterscheidet man geräucherte und über einer Flamme konservierte Sorten, dicke und dünne, nur ein wenig scharfe oder ganz scharfe Würste (z. B. „höllisches Feuer"), besondere Delikatessen sind die mit Wildfleischzugabe produzierten Würste. Die Wurst kann frisch oder reif, paarweise oder „einsam" sein, unter den beim Schweineschlachten hergestellten hausgemachten Würsten gibt es kaum zwei gleiche – das Ergebnis ist in jedem Falle unvergleichlich und schmackhaft.

1869 erweiterte der Getreidehändler Márk Pick das Angebot seines Geschäftes um eine Dauersalamisorte. So einfach beginnt eine bald 150 Jahre alte Erfolgsgeschichte. Heute ist die Pick-Salami nicht nur ein international bekannter Warenartikel, sondern auch ein geschütztes Hungaricum. Ihren Ruhm verdankt sie dem fantastisch gut gefundenen Aroma und der ständig hohen Qualität, und vielleicht auch ein wenig der die Wintersalami umgebenden Heimlichkeit: die Rezeptur ist immer noch ein streng gehütetes Geheimnis.

Jellegzetes magyar ételek és bográcsozás

A magyar konyha annak köszönheti nemzetközi elismertségét, hogy sosem volt kőbe vésve. Neves szakácsaink és lelkes háziasszonyaink keze között formálódik ma is, sikerrel és kreatív módon ötvözve, beolvasztva más nemzetek hagyományait.

Konyhánk különlegessége abban áll, hogy az alapoknál tér el az európai szakácsművészettől. Egyedi, hogy sertészsírt használunk, és azt is sült, és nem préselt formában. A hagyma zsírban való megpirítása a kezdete sok-sok ételünknek, ehhez járul a finom pirospaprikával való megszórás – így keletkeznek sajátos receptjeink, a pörköltek, gulyások. Ezekbe és tokányainkba egy Európában ismeretlen tejterméket, a tejfölt keverjük.

De még a főétel előtt kiadós leveseket tálalunk fel, melyeket páratlan változatosságban készítünk babból, káposztából, krumpliból, tésztából és zöldségekből, a zöldborsótól a karalábéig – ez is ismeretlen szokás határainkon kívül.

A gőzölgő leves után édes tésztákkal lepjük meg a vendéget, gombóccal, csíkkal, barátfülével; gyümölccsel, lekvárral, mákkal, dióval megtöltve-megszórva – újabb meglepetés az idegenek számára. A magyarok a tésztás ételeket hagyományosan hústalan (böjtös) fogásként tálalják, szemben a nagy tésztaevő nemzetek szokásaival.

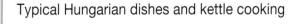

Typical Hungarian dishes and kettle cooking

The secret behind the international reputation of Hungarian cuisine is that nothing is set in stone. It is still being shaped by the work of famous cooks and enthusiastic housewives, who are successfully and creatively incorporating the traditions of other nationalities.

What makes Hungarian cuisine so special is that it fundamentally deviates from European culinary traditions. The use of pig fat is unique; it is used in a fried and uncompressed form. Frying onions in fat is the basis of a number of dishes, and it is complemented with fine, red paprika – this results in the highly original nature of Hungarian meat stews and goulash soups. These are enriched with a dairy product little known in Europe: sour cream.

The main courses are preceded by rich soups, which are prepared in unparalleled diversity from beans, cabbage, potatoes, pasta and vegetables ranging from peas to kohlrabi – this is also unusual outside Hungary.

The steaming hot soups are followed by sweet pasta dishes: dumplings, streaks, and jam pockets; filled and sprinkled with fruits, poppy seeds and walnuts – yet another surprise for foreigners. Hungarians usually serve pasta as meatless (fasting) dishes, as opposed to the traditions of the great pasta-eating nations.

A wide range of vegetable stews are eaten in Hungary. These are often made from vegetables – for examples, gourds – which are not even considered to be edible in some regions of the world. The traditional soups and vegetable stews are enriched by thickening sauces.

Open-air, kettle cooking is a separate branch of Hungarian gastronomy. Although this requires great expertise and know-how, it can result in unparalleled delicacies. There is a wide range of diverse casseroles which were originally kettle dishes before becoming established, Hungarian culinary staples.

At the end of the 20th century, the prevailing view was that Hungarian cuisine is unhealthy, since it is fatty and calorie-rich. Now in the 21st century, people often claim that animal fat is healthier than hydrogenated margarines and oils. What should the Hungarians think about all of this? The answer is that a cuisine that has incorporated such a wide range of base-ingredients, culinary techniques, diverse tastes, spices, meats, vegetables, fruits, and dairy products for centuries surely cannot be unhealthy. If we manage to maintain a proper balance, Hungarian cuisine can please the most fussy stomach, taste or demand.

Számtalan főzeléket ismerünk, olyan növényekből is, melyről a nemzetközi közfelfogás azt sem tudja, hogy ehető, ilyen pl. a tök. Leveseinket, főzelékeinket rántással sűrítjük, ami teljesen egyedi hagyomány.

Gasztronómiánk különleges fejezete a szabad tűzön való főzés, a bográcsozás. Bár nagy szakértelmet és felkészültséget kíván, az eredmény semmihez sem hasonlítható finomság lesz. Számtalan, változatos egytálételünk bográcsban készült őséből vált kulináriánk oszlopos tagjává.

A XX. század végére elterjedt, hogy a magyar konyha egészségtelen, mert zsíros, kalóriadús. Aztán a XXI. században többen állították, hogy a zsír egészségesebb, mint a hidrogénezett margarinok és olajok. Hogy mi, magyarok mit gondoljunk? Leginkább azt, hogy nem lehet egészségtelen egy olyan konyha, mely ennyiféle alapanyagot, konyhatechnikai eljárást, változatos ízeket, fűszereket, húsokat, zöldségeket, gyümölcsöket, tejterméket használ évszázadok óta. Ha arany középutat találunk, gasztronómiánk bármilyen kényes ízlésnek, gyomornak, igénynek meg tud felelni.

Typische ungarische Gerichte und Kochen im Kessel

Die ungarische Küche verdankt ihre internationale Anerkennung dem Umstand, dass sie niemals festgeschrieben war. Sie gestaltet sich in den Händen von berühmten Köchen und begeisterten Hausfrauen auch noch heute, indem sie erfolgreich und auf kreative Weise die Traditionen anderer Völker mit verwendet.

Die Besonderheit der ungarischen Küche besteht darin, dass ihre Grundlagen von der europäischen Kochkunst abweichen. In Ungarn wird zum Kochen Schweineschmalz verwendet, und zwar in gebratener und nicht in gepresster Form. Das Kochen zahlreicher ungarischer Gerichte wird mit dem Rösten von Zwiebeln im Schmalz begonnen, dann kommt das Bestauben mit rotem Paprikapulver – so entstehen die typischen ungarischen Rezepte, die Pörkölts und Gulaschgerichte. In diese und in die Tokány (Schmorfleischgerichte) wird ein in Europa unbekanntes Milchprodukt, die saure Sahne gerührt.

Vor dem Hauptgericht serviert man erst ausgiebige Suppen, die einmalig abwechslungsreich aus Bohnen, Weißkohl, Kartoffeln, Nudeln und verschiedenen Gemüsesorten, von grünen Erbsen bis Kohlrabi zubereitet werden – auch das ist außerhalb der ungarischen Grenzen nicht üblich.

Nach der heiß dampfenden Suppe überrascht den Gast ein süßes Nudelgericht – Knödeln, Maultaschen, Nudeln – gefüllt oder bestreut mit Obst, Marmelade, Mohn oder Walnüssen. Ungarn servieren Nudelgerichte, anders als die großen Nudeln-essenden Völker – traditionell als fleischlose (Fasten-) Gerichte.

In Ungarn kennt man zahllose Gemüse, sogar aus Pflanzen, die in der internationalen Auffassung nicht einmal als essbar gelten, wie z.B. der Kürbis. Suppen und Gemüse werden mit einer Mehlschwitze gebunden, was ebenfalls ein Unikat in der Kochkunst ist.

Ein Sonderkapitel ungarischer Gastronomie ist das Kochen auf einer freien Kochstelle, im Kessel. Das verlangt große Sachkenntnis und viel Erfahrung, das Ergebnis wird aber eine unvergleichliche Delikatesse. Viele, abwechslungsreiche Eintopfgerichte wurden aus ihrer im Kessel zubereiteten Urform zu wichtigen Teilen ungarischer Kulinarik.

Bis Ende des 20. Jahrhunderts verbreitete sich allgemein die Ansicht, dass die ungarische Küche ungesund sei, denn sie ist fett und kalorienreich. Im 21. Jahrhundert folgte dann die Behauptung, dass Schweineschmalz gesünder sei, als mit Wasserstoff behandelte Margarine und Öle. Was Ungarn selbst dazu denken sollen? Vor allem, dass eine Küche, die so viele Arten von Zutaten und küchentechnischen Verfahren, so abwechslungsreiche Aromen, Gewürze, Fleisch- und Gemüsesorten, Früchte und Milchprodukte verwendet, nicht ungesund sein kann. Findet man den goldenen Mittelweg, so wird die ungarische Gastronomie höchsten Ansprüchen genügen.

Tokaji borvidék

Az első aszút a Wittenbergát megjárt erdőbényei prédikátor, Sepsi Laczkó Máté nevéhez kapcsolják, aki Lorántffy Zsuzsanna udvari lelkészeként először töltött nagyasszonya úrvacsorai poharába kései szüretelésű édes bort. A valóságban azonban már a vélt időpont, 1631 előtt ötven évvel is létezett aszú, vagy ahogy abban a sátoraljaújhelyi levéltárból előtúrt, 1571-es keltezésű sárgult lapon olvasható: „asszu szöllő bor".

Tokaji

„A királyok bora, a borok királya."

A nemzeti imádságunkba is beléfoglalt nedűt már a középkorban is oly méltatásokkal illették, amelyek kétséget sem hagynak afelől, hogy igencsak szerencsés embernek érezhette magát, aki hozzájutott az itteni hegyek levéhez. „Vinum regum, rex vinorum", azaz „a borok királya, a királyok bora" – szólt elragadtatottságában XIV. Lajos francia király, míg XIII. Gergely pápa úgy dicsőítette: taila vina (A pápához csak ilyen bor illik). Aztán ott voltak és vannak a nevét áldva említő, belőle ihletet nyerő széplelkek! Mint Voltaire és Goethe, Schumann, Anatole France és Heinrich Böll, akik ugyancsak ébren álmodoztak a híres hegyaljai borok kortyolgatása közben, amelyek már első ránézésre is vetekedtek bármilyen varázsos elixírrel. Paracelsus például gyalogosan zarándokolt el a „mézédes források földjére", hogy közelebbről is tanulmányozhassa, tényleg van-e köze ezen aranyló nedűnek az aranyhoz magához, mint ahogy a kor alkimistái tartották.

Annyi mindenképp, hogy a tokaji borok alapanyagát adó szőlők megszilárdult lávamezőkön, kihunyt vulkánok oldalában érzik a legjobban magukat. Összesen mintegy 400 egykori tűzhányó tetején, avagy szoknyáján – attól függően, hol sikerült elhódítani, s termőre fordítani valami napfény felé forduló hajlatot. A páratlan mikroklímát a hegyek lábánál sompolygó folyók kipárolgása teremti meg, az őszi ködök pedig a szőlő aszúsodását előidéző gombát, a Botrytis cinerea-t éltetik.

Das Weingebiet Tokaj

Den ersten Aszuwein verbindet man mit dem Namen des Predigers von Erdőbénye, Máté Szepsy Laczkó, der als Hofpastor von Zsuzsanna Lórántffy als erster in den Abendmahlbecher seiner Herrin süßen Spätlesewein eingeschenkt haben soll. In Wirklichkeit gab es schon hundert Jahre vor diesem vermeintlichen Zeitpunkt, vor 1631 Aszuwein.

Dieser, sogar in der ungarischen Hymne erwähnte Wein wurde schon im Mittelalter mit Worten gelobt, die keinen Zweifel darüber lassen, dass sich glücklich schätzen konnte, der ihn trinken durfte. Später pries ihn der französische König Ludwig XIV: „Vinum regum, rex vinorum", d.h. „Wein der Könige, König der Weine", und Papst Gregor XIII.: „taila vina" (der Papst soll nur solchen Wein trinken). Aber auch Voltaire, Schumann, Anatole France und Heinrich Böll träumten beim Schlürfen der berühmten Weine von Hegyalja. Sie schwärmten besonders für den Aszuwein, der sie noch besser dichten oder musizieren ließ, und es schon auf den ersten Anblick mit jedem Wunderelixir aufnehmen kann. Paracelsus pilgerte zu Fuß „ins Land der honigsüßen Quellen", um aus der Nähe studieren zu können, ob dieser Trank irgendetwas mit dem Gold zu tun hat, wie das die Alkimisten der Zeit wähnten.

Der Tokajer Wein wächst an den Hängen erloschener Vulkane, auf dem Gipfel oder an den Hängen von etwa 400 einstigen Vulkanen, davon abhängend, wo es gelungen ist, eine Biegung zur Sonne zu erobern und fruchtbar zu machen. Das einmalige Mikroklima verdankt das Gebiet den Ausdünstungen der Flüsse am Fuße der Berge, die Herbstnebel lassen den Pilz „Botrytis cinerea" gedeihen, der die Edelfäule der Beeren verursacht. Die besten Flure haben legendären Ruf.

Die Herstellung des Tokajer Aszu (Ausbruch) ist heikel und arbeitsaufwendig. Wichtig ist, die späte Weinlese (am ehesten Ende Oktober), die entsprechende Auswahl und die traditionelle Produktionstechnologie. Der Aszu erhielt seinen Namen (aszubor= Dörrwein), weil er aus an den Weinstöcken verdorrten Trauben gemacht wird, es werden von diesen Trauben so viele Bütten in die Grundweine vom Vorjahr (heute eher in den Most) gegeben, von wie vielen Bütten der gegebene Wein werden soll. Obwohl das einst 14 Tausend Hektar umfassende Weingebiet heute schon auf 5 und ein halb Hektar zusammengeschrumpft ist, ergeben die Qualitäten des Tokajer Aszuweins auch heute internationale Weltklasseweine.

A legjobb dűlők hírneve legendás – ám a tokaji borok készítése mégiscsak kényes és munkaigényes. Fontos a kései szüret (ami legkorábban október közepén kezdődik), a megfelelő válogatás, a tradicionális technológia. Az aszú köztudomásúlag onnan kapta a nevét, hogy a tőkén megaszalódott szőlőszemekből annyi puttonnyal áztatnak az előző évi, többnyire furmintból és hárslevelűből készített alapborokba, mustba, ahány puttonyosnak szánják az adott italt. Bár az egykor 14 ezer hektárnyi szőlőterület mára összezsugorodott 5 és fél ezer hektárra, a tokaji lankák ma is nemzetközi díjakat fiadznak. A 2001-ben, illetve 2004-ben Az év bortermelője címet is elnyerő Szepsy István és Árvay János mellett mára komoly „trónkövetelők" is megjelentek a porondon. A szőlőteljesítmények hátterében mindig ott vannak a nagy területet lefedő pincészetek, melyek borai a nemzetközi mustrákon rendre az élen végeznek, bizonyítva, hogy a tokaji bor világszerte egyedülálló elixír.

Tokaj wine region

The first aszú wine can be traced back to Laczkó Máté Sepsi, a preacher from Erdőbénye, who, as the royal chaplain of Zsuzsanna Lorántffy, was supposedly the first one to pour some late harvested sweet wine into her cup. In reality, however, aszú wine was already existence a hundred years before the supposed date of 1631, described in the faded documents of the Sátoraljaújhely archives as 'asszu grape wine'.

This fine substance mentioned in the Hungarian nation prayer was already highly regarded in the middle ages, clearly indicating that it was considered highly fortunate to encounter the juices of the Hungarian hills. Louis XIV of France was so delighted that he called it "Vinum regum, rex vinorum" – "Wine of Kings, Kings of Wines". Pope Gregory XIII called it 'taila vina' (wine fit for the pope). The wines of the Tokaj region served as the inspiration for countless artists, such as Voltaire, Schumann, Anatole France and Heinrich Böll. They were most enthusiastic about the aszú wine – allowing them to make better poems and songs – which, even at a glance, seems to have the stature of a magic potion. Paracelsus, for example, walked on foot to the 'land of honeydew fountains", in order to see for himself whether this golden substance really has something to do with gold, as the alchemists of the age claimed.

The wine of Tokaj grows on the sides of inactive volcanoes, spanning the tops and sides of over 400 former volcanoes, depending on where they managed to cultivate the sun-seeking vines. The region's unparalleled microclimate is due to the vapours of the river curling along the feet of the mountains, whilst the autumn fog is favourable for the spread of the botritys cinerea strand of fungi responsible for the nobie rot of the aszú grapes. The finest hillsides have legendary reputations.

The production of the aszú of Tokaj requires a lot of delicate, yet hard work. The late harvest (the end of October is the best time for this), proper selection and traditional production are all crucial factors. According to common knowledge, the aszú was named after the way the dried grapes left on the vines were soaked in as many puttonys (vats) of base wine from the previous year (today they usually use must instead), as many puttonys the final wine is intended to have. Although there are only 5,500 hectares left of the former 14000 hectares of vineyard, the virtues of the aszú wine of Tokaj still achieve internal acclaim.

Villány és bora

„A kitűnő ökológiai adottságok, a kedvező fajtaösszetétel, és az évszázados, folyton megújuló szakmai ismeretek mellett leginkább a termelők értékteremtő képességében és bölcs együttműködésében rejlik Villány titka." Így összegez sommásan az ország legdélibb és egyik legkisebb, ámde egyik leghíresebb borvidékéről szóló könyv utószava.

Korántsem véletlen, hogy az Év bortermelői cím birtokosai között négy villányi borászt is találunk: sorrendben Tiffán Ede (1991), Gere Attila (1994), Polgár Zoltán (1996) és Bock József (1997) érdemelte ki a megtisztelő címet. A nagy pincészetek nemkülönben remek borokkal állnak elő minden évben. Sok kóstolás szükséges hozzá, hogy valaki eldönthesse, Villány melyik bora a vidék legkiválóbb nedűje. Azt viszont talán kevesen tudják, hogy e híres vörösboros vidéken a fehérbornak

The region and wine of Villány

"Apart from the excellent ecological conditions, the favourable composition of varieties and the century-old, constantly renewing professional knowledge of the wine-growers, Villány's success rests mostly on the value-producing skills and wise cooperation of the farmers." Thus ends the epilogue of a book on the southernmost, yet most famous wine region of Hungary. It's no coincidence that there are four growers amongst the recipients of the Wine-grower of the Year award from Villány region: in chronological order, Ede Tiffán (1991), Attila Gere (1994), Zoltán Polgár (1996) and József Bock (1997) earned the prestigious award.

The major wineries all produce fine wines year after year. You have to taste a fair share of wine in order to determine which of the Villány wines is the finest of the region. Still, perhaps only few people know that this region renowned for its red wines is also traditionally tied to the production of white wines. To be more precise, the somewhat separate region of Siklós produces the varieties of grapes required for this: the Hárslevelű, the Olaszrizling and the Tramini. Still, Villány gained its reputation from the Kadarka, Portugieser and Bluefrankish brands brought by the Raci and Germans settling in Hungary following the Mongol and Turkish invasions, as well as the French varieties introduced after phylloxera ravaged the country: the Cabernet Franc, Cabernet Sauvignon, Merlot and Pinot Noir varieties. The warm hills of the region serve as a fine home to all kinds of grapes, so it's no surprise that most people like the wines made from them. Béla Hamvas had the following to say about the Villányi wines: "Villányi wines are truly elegant, the drink of gallants and dames. As far as I'm concerned, I would only take a bottle of Villányi to a ball… Its virtues become truly apparent once you're nicely bathed, shaved and all dressed up from head to toe. A truly moderate, gentle, and well-behaved substance indeed."

is megvannak a maga hagyományai. Egész pontosan a némileg elkülönülő siklósi terület termi az ehhez szükséges fajtákat: a hárslevelűt, olaszrizlinget, traminit. Villány azonban mégiscsak a tatár- és törökdúlás nyomán betelepülő rácok és németek által elhozott kadarkáról, kékoportóról és kékfrankosról híresebb. Illetve a filoxéra-pusztítás után betelepített francia világfajtákról: a cabernet franc-ról, cabernet sauvignon-ról, merlot-ról és pinot noir-ról. Ezeken a meleg hegyoldalakon minden szőlő jól érzi magát, ahogy a belőlük kisajtolt bor is ízlik a legtöbbeknek. Hamvas Béla a következőképpen méltatta a villányi borok

Villány und sein Wein

„Das Geheimnis von Villány liegt außer in den ausgezeichneten ökologischen Gegebenheiten, in der günstigen Sortenzusammensetzung und in den Jahrhunderte alten, ständig erneuerten Fachkenntnissen in der Fähigkeit der Weinbauer, Werte zu schaffen und weise zusammenzuarbeiten." So steht es im Nachwort zum Buch über die südlichste und einer der kleinsten, doch zu den berühmtesten gehörende Weinregion. Es kommt nicht von ungefähr, dass es unter den Besitzern des Titels „Winzer des Jahres" gleich vier Winzer aus Villány gibt, Ede Tiffán (1991), Attila Gere (1994), Zoltán Polgár (1996) und József Bock (1997) haben diesen ehrenvollen Titel verdient.

Die großen Kellereien melden sich ebenfalls jedes Jahr mit ausgezeichneten Weinen. Es bedarf langen Kostens um entscheiden zu können, welcher Wein von Villány das beste Getränk der Gegend ist. Wenig bekannt ist aber, dass in dieser berühmten Rotweinregion auch der Weißwein eigene Traditionen hat. Die Rebsorten dazu, der Lindenblättler, der Italienische Riesling und der Tramini wachsen in dem etwas abgesonderten Gebiet Sik'ós. Am berühmtesten ist Villány trotzdem für Kadarka, Blauoporto und Blaufränkisch, hie:her gebracht von Raitzen und Deutschen, die nach den Verwüstungen durch Mongolen und Türken hier angesiedelt wurden. Wie auch für die französischen Weltsorten Cabernet iranc, Cabernet sauvignon, Merlot und Pinot ncir, die nach den Verwüstungen des Pflanzenschädlings Filoxera angesiedelt wurden. An diesen warmen Berghängen gedeihen alle Rebsorten, wie auch der aus ihnen gepresster Wein den meisten schmeckt. Béla Hamvas würdigte die Qualitäten Villányer Weine mit den Worten: „Der Villányer ist der elegante Wein, der der Kavaliere und der Damen. Ich für me'nen Teil würde auf einem Ball nur Villányer kredenzen … Alle seine Vorzüge entfalten sich nur, wenn man gerade frisch gebadet und rasiert ist, sich von Kopf bis Fuß umgezogen hat. Er ist maßvoll, fein, wohl erzogen."

erényeit: „A villányi az elegáns bor, a gavalléroké és a dámáké. A magam részéről bálra csak villányit adnék… Minden előnye akkor bontakozik ki, ha az ember frissen fürdött, borotválkozott, tetőtől-talpig átöltözött. Mértéktartó, finom, jól nevelt."

Egri borvidék

Eger már önmagában is megér egy misét, s a táj, aminek kapuja és őrzője, legalább annyira figyelemre méltó. Hiszen a Bükk 240 millió éves mészkő-ormai, páratlan fennsíkja és szurdokszerű völgyei akárhányszor visszavár-ják a vándort, de Magyarország egyik legismertebb borvidéke is e hegyekkel veszi kezdetét.

Eger

„A papok városa."

Az egri borvidék hírnevét legfőképpen az innen származó vörösbor-házasí-tásnak, az egri bikavérnek köszönheti, amely szekszárdi eredetű. A két bika-vér között alapvetően az a különbség, hogy míg az egri bikavér gerincét a kékfrankos képezi – s csak „házas-társként" tűnik fel ízében a cabernet és a merlot –, addig a szekszárdi bikavér alapját a kadarka adja.

Eger hírnevéhez a bikavéren túl másfé-le borok is hozzájárultak. A világfajták mellett teremnek itt helyiek, vörösek és fehérek, arisztokratikusak és hétköz-napokhoz illők egyaránt. Kis túlzással azt szokták mondani, ha Villány a ma-gyar Bordeaux, Eger a magyar Burgundia. A hidegebb éghajlatnak köszönhe-tően a borok itt fűszeresebbek, savhangsúlyosabbak. A termőhely egyébként elsősorban a riolittufán alapszik. Szó szerint is, hiszen a pincék kivájására kife-jezetten alkalmas puha kőzet nem csupán a házakhoz szükséges építőanya-got szolgáltatta évszázadokon át, de mállástermékeiből, s köztük elsősorban a nyiroknak nevezett vörös agyagból jött létre az uralkodó talajtípus.

Eger

The city of Eger, along with the remarkable landscape which surrounds it, certainly deserves the attention of its many visitors. The 240 million-year-old peaks, unique plateaus and ravine-like valleys of the Bükk Mountains provide ample challenges for hikers, whilst one of the most famous wine regions of Hungary lies at the feet of the mountains. The reputation of the Eger wine region is mainly due to the local blend of red wine, the Bull's Blood of Eger, which originates from Szekszárd. The main difference between the two Bull's Blood is that whilst the Bull's Blood of Eger is based on Blaufränkish wine – only incorporating cabernet and merlot as a side taste – the basis of the Bull's Blood of Szekszárd is provided by Kadarka wine.

A number of other wines have also contributed to Eger's reputation besides the Bull's Blood. Apart from those varieties known worldwide, there are a number of local, red and white wines, both of an aristocratic nature as well as types which are suitable for everyday consumption. With some exaggeration, we could say that if Villány is the Hungar-ian Bordeaux, Eger is the Burgundy of Hungary. Thanks to its colder climate, the wines of the region have a spicier, acidic nature. The agri-cultural land is mainly based on rhyolite tufa – literally speaking, since not only was this soft rock particularly suitable for hollowing out cellars and providing building material for houses over the centuries, the sub-stances produced during erosion, especially the reddish clay loam, are also responsible for the dominant soil type.

Once you've been to Eger and visited its baroque town centre, as well as the castle defended against the overwhelming Turkish forces by István Dobó, you simply must visit the row of cellars neighbouring the city: the Valley of the Beautiful Lady (Szépasszonyvölgy). Only few people know that the name of this cosy location, which provides some great opportunities for carefree revelling, refers to the pagan times predating the "city of priests", along with Eged mountain, one of the highest recorded wine-growing sites in the county, on top of which there were two small lakes and a sacrificial site, dating back to the time of the Hungarian conquest.

Das Weingebiet Eger

Schon die Stadt Eger ist eine Reise wert, und die Landschaft, deren Tor und Wache sie darstellt, ist genauso bemerkenswert. Die 240 Millionen Jahre alten Kalksteinfelsen des Bükk-Gebirges, sein wunderschönes Plateau und die engern Täler locken die Wanderer immer wieder her – außerdem fängt hier eines der bekanntesten Weinbaugebiete Ungarns an. Das Weinbaugebiet Eger verdankt seinen Ruhm vor allem dem hiesigen Rotweinverschnitt, dem Erlauer Stierblut, das eigentlich aus Szekszárd stammt. Der grundlegende Unterschied zwischen den beiden Stierblutweinen ist, dass das Erlauer Stierblut hauptsächlich aus Blaufränkler besteht, den Cabernet und Merlot nur ergänzen, während die Grundlage des Szekszárder Stierbluts der Kadarka ist.

Aber nicht allein das Stierblut ist berühmt. Neben den Weltsorten wachsen hier auch Landweine, rote und weiße, aristokratische und einfache Tafelweine. Es heißt mit einiger Übertreibung, wenn Villány das ungarische Bordeaux ist, so ist Eger das ungarische Burgund. Dank dem kälteren Klima sind die Weine hier würziger und enthalten mehr Säuren. Das Anbaugebiet beruht übrigens vor allem auf Rhyolittuff. Sogar wortwörtlich, denn dieses zum Ausgraben von Kellern direkt geeignete weiche Gestein lieferte hier Jahrhunderte lang nicht nur das Baumaterial für die Häuser, sondern auch der hier vorherrschende Bodentyp kam aus seinen Verwitterungsprodukten, darunter in erster Linie aus dem roten Ton zustande.

Wer schon die barocke Innenstadt und die Burg von Eger besichtigt hat, sollte es nicht versäumen, auch die Kellerreihe am Rande der Stadt, Szépasszonyvölgy (Tal der schönen Frauen) zu besuchen. Der Name dieser stimmungsvollen Kellergegend verweist auf die heidnischen Zeiten, als Eger noch keine „Pfaffenstadt" war. Ebenso der Eged-Berg, auf dessen Gipfel zwei kleine Seen waren und eine Opferstätte zur Zeit der Landnahme.

Ha valaki már eljutott Egerbe, s megtekintette annak barokk belvárosát, illetve a török túlerőtől Dobó István vezérletével megvédett várát, kötelező program kilátogatni a várossal összenőtt pincesorhoz, a Szépasszonyvölgybe is. Kevesen tudják, de a hangulatos,

önfeledt dorbézolásra csábító bormérőhely nevében a „papok városa" előtti pogány időkre utal. Akár a legmagasabban jegyzett, és sokáig ténylegesen is a legmagasabb hazai szőlőtermő helynek számító Egedhegy – aminek tetején két kis tó, s hozzájuk kapcsolódó áldozóhely volt a honfoglalás idején.

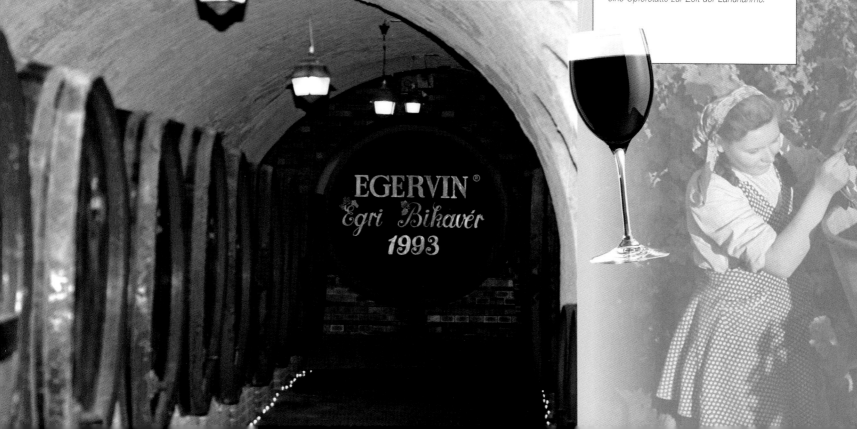

Pálinka

A magyar gasztronómia kiemelkedő különlegessége a pálinka. Olyannyira, hogy elnevezése, készítése 2004 óta védett hungarikum. A híres magyar pálinkák neveiben visszaköszön az alapanyag és a tájegység megnevezése. A szatmári szilvapálinka a Tisza és a Szamos folyók közötti gyümölcsösök terméséből készül, elsősorban penyigei és besztercei fajtákból. A kecskeméti fütyülős barackpálinka nemes alapanyaga az alföldi város körüli kajszisokban terem. A szabolcsi almapálinka Szabolcs-Szatmár-Bereg megye lédús almáját dicséri, a göcseji körtepálinka pedig a dunántúli gyümölcsösök ajándéka.

Rendkívül szigorú előírások szabályozzák a pálinka készítését: kizárólag Magyarországon termett alapanyagokból, itthon cefrézett, párolt és palackozott, színtisztán gyümölcsből, cukor és adalékanyagok hozzáadása nélkül készült ital nevezhető pálinkának. E rendkívül magas minőségi követelményektől akár a legkisebb mértékben is eltérő párlat már nem írhatja címkéjére a védett elnevezést.

A pálinka nem a nagyipari termelés végeredménye, nem a gyáróriások tömegterméke. A gyümölcsök megválogatása, a hosszadalmas előkészítés, a gondos lepárlás és kezelés csak kis mennyiségben, jól ellenőrizhető, családias manufaktúrákban képzelhető el.

De mitől olyan különleges a magyar pálinka, ami megkülönbözteti számos, hasonló eljárással készülő európai rokonától? Elsősorban az alapanyagok minőségétől. A magyar gyümölcsök cukortartalma igen magas, aromájuk összetéveszthetetlen – köszönhető mindez a Kárpát-medence sajátos, mozaikos mikroklímájának. A vadon szedhető, érlelésre alkalmas termések-bogyók rendkívül változatosak, ízük páratlan. Ehhez társul az évszázados tapasztalatra támaszkodó, generációkon át öröklődő mesterségbeli tudás, mely mára szinte művészetté finomodott. A pálinka kifinomult gasztronómiai élvezet: az ízek, színek, illatok nemes harmóniája.

Pálinka

Eine hervorragende Spezialität der ungarischen Gastronomie ist der Pálinka. Seine Benennung und Herstellung sind seit 2004 ein geschütztes Hungaricum.

In den Namen der berühmten ungarischen Pálinkas erscheinen das Grundmaterial und das Anbaugebiet. Der Szatmárer Pflaumenschnaps (Szatmári szilvapálinka) wird aus Früchten der Obstgärten zwischen den Flüssen Theiß und Somesch hergestellt, vor allem aus den Pflaumensorten Penyigei und Besztercei. Das edle Grundmaterial vom Kecskeméter „Fütyülős" Aprikosenschnaps reift in den Aprikosengärten um die Stadt herum in der Ungarischen Tiefebene. Szabolcser Apfelpálinka lobt die saftigen Äpfel des Komitats Szatmár-Bereg, Göcsejer Birnenpálinka ist ein Geschenk der Obstgärten Transdanubiens.

Die Herstellung von Pálinka ist durch äußerst strenge Vorschriften geregelt: ausschließlich Getränke aus in Ungarn erzeugten Grundstoffen, hier gemaischten, destillierten und abgefüllten, aus Obst ohne Zucker und anderen Zutaten hergestellt dürfen Pálinka genannt werden. Wenn Destillat auch nur in geringstem Maße von diesen hohen Qualitätsansprüchen abweicht, darf es nicht mehr die geschützte Benennung auf ihr Etikett schreiben.

Pálinka ist kein Endprodukt industrieller Produktion, kein Massenprodukt von Riesenbetrieben. Das Verlesen der Früchte, die langwierige Vorbereitung, die sorgfältige Destillierung und Behandlung sind nur in kleinen Mengen, in gut zu kontrollierenden Familienmanufakturen vorstellbar.

Was macht den ungarischen Pálinka so besonders, was unterscheidet ihn von vielen, mit ähnlichem Verfahren hergestellten europäischen Verwandten? Vor allem die Qualität der Grundstoffe. Der Zuckergehalt ungarischer Obstsorten ist sehr hoch, ihr Aroma ist unverwechselbar – zu verdanken ist dies dem speziellen, mosaikartigen Mikroklima des Karpatenbeckens. Die als wildwachsende Früchte zu sammelnden Beeren sind äußerst abwechslungsreich, ihr Aroma ist einzigartig. Dazu kommt das auf Jahrhunderte alter Erfahrung beruhende, von Generationen zu Generationen überlieferte berufliche Können, das schon zur Kunst verfeinert ist. Pálinka bietet einen raffinierten gastronomischen Genuss: die edle Harmonie von Aromen, Farben und Düften.

Az ízek, színek, illatok

nemes harmóniája...

Pálinka

Palinka is one of Hungary's finest alcoholic beverages – so much so, that its name and production have been protected by law since 2004. Pálinka is a highly renowned specialty of Hungary gastronomy – so much so, that its name and preparation have been protected as a Hungarian brand since 2004.

The names of famous Hungarian Pálinka brands describe their main ingredient and region of origin. The Plum Pálinka of Szatmár is made from fruit harvested between the rivers Tisza and Szamos, mainly of Penyige and Beszterce varieties. The base ingredients for the 'fütyülős' ('whistling') apricot Pálinka of Kecskemét are grown in the orchards surrounding the city in the Alföld (the Great Plain). The Szabolcs apple Pálinka is distilled from the succulent apples of Szabolcs-Szatmár-Bereg County, whilst the pear Pálinka of Göcsej is made from the harvest of the Transdanubian region.

The production of palinka is regulated by strict specifications: only beverages made purely from Hungarian base-ingredients and fruit mashed, distilled and bottled in Hungary, prepared without any sugar or additives can be called palinka. Any distillate which deviates in the slightest degree from this exceedingly high level of quality cannot be labelled with this protected name.

Pálinka is not mass-produced in huge factories. The selection of the fruit, the lengthy preparation and the careful distillation and treatment can only be carried out in small quantities, and in easily inspected, family-based manufactories.

The question is, what makes the Hungarian palinka so special and sets it apart from other, similar European brands of alcoholic drinks? The answer mainly lies in the quality of the base-ingredients. Hungarian fruit has a high sugar content and an unmistakable aroma – due to the unique, mosaic-like microclimates of the Carpathian Basin. There is a wide range of wild crops and fruits with an unparalleled taste, suitable for fermentation. These are coupled with centuries of skilled knowledge, passed on for generations, which is now practically an art form. Pálinka is a refined, gastronomical delight: a magnificent harmony of tastes, colors and fragrances.

Gundel

A bajor földről származó Gundel-család a XIX–XX. századi Budapest meghatározó vendéglős dinasztiája. Több generáción keresztül öregbítették a magyar konyha nemzetközi hírnevét, nevük száz év óta a minőség, a kifinomultság garanciája. Gasztronómiai tevékenységük, szakírói munkásságuk kitörölhetetlen nyomot hagyott a magyar konyhaművészetben, az általuk vezetett éttermek pedig a kiegyensúlyozott polgári jólét otthonai voltak.

Gundel Károly 1910-ben nyitotta meg a Városligetben a családi nevet máig őrző vendéglőjét. Vezetése alatt a Gundel név úgy forrott össze Budapesttel, mint Sacheré Béccsel, Kempinskié Berlinnel. De a nagyszerű konyhájáról, példás vendégszeretetéről, finomkodás nélküli eleganciájáról elhíresült étterem csak egy állomása Gundel Károly gazdag életművének. Szakácskönyvei ma is keresett különlegességek, az általa megalkotott ételek pedig a magyar gasztronómia mérföldkövei – még akkor is, ha ma már kevesen tudják, hogy megálmodójuk a Gundel-család. Az egyszerűségében is ínycsiklandó palócleves például Gundel édesapjának kreációja, aki a legnagyobb palóc, Mikszáth Kálmán tiszteletére készítette ezt a fogást. De a Gundel-család hagyatéka a Budapest módra készített bélszín, a hargitai sertésborda, a Pittsburgh-i borjúborda, a mágnásgulyás, a Gundel-saláta, és – van, kinek ne futna össze a nyál a szájában – a Gundel-palacsinta.

A Gundel-család alkotó résztvevője volt annak a folyamatnak, mely során a nagyúri és a köznépi konyhák közeledéséből, a kifinomult és az egyszerű ízlés közelítéséből kialakult a hagyományos magyar polgári konyhaművészet. Gundel Károly ars poeticája, hitvallása a vendéglátásról olyan üzenet, melyet minden mai és jövőbeli vendéglátósnak szem előtt kellene tartania: „Nem úgy érzem magam, mint vendéglős, aki pénzért italt, ételt árul, hanem mindig vendéglátó magyar házigazdának, akinek házát megtisztelik vendégei látogatásukkal."

Die Gundel Familie

Die bestimmende Gastwirtdynastie im Budapest des 19.-20. Jahrhunderts ist die aus Bayern stammende Gundel-Familie. Sie erhöhten Generationen hindurch das internationale Ansehen der ungarischen Küche, ihr Name bietet seit hundert Jahren die Garantie für Qualität und Rafinesse. Ihre gastronomische Tätigkeit, ihre Fachpublikationen hinterließen in der ungarischen Kochkunst unauslöschliche Spuren, in den von ihnen geführten Restaurants war der sichere bürgerliche Wohlstand beheimatet.

Károly Gundel eröffnete 1910 sein Restaurant im Budapester Stadtwäldchen, das den Familiennamen bis heute bewahrt. Unter seiner Führung verband sich der Name Gundel mit Budapest, wie Sacher mit Wien, Kempinski mit Berlin. Dabei war dieses für ausgezeichnete Küche, vorbildliche Gastfreundschaft und unprätentiöse Eleganz berühmte Restaurant nur eine Station im reichen Lebenswerk Károly Gundels.

Seine Kochbücher sind immer noch gefragt, die von ihm kreierten Gerichte sind Meilensteine der ungarischen Gastronomie – wenn auch heute nur noch wenige wissen, dass ihre Schöpferin die Familie Gundel war. Die schlichte und appetitanregende Palotzensuppe z.B. war eine Kreation vom Vater Gundels, der dieses Gericht zu Ehren des größten Palotzen, des Schriftstellers Kálmán Mikszáth zubereitete. Das Erbe der Familie Gundel sind aber auch die Lendenschnitten auf Budapest Art, das Hargita-Schweinskotelett, das Kalbskotelett Pittsburgh, der Magnatengulasch, der Gundel-Salat und – da läuft einem jeden das Wasser im Mund zusammen – die Gundel-Palatschinken.

Die Familie Gundel war kreativ beteiligt an dem Prozess, im Laufe dessen sich die traditionelle bürgerliche Kochkunst Ungarns herausbildete, durch die Annäherung der Aristokraten- und und der Volksküche, die Annäherung des raffinierten und des schlichten Geschmacks.

Die ars poetica, die Bekenntnis von Károly Gundel über die Gastronomie ist eine Botschaft, die sich jeder heutige und zukünftige Gastronom stets vor Augen halten sollte: „Ich empfinde mich selbst nicht als Gastwirt, der für Geld Getränke und Speisen verkauft, sondern stets als ungarischer Gastgeber, dessen Haus die Gäste mit ihrem Besuch beehren."

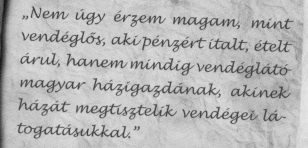

„Nem úgy érzem magam, mint vendéglős, aki pénzért italt, ételt árul, hanem mindig vendéglátó magyar házígazdának, akinek házát megtisztelik vendégei látogatásukkal."

The Gundel Family

The Gundel family – originating from Bavaria – was one of the most important catering dynasties of 19-20th century Budapest. For generations, they defined the international fame of the Hungarian cuisine, with their name serving as a guarantee of refined quality in the course of the past century. Their gastronomic activity and critical work permanently shaped the development of Hungarian culinary arts, whilst their restaurants became the fixtures of civic prosperity.

In 1910, Károly Gundel opened his restaurant in the City Park, which to this very day bears the family name. Under his management, the Gundel brand became synonymous with Budapest, just like the name Sacher was linked with Vienna and Kempinski with Berlin. Still, the restaurant renowned for its exceptional cuisine, exemplary hospitality, and understated elegance is just one of the many stations of Károly Gundel's rich life's work. His cookbooks are still highly sought after rarities, and the dishes he created became the staples of Hungarian gastronomy – even if only a few people know that they were originally devised by the Gundel family. For example the simple, yet tasty "Palóc soup" is the creation of Károly Gundel's father, who dedicated the dish to the writer, Kálmán Mikszáth, the greatest Palóc (a Hungarian ethnic group originating from Nógrád county) of all. The heritage of the Gundel family also includes the loin à la Budapest, the Hargita pork cutlet, the Pittsburgh veal cutlet, the "Mágnás goulash", the Gundel-salad, and – whose mouth wouldn't water at its mention? – the Gundel-pancake.

The Gundel family was an active proponent of the process of establishing a traditional Hungarian middle-class cuisine, through the synthesis of upper- and lower-class cuisine, and the unity of their refined and the common tastes.

Károly Gundel's motto and credo on catering is a message which all future and present hosts should take to heart: "Instead of a caterer, who offers food and drink for money, I feel more like a hospitable, Hungarian host, whose house is honoured by the presence of his guests."

Tartalom

CONTENTS

INHALT